亀井好恵 著

女相撲民俗誌

越境する芸能

考古民俗叢書

慶友社

目　次

女相撲民俗誌

――越境する芸能――

序章　研究の目的と研究史

一　問題の所在

本書で対象とする女相撲・女子プロレスは、本来ならば男性が行うとされる相撲・プロレスを女性演者が行う点で本質的に越境性をもつ。これらに接し、あるいは自ら行おうとするものは、この越境性をどのように受け入れあるいは反発するのか。われわれがある事象を肯定的に受け止めまたは拒否反発するとき、その意識、モノの見方や考え方と言い換えてもよいだろうものさしは個人によってそこではじめて発見されるものではなく、われわれを取り巻く社会的背景や伝承的なモノの見方や考え方に左右されるものだといわれる。本書で女性演者によって行われる女相撲・女子プロレスの受容を研究の対象とすることは、受容の背景にあるモノの見方・考え方を形成する伝承的な意識やその変化のありようをとらえる試みでもある。

本書で筆者は、社会的な規範を越えるあるいは逆転する営為やあり方という意味で広く「越境」という語を用いている。女相撲や女子プロレスは、社会的な規範では男性の行う営為を越境して女性が行うものである。だが受容する側の心性によっては、あるものの持つ越境性は肯定的に受け止められたり拒否反発するものとしてとらえられたりする。そこで本書では、「越境」を補足する言葉として「象徴的逆転」（「逆さ事」）「境界侵犯」「アンドロジェニー」という語も用いている。これらの用語は、越境的な行為や事態に直面する側がどのようにそのことを意味づけるかの区別をするために使いわけている。

「象徴的逆転」および「逆さ事」とは、上と下、男と女、内と外、昼と夜など、かくあるべき常態をあえて逆転させる行為の作用や状態を指す。女相撲や女子プロレスが「象徴的逆転」であると解釈できるのは、社会的に「弱い性」であるべきとされている女性が「力強さ」を見せるものだからである。「逆さ事」という言い方は、インフォーマントが女相撲について述べた言葉であるが、そこには「あえて」逆さにすることが含意されている。「逆さ事」する行為の裏面には、逆さにすることで得ることができるとされる作用へのひとびとの期待が含まれている。越境性を持つ女相撲や女子プロレスが「逆さ事」として意識して行われるとき、女相撲や女子プロレスにはそのこと自体によって何かを変革することへの期待が寄せられると考えることができる。つまり、常態をあえて逆転させる行為の作用によって、他の何ものかも変革されることを期待されるのが、「象徴的逆転」や「逆さ事」である。

社会的規範を越境することに対し、越境される側（体制維持者）が激しく抵抗するとき、その越境行為は「境界侵犯」として意識される。「境界侵犯」は体制維持者にとって排除されるべき異質なもの、相容れない「他者」によってもたらされるものである。つまり「境界侵犯」してくるのは「他者」であるから、その「他者性」は体制維持者たる主体と混じることはない。一方で「アンドロジェニー」（両性具有性）は、二項対立する男性ジェンダーと女性ジェンダーの両要素を融合させている状態を指す言葉として用いている。であるから「アンドロジェニー」は「他者性」を排除するのではなく越境性を受け入れる状況となる。

女相撲や女子プロレスの持つ越境性の受容は立場や社会背景により次の四つの受容主体に区分される。すなわち、「ブルジョア的主体」「民衆社会的主体」「近世都市的主体」「女性主体」である。

「ブルジョア的主体」とは、後述するピーター・ストリブラスとアロン・ホワイトの研究（ストリブラス／ホワイト　一九九五）から借用した用語で、歴史的には近代以降に出現した主体である。民衆的なものから撤退して、自己を上品でしかも伝統に則った身体であるとした近代社会の中心をなす層の主体を指す。本書では具体的には明治期の知識人層がもつ主体認識を取り上げている。「ブルジョア的主体」は男性主体と言い換えることもある。「民衆社会的主体」とは、「ブルジョア的主体」が撤退、差別しようとした民衆的な主体認識を指す。「ブルジョア的主体」と「民衆社会的主体」は当然近代社会のなかに併存する。「近世都市的主体」とは、具体的には江戸期の都市民による越境性への主体認識を取り上げた。これら三つの主体の越境性への認識は、社会の中心である男性性の影響をうけた男性のまなざしといってよい。男性のまなざしといったときの「男性」は生物学的な男性を指しているのではもちろんない。生物学上の女性でも「ブルジョア的主体」を有することはありうる。そこで男性のまなざしに対比する女性のまなざしとして、「女性主体」による受容も取り上げる。

女相撲・女子プロレスの越境性の受容を考察するにあたり、留意するべきことがらを越境性、都市性、観客論の観点から次に指摘しておきたい。

1　越境性

女相撲にせよ女子プロレスにせよ、頭に「女」「女子」と付せられていることからも、これらは女性の行う相撲、またはプロレスであることは容易に想起できる。では相撲、プロレスとはどのような行為を指すか、本書の前提となることなので簡単にその定義を行う。

競技としての側面から相撲の形態を問えば、素手組み討ちを中心とする格闘技と定義することができよう。この定義に沿わせれば、わたしたちになじみのある相撲と同様のものは世界の各民族でも伝えられている。とはいえ、各民族の相撲はそれぞれ独自の発達をみせており、土俵や立ち会いの有無、廻しの着用等の競技者のいでたちや勝負の判定基準、競技の行われる時と場所等はそれを伝える各民族で差異の大きなものとなっていて（寒川編　一九九三　一七―

二〇頁)、「素手組み討ちの競技」としたのはあくまで広い意味での定義にすぎない。

素手組み討ちの競技である相撲は、競技を行う行為者の身体の他には道具を必要とせず、土俵のような競技の場を設定することもあるが大掛かりな施設も不要で、いつでもどこでも行うことができる。また、この競技は行為者の身体が持つ力の優劣がはっきりとあらわれることから、相撲の競技者をチカラビトと称することもある。この競技のシンプルさをよくあらわしていよう。

日本における相撲の考古学的資料によれば、力士と評価されている埴輪が五世紀後半の古墳から出土している。文献史料では『古事記』(七一二年成立)に記された「建御名方神の服従」(建御雷神と建御名方神の力競)(倉野 一九六三 六一―六二頁)と『日本書紀』(七二〇年成立)垂仁天皇条にみられる「野見宿禰と当麻蹶速の捔力」(黒板編 一九三二 六四頁)が古い記録としてうかがわれる。『記紀』にみる相撲には、天皇家がその統治権を獲得していく方法として相撲という手段を用いたことがみてとれ、その系譜は平安時代、朝廷での相撲節に引き継がれていくともいわれている[1]。

時代が下がると、相撲節にみられるような、朝廷の統治権確認のためのメッセージ性は薄れるが、織田信長、豊臣秀吉時代の上覧相撲や近世の勧進相撲を経て、土俵やその周辺の設え、力士の所作に神事を意識した装飾性、儀礼性が高まり、それは近代以降の大相撲に引き継がれる。相撲節にみるようなメッセージ性の付与や神事を意識した装飾性、儀礼性といった文化的位相からの相撲の考察については次節で取り上げる。近世以降の相撲は単なる力比べの競技でも、天皇家の統治権を再確認するための装置でもなく、興行すなわち多くの観客を前にして相撲を取るという、「闘う」姿をみせる芸能的な側面を、勧進興行以降の相撲は有していることをここではおさえておきたい。勧進相撲とそれに連なる今日の大相撲に芸能の側面があると筆者が考えるのは、これらが興行の形をとり、不特定多数の観客を前に行われる相撲であるということ、観客に呈示される相撲興行の内容には神事を意識した装飾性が施され、初っ切り相撲や相撲甚句で観客の目を引くための演出が加味され、競技としての相撲取組の勝敗においても観客に娯楽を供するものと考えるからである。同様の意味で女相撲興行も芸能としての側面を中心に本書では扱う。

女相撲は、その濫觴を『日本書紀』雄略天皇十三年九月の「乃ち采女を喚し集へて、衣裾を脱ぎて、著犢鼻、露なる所に相撲とらしむ」（黒板編　一九三一　二三六頁）にとるものもあるが、本書では延享二年（一七四五）以降、興行のひとつとしてあらわれた女相撲以降の女相撲を扱うこととする。主となるのは明治以降の興行女相撲と、各地で伝承されている女相撲である。

一方のプロレスは、相撲と同じく、素手組み討ちの格闘技のひとつであるレスリングを源流にもつが、これは競技的側面よりもショーアップされた演劇的側面が強調される。プロレスはアメリカでエンターテイメントのひとつとしてその表現形式が確立され、戦後になって日本に伝えられた。プロレスは興行であり、多くの観客を前に演者（プロレスラー）が闘う姿を見せる芸能・演劇的色彩の強いものである。また、日本のプロレスは力道山という元大相撲の力士が日本に伝えた経緯もあり、当時（一九五四年）から男性の闘志とパワーを呈示するものとして広く人々に受け入れられた。女性のプロレスラーも当時からわが国に存在したが、力道山のプロレスの圧倒的なアピール力、政治力に比して、女子プロレスの興行としての成熟度、認知度はともに低いものであった（亀井二〇〇〇　二二―五七頁）。

ところで、素手組み討ち競技のひとつである相撲は、シンプルな力比べの競技として世界に広く分布しているということ、そして、大林太良編『民族遊戯大事典』（一九九八）や他の相撲に関する文献等（たとえば宮本　一九八五、寒川　一九九五）からこの競技の行為者の多くは男性であると広く認知されてきたということを確認しておきたい。

筆者が扱う女相撲、女子プロレスは、『記紀』の昔からコスモロジーを形成してきている相撲や戦後日本の大衆社会に少なからぬ影響を与えたといわれているプロレスを、女性が演じるものである。だが、相撲やプロレスの、単なる女性版として女相撲や女子プロレスを扱ってよいのだろうか。

相撲やプロレスには「闘う姿」を観客を前にして観せることが核にある。世界に広く分布する素手組み討ち競技の行為者が男性であることから、「闘う」競技としての相撲やプロレスも系譜上、男性性を象徴するものととらえられてきたと考えてよいだろう。であるなら、女相撲や女子プロレスは、女性の身で男性性を象徴する行為を行うということになる。

今日、スポーツの分野では男女の別なく同じ競技に参加することができる。われわれはそのことにとまどうことなく、見たり参加したりしている。だが、相撲に関して言えば、他のスポーツのように女性が気軽に参加できるほど普及していない。大相撲の土俵に女性は上がることはできないという伝統の言説は、競技としての相撲に女性がかかわることを長い間遠ざけていたように思う。女子レスリングは今日でこそオリンピックでメダル獲得の期待される競技種目となっているが、日本での競技の歴史は浅く、一九八〇年代後半には女子プロレスラーがにわか仕立てでレスリングの国際大会に参加していた。他の女性競技種目も、男性の競技の普及に遅れて浸透していったであろうことは想像に難くない。

先に、女相撲や女子プロレスは男性性を象徴する行為を女性の身で行うこと、と述べた。女性へのスポーツの普及も、先行する男性競技に後から女性競技者が加わった歴史でいえば同じことが言える。しかし筆者は、スポーツの女性への普及と女相撲、女子プロレスを同等にとらえることに躊躇する。

女相撲や女子プロレスは、男相撲や男子プロレスと同じように観客を前にして行われる。このことは、勝敗を追求する競技、自らが楽しむために行うスポーツとは異なり、女相撲や女子プロレスが芸能的、演劇的、カーニヴァル的な側面を持つものであることをあらわしている。観客の存在を意識して行われるため、「見せる」という演者の自意識が、時として男力士の男伊達を女力士に意識的に演じさせ、観客側も、女力士の男伊達に魅了されるということが、女相撲興行の観客反応やそれに影響されてはじまった各地の女相撲には見て取れる。逆に、女子プロレスラーが試合中に発する「コノヤロー！」等の乱暴な言葉や所作が日常生活では「女性らしくない」として顰蹙をかうこともある。

つまり、女相撲や女子プロレスには、女性演者がジェンダーの越境をあえて演じる偽装儀式的な側面もあったのではないかと考えるのである。スポーツであるならばジェンダーを演じる必要はない。

男相撲や男子プロレスでは力技の数々を通して男性ジェンダーの強調された姿が示される。そこで呈示されるジェンダーはたとえ強調のために演者によって演じられたものであっても本来の性と一致するため逸脱性や越境性は軽減される。だが男相撲や男子プロレスでは隠されてしまうジェンダーの演技が、女相撲や女子プロレスでは異なるジェンダーを演じることによりその逸脱性、越境性がより明確に意識されることになる。

2　都　市　性

今日の大相撲やプロレスは観客に提供される興行であり、演者である男性が「闘う」姿を見せる芸能的な側面がある、と述べた。女相撲や女子プロレスがその女性版であるならば、後述するように、もとは男性演者によった芸能が、女性演者にも広がりをみせた芸能というのは過去にもある。(2) 男性演者の芸能が女性演者にも広がりをみせていくということは、何を意味していると考えられるか。

芸能をとりまく観客に視点をあて考察した林屋辰三郎によると、中世の宗教的行事の娯楽化とともに、都市的生活の爛熟にともなって、猿楽ないし狂言の、女性による上演が出現するようになったという。女猿楽や女房狂言の演者は西国方あるいは越前、美濃といった地方人であり、「(かれらの)地方的なるものが京都人の感覚に背反せず、忽ち不知数の群衆を得たことは、いっそう注意すべき」で、彼らの上演が「都会の好奇的な群集心理に投ずるものがあったということか」(林屋　一九八六　二四〇―二四三頁)と述べ、女性演者による芸能のはじまりに、洗練された都市文化の中にありながら、地方的なるものへ、人々の好奇心が刺激されていたことをあげる。林屋は都会人が地方的なるものを好意的に受容することは、都市的生活が爛熟といえるほどの発達をみせたその反動ではあるまいか、と指摘する。

だが、演者こそ地方人であったかもしれないが、女猿楽、女房狂言は「地方的なるもの」すなわち地方文化を体現するものであったのだろうか。

もうひとつ、阿国歌舞伎を考えてみたい。これは男性演者が女性演者へと広がりをみせた女猿楽、女房狂言とは、結果的には逆の流れ（女性演者から男性演者へ）をみせることになるが、女性が男装し、男性的な所作を舞台で演じる阿国にはジェンダーを越境するふるまいが認められる。

阿国歌舞伎研究者の小笠原恭子によると、天正年間に朝廷や織田信長、徳川家康、豊臣秀吉といった当時の有力者の愛顧をうけたややこおどりの演者のひとりが、のちにかぶきおどりをはじめた阿国であるという。文献史料から、阿国一座が上洛と地方への下向を繰り返したことは明らかとなっている。廻国の先は、都で阿国が寵を受けた貴顕の領国や大寺社あるいは金銀山であり、旅の途次で新たな庇護者に出会い、厚遇を受ければそこで長逗留することもあった。阿国が出雲神子を名乗るようになったのも、出雲大社の庇護を受けてのことであろうという。また定期的に上洛するのは、以前からの庇護者の確認であり、さらなる庇護者の拡大のためもあっただろうという。そして、関ヶ原の戦後、久しぶりに上洛した阿国の目に映じたのが、京の耳目を集めていたかぶき者の風俗であり、当時流行の風俗とされたかぶき者の風俗を自らの芸に取り入れたのが、かぶきおどりであるというのである（小笠原 二〇〇六 七—三三頁）。

小笠原の研究から浮かび上がってくる阿国の姿は、自身の芸能の魅力を担保に貴顕の庇護を巧みに得、当代の流行風俗を自らの芸に貪欲に取り入れる、鋭敏な感性をもった芸能者の姿である。地方を廻国する芸能者がたまたま都会でもてはやされたというよりも、都市の風俗の先端を掬い取り、地方においては都からやってくる芸能者として都市文化を体現し、それを地方に伝える芸能者の姿である。

林屋は女猿楽や女房狂言の出現と都でのその受容を、都会人の「地方的なるもの」への好奇心で解こうとした。女猿楽、女房狂言に関する林屋の言及は中世芸能の観客論の考察全体の一部であり、けっして十分なものではない。また、林屋が女猿楽、女房狂言にみた「地方的なるもの」が示す内容の定義づけも、けっして十分になされているわけではない。そのような状態のなかでふれられた指摘に異を唱えるのは気が引けるのだが、筆者は小笠原が阿国かぶきの考察で示したような芸能者と庇護者の関係、都市文化との接合のあり方は、女猿楽や女房狂言にも見出せることなのではないかと考える。かれらの芸能は「地方的なるもの」ではなく、むしろ都会と地方を巡回することで磨かれた「都市的なるもの」ではないかと考えるのである。

阿国は権力者の庇護を背景にして廻国した。阿国一座の芸は「都市的なるもの」として廻国先に受容されたのであろう。小笠原は今日各地の民俗芸能として伝承されているややこおどり、もしくはあやこ舞の源流に、阿国のややこおどりの影響を指摘しているのである。

小笠原の指摘した、都市風の芸能の地方への広がりという構図は、興行女相撲と地方に伝承される女相撲の関係によく似ているのではないかと筆者は考えている。

女相撲の興行が成り立つには祝祭的な場が必然とされる。そこは地方的なものと都市的なものとが交差し、交じり合う場である。女相撲は巡業によって地方に流入する時点においては都市的なるものを身にまとい祝祭の場に出現する。のちにも述べるように、地方に伝承される女相撲のうちの幾か所かでははっきりと興行女相撲に影響されてはじめたと伝えられている。都市文化を体現する女相撲を地方の社会が受け入れることと、その地域社会の芸能として伝承されることとは必ずしも一致しないのだが、興行女相撲の影響によって伝播する女相撲には、興行の都市性も視野にいれることが必要だろう。

3　観　客　論——受容の基準

女相撲、女子プロレスは男相撲や男子プロレスの女性版であり、「闘う」ということが男性性を象徴しているとするならば、女相撲や女子プロレスの演者は、男性ジェンダーをふるまう姿を観客に示す、越境的なものであると述べた。そして、阿国歌舞伎の発生を例に、女性演者が男装して演じるジェンダー越境的な阿国歌舞伎が人々に受容された可能性として、筆者はそれが「都市的なるもの」を体現する芸能であることも仮説としてあげ、「都市的なるもの」が人々に受容され、地方に根づく様態を描くことにも焦点をあてたいとした。このふたつの問いを繋ぐものが「観客反応」を通してなされる受容のあり方の考察である。

民俗学は人々の生活意識を探る学問であると筆者は考えている。ある一つの習俗に対し、その営為を行う側の意識には必ずや必然性があると考えている。筆者が対象とする女相撲、女子プロレスは、遠い過去からわたしたちの生活の傍らにあった習俗とは言えない。また、実生活において、必要不可欠なものとも言えない。ある時代以降、人々の好奇心に支えられ、時にはそれを自らの生活の娯楽のひとつとして受容した、いうなれば風流《ふりゅう》のひとつである。

風流の受容という言い方をせず、あえて「観客反応」を通して受容のあり方を考察しようとしたのは、女相撲、女子プロレスが基本的に観客を前にした興行として提供される芸能であることを意識的にとらえようと考えたからである。風流の受容とした場合、主体の別による受容の様態がとらえにくくなる。

女相撲や女子プロレスはともに興行という形式をもち、女性演者によって、ジェンダーを越境するふるまいが呈示される。これらの芸能は、まず直接的な観客によって評価される。ただし、本書で観客という場合、直接的な、実体概念としての観客のみならず、女性演者の芸能の見聞を通して生成されたイメージを消費する者もまた、演者に対する関係概念としての観客ととらえる。後者の、関係概念としての観客の幅は広い。前者の観客は女相撲であれ女子プロレスであれ、われわれはその演じられる場に居合わせる者の声をベースにして受容の様態を考察することが可能であり、また興行という形式をとるこれらの芸能の場に居合わせるという状態が、この芸能がすでに観客に好意的に受け取られていることをある程度証明している。だからあとは「どのように」ということに考察の焦点を絞ればよい。しかし、後者の観客には、越境的な女性の芸能を好意的に受け取るだけでなく、否定的にこれらを拒否、排除する動きも当然含まれる。

また同時に、女性の観客であれば意識しないであろう見方が、男性の観客のまなざしによって意識化されることもある。性的見世物としての女相撲という観点である。今日、女性の身体を性的身体としてとらえるまなざしは浸透し、観客からまなざされることが前提となる女相撲や女子プロレスのみならず、観客を意識することなく競技に集中する女子スポーツ選手に至るまで、性的身体として異性からまなざされることから逃れようはない。だが、女性側は一方的にこのようなまなざしにさらされるだけでなく、戦略的に「見せる」ということも行っている（井上 一九九六）。

ところで、観客反応の男女差は明確に男性のもの、女性のものと区別されるような性質のものではない。たとえば女性観客のなかに女相撲や女子プロレスの演者を性的身体としてまなざす見方があってもおかしくないし、男性観客であっても、相手が女性だからといって性的身体としてまなざすことのない場合も考えられる。そのため、本書では個人的主観ではないことを明確にするため四つの主体、「ブルジョア的主体」「民衆社会的主体」「近世都市的主体」「女性主体」を想定し、それぞれの観客反応を通して受容のあり方を考えようとした。

観客反応という視点を加えることで、本書は人々がジェンダーを越境する女相撲や女子プロレスを受け入れたり、または否定したりするモノの見方の基準にせまる研究となるであろう。興行女相撲が地方に定着し、地域社会の女性たちによって今日に伝えられていることからも、芸能としての女相撲は基本的には受容されていると考えてよい。しかしその一方で、醜体な見世物として非難されたこともある。観客反応だけを追っていると混乱する正反対な評価が併存する状況は、「主体」の別に目配りして考察することで整理されるはずだ。

柳田國男は「遊行女婦のこと」（一九九八a）他で、旅する女性集団が民間文芸の伝播に果たした役割のことにふれている。巡業を常とする興行女相撲の一行が果たした役割も柳田の指摘に通じるものがある。本書では女相撲の地方への定着の過程をできる限り追うことで、定着の経緯、受け入れる側の人々の受容の基準を明らかにできることであろう。

なお、相撲、プロレスの今後の表記についてであるが、一般論として進める場合は相撲、プロレスの表記に従うが、演者の性別を意識して議論を進める場合は男相撲あるいは男子プロレスとし、女相撲、女子プロレスとの区別を行うこととする。

二　研究史と課題

前節であげた三つの問題点に対し、民俗学およびその周辺の学問分野における研究史をたどり、本書で考察を進める際の課題を述べる。

1　越境性・象徴的逆転・境界侵犯——文化人類学的研究から

越境的なものを社会はどのように受け入れたか。女相撲・女子プロレスの受容を考えるということは、社会が、社会の中心的な規範に越境してくるもの、規範を逆転することをどうとらえてきたかの問いに通じる。

V・ターナーは儀礼的状況において、男女や身分の逆転現象が象徴するところのものに注目した。境界状況におけるさかしまの世界では、社会構造における劣位者が一時的に構造における優位者にとって代わる。その結果、部族社会においては以前の状況を浄化し、社会の秩序が刷新、強化される。構造における優位者の「利己的な争いや匿された悪感情によってずたずたにされた一体性は、法的・政治的身分を争うに値しないと、通常、考えられているような低い身分の人たちによって回復」（傍点はターナー　一九七六　二六三頁）する。そのような機能を、儀礼的状況における逆転現象は有しているというのだ。

儀礼的逆転現象の持つ象徴的な意味についての探究は、部族社会のそれにとどまらず、ターナーや山口昌男らの仕事によって歴史社会や現代産業社会においても展開される。すなわち、周縁人や制外者によってひっくり返される世界についての弁証法的考察である（ターナー　一九八一、山口　二〇〇二）。社会の周縁にあるものによって、既成社会の規範や秩序がひっくり返される。象徴的逆転は、構造論的にいえば文化の中心的範疇が反対物を対置することによって弁証法的に定義される機会を提供する。

バブコックは、その象徴的逆転について次のように定義する。

「象徴的逆転」とは、広義に解すれば、言語的、文学・芸術的、宗教的、あるいは社会・政治的のいずれたるとを問わず、一般に行われているような、あるいはなんらかの形でそれに代わり得るものを示すような、表現的行動に属する行為を指す（バブコック　二〇〇〇　四頁）。

この定義にしたがえば、象徴的逆転とは部族社会の儀礼的状況のみならず、非部族社会（産業社会あるいは脱農民社会）においても、広く認められることであることが分かる。

人は社会を作り、文化を築き、その他の面でも秩序を希求しているようにみえるのに、他方ではその秩序の混沌をまねく、象徴的逆転がわれわれの生活のあらゆる場面で必要とされている。なぜ人は象徴的逆転をもとめるのだろう

か。その問いに、バブコックはペカムを引用し、

（ペカムのいうには）審美的否定の形式における座標系をもつ混沌は「可変性の訓練」であり、「認識の緊張に耐えることが生存にとって必須であるような現実の情況への下稽古」であり、「現実の重要な問題が立ち現われてもよいように認識の方向喪失に耐える能力を強化すること」、つまり、象徴的逆転の諸形式を通じてはじめて文化は『汝……するなかれ』の制約から解放され、その効果的機能に不可欠の主題によって内容を与えられ、それ自体について語ることが可能になる（同書　一一－一二頁）。

という。既成社会のタブーを侵犯する「逸脱した行動の形式は、それがなければ社会組織が成り立っていかないような、社会生活の自然で必要な形式なのである。われわれの生きる拠りどころとしての秩序を定義するにも、それに疑問を投げつけるにも、『周辺をなす混沌』が、『逆転者』という範疇が、必要」（同書　一二頁）であるというのだ。

すなわち社会の秩序と混沌とは一見正反対のようでも切り離すことのできないコインの裏表のようなもので、バランディエは「秩序の逆転は、秩序の転覆と同じではなく、むしろ秩序のひとつの構成部分であり、秩序の強化に使われさえするものである。供犠が死によって生を作り出し、象徴の操作によって鎮められた暴力を用いて『法』を作り出すように、逆転のなかで、無秩序から秩序が作り出される」（バランディエ　一九八二　九七頁）と、多くの社会が「〈逆転〉という仕掛け」（同書　九七頁）を内包し、活用していることを指摘する。

社会の秩序を逆転し、無秩序の状態からあらたな秩序を生成、活性化させる「〈逆転〉という仕掛け」のツール、すなわち逸脱者として指定されるのは社会的下位の者である。道化や女が逸脱者としてその立場に置かれることが多いのは、かれらが既成の秩序を構成する社会から逸脱している、あるいは政治的にネガティブな存在とされているか

らである。

山口昌男は、攻撃誘発性をもつネガティブな存在、スケープゴート現象に、「文化の根源的な活力を保証する仕掛け」（山口 二〇〇二 三九頁）をみる。山口によればスケープゴートとは社会における負の理想像である。

負の理想像はある意味では正の理想像の倒立したものであり、ある個人や集団がアイデンティティを脅かされていると感じる際に、この脅かしていると考える部分を図式化するために用いられる像である（同書 四八頁）。

そのため、文化および個人のアイデンティティの秩序の構築を脅かす外在的脅威は社会から排除され、差別の対象ともなる。しかし、排除された部分は決して受け身のままではないという。人間の作り上げた秩序とか概念といったものは、固定した状態が続くと、枠組からはみ出す要素が増大する。変化を求めるという欲求があらわれるというのだ。

（その）変化とは、以前は無かった要素が新しくつけ加わることである。新しくつけ加わる要素とは、実は、制度や概念が確立するために排除された負の要素なのである。（中略）つまり、文化はそれが公的に排除したものにひそかに依拠しているということができるのである（同書 五九―六〇頁）。

いったんは排除したものが、制度や概念の刷新のため、舞い戻ってくる。スケープゴートは排除され、差別されると同時に、変化への挑発性も合わせ持つものなのである。

文化のなかで排除の対象となるものは、狭い意味での〈文化〉の枠内にはまりきらないもの、山口によれば、女性であれフリークスであれユダヤ人であれ、「多くの文化で〈ウチ〉なる差異性の担い手として差別の対象となるのは、ている。

こうした記号的過剰性を帯びた挑発的存在」（同書　六二頁）である。

負の理想像が、排除されながらも挑発性を持つという指摘は重要である。ピーター・ストリブラスとアロン・ホワイトは『境界侵犯——その詩学と政治学』のなかで、近代的なブルジョア社会が排除した対象が、グロテスクなものとして差別の対象にされるとともに、ノスタルジアと憧憬と魅惑の対象として帰ってきてしまうということを指摘している。

「境界を仕切るための規範」が、「汚穢を排除するという単純な論理に基づいて」人間と非人間、社会と自然を隔てている、ということが言われている。（中略）差異は嫌悪に基づくということだ。社会を上と下とに、礼儀正しいものと野卑なものとに分かつこと（中略）こうした分割は社会形態を横切って存在しており、地勢と身体とに偏在する。主体のアイデンティティはこうした領域と切り離して考えることはできない。ブルジョア的主体は、それが「下」と記すもの、汚れた、忌避すべき、騒々しい、汚染されたものを排除することによって、常に自らを定義し、さらにまた再定義する。しかし排除の行為そのものが、そのアイデンティティの本質をかたちづくっている。下にあるものは、否定と嫌悪のもとに内面化される（ストリブラス／ホワイト　一九九五）。

だが嫌悪はいつも欲望の痕跡を背負っている。「他者」として追放されたかに見えるこうした下層の領域が、ノスタルジアと憧憬と魅惑の対象として帰ってくる。森、祭、劇場、スラム、サーカス、海辺のリゾート、そして「野蛮人」——これらすべては市民生活の外辺に位置して、ブルジョア的欲望の象徴的内容となるのだ（同書　二五九頁）。

近代社会が形成されていく過程で、社会の中心をなすブルジョア的主体は、自己を上品で純潔なものとするために民衆的なものからたもとを分かち、民衆的なものをグロテスクな「他者」として構築した。興行という猥雑さのなかで越境性をもつ女相撲・女子プロレスは、自己を上品で伝統に則った身体として確保しようとするブルジョア的社会の秩序を境界侵犯するものとして排除の対象となっていく。境界侵犯的な女相撲や女子プロレスのグロテスク性は、ストリブラスとホワイトが指摘したような、嫌悪と魅惑の対象としてブルジョア的主体からまなざされることになる（第二、七章参照）。ブルジョア的主体とは、近代社会の男性的主体である。男性主体にとって、女性は常に他者で、グロテスクと魅惑の対象である。

ストリブラスとホワイトの議論は、近代男性のまなざしの拠り所を明らかにしたものである。しかし、各地に伝承される女相撲には、興行女相撲を観て自らはじめた女性たちがおり、女性たちの自発的な行為を支える受容の基準については、ストリブラスとホワイトの議論にはほとんど含まれていない。

そこで、女性たちの受容の基準を明らかにするための視点として、人類学者のジェニファー・ロバートソンが宝塚歌劇の分析（ロバートソン　二〇〇〇）に用いた「アンドロジェニー」という視点を導入する。それについては第九章で論じる。

2　民俗学と都市文化

女相撲、女子プロレスを、都市文化を体現するものとしてとらえた場合、筆者が特に意識したいのは、女相撲や女子プロレスはこれらを観る人々に何を残すか、残したかにある。先述したように、筆者がここでいう観客反応は、女相撲や女子プロレスを直接観ている観客に限らない。越境性をもつ女の芸能に対し、形成されたイメージを消費する者もまた、関係概念としての観客である。

では民俗学研究において筆者が目指そうとする研究視点はどこに位置づけられるか。都市文化を扱う視点としては、都市民俗学としてくくられる研究との接点が考えられる。都市民俗学は、一九七〇年代後半以降、研究視角のひとつとして提唱された。

その初期の代表的な論考であり、その後今日の都市民俗の研究に影響を与えたのは、倉石忠彦の団地生活者の民俗に関する論考と都市民俗学論であろう（倉石　一九九〇）。倉石は、「都市民俗学的な研究とは、都市社会ないし都市生活をその対象とし、そこに残存し、あるいは発生した民俗を通して、日本の民族文化・基層文化を究明しようとする民俗学的研究であ」り、その研究方法は従来行ってきた民俗学的方法と根本的には異なるものではない（同書　九頁）として、それまで農山漁村中心だった民俗学調査の対象に都市という新たなフィールドを加えることで民俗学の体系を補完しようとする（同書　一二頁）。

都市民俗学理論の根底には柳田國男の都鄙連続態論[3]がある。それとともに農村も都市もひとつの地域としてとらえようとする、地域民俗学からの影響も都市民俗学には認められる。[4]ここには地域民俗学が対象とする他の地域と同様、都市も地域のひとつのヴァージョンとみなすことで、民俗の都市的性格というものを、農山漁村の民俗の特質と同じように見出せるという前提があろう。ただし、地域民俗学研究の延長上に向かう都市民俗学研究では、都市文化の地方への波及という本書の問題点の解明には不十分である。

そこで、今日の都市民俗研究のもうひとつの軸となっている都市祭礼研究に注目したい。都市祭礼研究の分野では、都市祭礼の地方への波及や祭礼の受け手側（本書でいう観客）に目配りされた研究が出てきている。[5]都市祭礼の特色のひとつとして、柳田が『日本の祭』（一九九八b）で指摘した祭りの見物人（観客）の存在は大きい。祭りの主体である地域社会の担い手や地域社会を超え、祭りがその規模を拡大させていく過程で、地域社会と無関係の観客が果たした役割は大きい。和崎春日は『大文字の都市人類学的研究』（一九九六）において都市祭礼の送り手集団と受け手集団のダイナミックな相互関係を詳細な調査により検証した。和崎が設定した送り手集団、受け手集団に関していえば、身近な先祖を送る行事として参加する地域の参加者のほかに、盆の送り火である左大文字送り火に対し身近な信仰心を持たないか、または心情的に距離のある見物人も含まれる。左大文字送り火に向かう態度はそれぞれの立場により、異なる。が、和崎は後者の見物人は自分の文脈に沿わせて盆の送り火である左大文字送り火に参加しており、ゆるやかな信仰態度、ルーデンス精神が都市祭礼を拡大していく原動力になっていると指摘する。

ひとつの民俗事象を前にして、これを自分の文脈に合わせて取り入れるというルーデンス精神は、民俗事象をその土地に囲い込まず、地域を超えて伝播させていく原動力にもなる。各地で催される祇園祭の伝播にも最近のものにはその傾向がみられる。(6)かつては神社信仰の広がりとともに伝播されたであろう祭礼が、核となる神社信仰を重視せずに表層の習俗のみで広がりをみせる様子は、和崎の言うルーデンス精神がおのおの地域社会の受容の基準となっているからと考えられよう。和崎は大文字送り火の各地への伝播には、表層の習俗のみではなく、「大文字コンサート」「大文字〇〇」などとことさら「大文字」を強調して盛り上がろうとする風俗も都市祭礼の特色としてあげているが（和崎 一九九六 一四六―一七〇頁）、これは民俗文化を利用可能（availability）な商品（goods）としてとらえ、科学技術世界においてそれらが空間、時代、社会を超えて広がりをみせることを歴史哲学的に考察したヘルマン・バウジンガーの指摘につながる魅力的なものだ。バウジンガーの主張するのは、ある伝統的な民俗文化が「利用可能な商品」となっていった社会変化の考察で、伝統的な民俗文化を空間的（時間的、社会的）に移動させ、新たな場所に根づかせる当代の思想に重点がある。なお、移された民俗文化はパッケージ化されてそのまま新しい土地に根づくものではない。和崎は新規な文化事象が都市の民俗に取り込まれ、その都市らしさを帯びてくる過程への考察を通じ、都市民俗の粘り腰、変わって変わらない都市民俗の動態に着目する（和崎 二〇〇五）。

筆者が本書で目指そうとする視点は、地域の構造機能主義的な都市民俗研究とはベクトルの方向が異なる。だが、都市祭礼研究における受け手の動態や新規な文化事象を受け入れていく過程の考察は、本書の観客反応——受容の基準の考察に大きな示唆を与えてくれる。和崎が指摘した受容の基準には都市のルーデンス精神があり、バウジンガーのそれは当代の思想であった。筆者は受容する主体に留意し、より細やかな考察に向かいたいと考える。すなわち、外部からやってくる女相撲を地域社会が受け入れる過程において、受容する側の「地域らしさ」と新たな風俗がどのように交じり合い、土地に根づいていくか、という点で。

3　相撲・プロレスについて

相撲を文化的な側面から研究しようとする動きは、民俗学、人類学、考古学にみられる。相撲には競技としての相撲の他に、祭儀としての相撲がある。祭儀としての相撲には格闘を行わず、足踏みをするだけ肩を抱き合うだけの所作で、その上に土俵もない場合もあるのが特徴である。山田知子は祭儀としての相撲に焦点をあて、相撲の四股を悪霊鎮送の呪的動作ととらえ、土俵祭りにみられる修験道の影響等、宗教行事としての相撲を考察した（山田 一九九三、一九九六）。

人類学の分野では寒川恒夫が日本の相撲を天皇家の統治権の拡大、確認の儀式という側面から考察している（寒川編 一九九三）。寒川編著の同書に含まれる他の論考では古代史、考古学からの相撲の論考が掲載されている。これらの論考に共通する視点は、相撲競技の勝敗は物理的な力による勝敗にとどまらない、勝者には呪的力の発現をみるとする大力信仰である。チカラビトの系譜は、大力の信仰を基盤とし、その信仰は広範に及んでいるといってよいかと思われる。寒川（一九九五）や宇佐美隆憲（二〇〇二）は国内外に伝わる競技相撲を文化的位相から考察している。これらの研究に通底するのは、力比べの競技相撲に呪術的な作用を認める視点だろう。

本書では女相撲を民俗文化の位相から考察することを主眼としている。ただ、女相撲は近世以降、興行という形式のもとに、男性演者による勧進興行相撲を模して作りだされたものであり、上にあげた男性演者（競技者）による相撲の文化史的な考察は必ずしもあてはまらない。

しかしながら、中世の説話として伝承される女の大力信仰が女相撲、女力士を受容する人々の間に共有されている可能性はある。女の大力信仰については宮田登が『ヒメの民俗学』（一九八七）のなかで、中世説話と江戸期の見世物女相撲にみられる女の大力信仰を考察している。宮田は、非日常の場面で発現される女の物理的な大力を伝える中世の説話に、女の隠れた力に対する信仰をみる。民俗学では「女の霊力」という語であらわす女の非日常的な霊的力の物理的な発現を、中世の女の大力説話はあらわしているというのだ。しかし、物理的力の発現の系譜上にあると思われる江戸期の見世物女相撲には、中世の説話にみるような女の大力信仰は零落せられて存在せず、ただ滑稽（グロテスク）な見世物へと堕落したと宮田は言う。この、「信仰の零落」的な宮田の分析には、女相撲の越境性に対する配慮がない。宮田は女の大力発現の非日常性（越境性）を指摘しているが、その物理的発現が女の大力説話のような非日常性から見世物女相撲のような日常性、娯楽性へと移行するや、本来の霊力が零落するという。つまり、「女の霊力」は女に本来的にそなわっている力としてあるのではなく、発現される場の力学によって「女の霊力」は浮上するものだという、政治力学的な視点の欠如がみられる。この問題については、第六章で考察したい。

女相撲に関する民俗学の研究としては、各地の雨乞女相撲の一連の報告と、雨乞女相撲を「女の霊力」と結びつけた研究視点があげられよう。雨乞女相撲に関しては習俗の報告の域を出ておらず、安易に「女の霊力」と結びつけて語られてきた。問題の所在を不可視のものとする「女の霊力」信仰の再考と、雨乞女相撲にみられる象徴論的考察は第三章で行う。

女相撲や女子プロレスは、男性演者による相撲・プロレスの女性版であり、それはジェンダーを越境するものである、と先に述べた。ジェンダー論の観点から女子プロレスを研究するものとして、合場敬子は女子プロレスラーつまり本書における演者側へのインタビューをもとに、闘う身体をもつ女子プロレスラーの自己認識（二〇〇七）、闘う技術をもつ女子プロレスラーが通常の生活ではそれをどのように活用しているのか（二〇〇八）を問う。闘う身体を持つことの一般女性への拡がりが、対男性との関係に与える影響に合場の研究の焦点はあり、そこで主体化されるのは闘う女性（演者）である。この点で本書で目指そうとする、越境性に対する世間のまなざし（観客反応）を軸とした文化的位相からの研究とは一線を画す。しかし、越境性を有する女相撲、女子プロレスの観客反応とは、ジェンダーを越境する出来事への世間の反応を含意しており、合場とは異なる位相からではあるが、本書もジェンダーに留意した研究であるといえよう。

三　本書の構成と方法

以上にあげた問題点を明らかにするため、本書は次のような章立てをとる。

第一章では、明治以降の興行女相撲について概観して、女相撲の都市性を明らかにする。

またこの章では興行の関係者からの聞き取りにより、その巡業ルートと各地に伝承されている女相撲との関係を明らかにしようと試みる。興行女相撲の内容についても、興行の関係者からの聞き取りにより再構成する。以上の過程で浮かび上がるのは、女相撲の発生に都市的な感覚が関係していたこと、さらに巡業先で伝承される女相撲との深い関係である。

第二章では、ブルジョア的主体の形成とともに、越境的な女相撲の受け止め方が変容していくさまを、明治以降の新聞、雑誌に取り上げられた興行女相撲に関する記事をもとに考察する。境界侵犯性を持つ女相撲がブルジョア的主体にとって嫌悪と魅惑の対象となっていった時期が、この考察によって明らかとなる。

第三章では雨乞女相撲を取り上げ、民衆社会的主体にとっての受容の基準を考察する。女相撲を民俗学研究で扱う場合には、雨乞との関係で取り上げられることがもっぱらであった。また、降雨をもたらす女相撲は女性の不浄観や「女の霊力」と関係づけて語られてきた。ここでは、雨乞女相撲を伝承する地域社会の言説をもとに、「女の霊力」論的解釈を再考し、象徴論的解釈の有効性を問う。

第四章は、興行女相撲に刺激を受け、はじめられた民間の女相撲を取り上げ、演者である女性の地域社会における役割に着目して、その受容の基準を考察する。都市性をもつ興行女相撲の地方への伝播・定着の例としてあげられる。

第五章は、各地で伝承される女相撲の諸相をまとめる。ある時期に盛り上がりその後衰退した女相撲、近年になってはじめられた女相撲などと、この章で取り上げる女相撲の伝承の時期や内容は各地でさまざまだが、女相撲の地域的分布のかたより、興行女相撲の興行内容との類似性つまり伝播の可能性について指摘する。

第六章では、中世の説話にあって江戸期の見世物女相撲では失われてしまったとされる「女の大力信仰」を再考する。近代的な思考では、「女の霊力」の物理的発現としての女の大力信仰は、江戸期の見世物女相撲には零落した姿しかみいだせない。しかし、近代的思考によった見方を排し、近世都市的主体による受容としてこれを考察すると、越境的なるものを容認する近世都市的主体の姿があらわれる。「女の大力信仰」の近世都市的あらわれを明らかにする。

第七章は、力道山による女子プロレス報道の抑圧と世間の認知のズレについてふれる。力道山が確立しようとした男子プロレスの秩序、立ち位置を脅かす女子プロレスに対し、力道山は女子プロレス報道の抑圧（排除）を行った。力道山やその後に続く報道のあり方には、女子プロレスの境界侵犯性に対し、男性主体が恐怖（嫌悪）する様子がみてとれる。それに対し、世間の認知は異なる。女子プロレスに対する嫌悪と魅惑の混在する状況を取り上げる。

第八章は、女子プロレスの観客反応をあつかった。観客反応を確認するに際し、二つのタイプを取り上げた。一つは演じられるプロレスに対し、はじめてそれを観ることになる観客に直接アピールしてくると思われるメッセージとそれに対する観客反応について。もう一つは、プロレスラーが言葉によって伝えるメッセージと観客反応についてである。この作業を通じて、男性主体の「嫌悪と魅惑」的受容とは異なる、民衆社会的主体の受容の基準を見出そうとする。

第九章では、女性主体による女相撲の越境性の受容の基準を考察する。女性主体の受容の基準のひとつと考えられるアンドロジェニー的魅力は民衆社会的主体の受容の基準とも重なる。しかし、女性主体があえて女相撲のアンドロジェニー的魅力を身にまとおうとするとき、女性主体は女性ジェンダーのアイデンティティの変容の可能性に直面することになる。

終章では以上の各章での考察によって明らかとなったことをまとめ、今後の課題を提示する。

なお、研究の方法として現地での聞き取り調査と新聞、雑誌等文献資料調査を行った。女相撲、女子プロレスが演じられる「場」へ赴くことも、可能な限りこれを行った。考察に際しては歴史的背景に目配りし、関連する事象との比較研究を行った。

註

（1）寒川恒夫によると、『記紀』にみられるこれらの相撲は、この国の統治権を展開させる方法としてあり、平安時代の相撲節にはその再演、つまりこの国の統治権を毎年再確認するためのものであったという。寒川編（一九九三）を参照のこと。

（2）ここでいう芸能とは、守屋毅が分類したうちの「視覚的表現を重視し、舞踏・演劇的形態を有する芸能」を範囲として想定している（守屋 一九九二 二八–四二頁）。芸能としての女子プロレスについては（亀井 二〇〇〇）を参照のこと。

（3）柳田國男「都市と農村」（一九九八c）を参照のこと。

（4）地域民俗学とは、山口麻太郎を鏑矢とし、福田アジオによって柳田國男の民俗学の批判を織り込みつつ完成された日本民俗学の方法論的改変をせまる考え方である。特定の地域で、なぜ民俗が継承されたかの条件や理由、意味を歴史的に明らかにし、そのうえで地域差を考察することを民俗学の主眼に置くという構造機能主義的な考え方。

（5）　戦後、地域に根差した伝統的な祭りが都市祭礼に変貌をとげる過程については阿南透が整理している（一九九七）。また、都市祭礼である北九州の「博多祇園山笠」を遠隔地である北海道芦別に「ウツス」過程を詳細に報告したものに福間裕爾『「ウツス」ということ――北海道芦別健夏山笠の博多祇園山笠受容の過程」（二〇〇四）がある。

（6）　筆者はバウジンガーの英訳書（一九九〇）を参考にしたが、河野眞によるドイツ語原書からの日本語訳が刊行されている（河野眞訳『科学技術世界のなかの民俗文化』二〇〇一　愛知大学国際コミュニケーション学会）。

第一章　明治以降の興行女相撲

はじめに

本章では、明治の中ごろから昭和三十年代前半までの約八〇年の間、仮設興行として各地を巡業していた興行女相撲について、その歴史と興行内容についてまとめる。

明治以降の興行女相撲の歴史は、『風俗画報』二一三号で取り上げられた羽前国山形の女相撲興行団と、その歴史的な変遷を追うことで明らかになる。明治初期の新聞紙上に記された記事によれば、この興行団の他にも女相撲興行をする集団が存在した可能性は認められる（第二章参照）。だが、明治・大正・昭和と約八〇年間続いた女相撲興行といえば山形を発祥とする興行女相撲であり、また、今日その関係者からの聞き取りによって興行内容を再構成しやすい利点がある。そこで本章では山形発祥の興行女相撲を中心にして、興行女相撲の明治以降の歴史と興行の概要を述べ、なぜ山形で興行女相撲がはじまったかについて私見を述べることにする。

『風俗画報』[1]によると、山形の興行師、斎藤祐義が明治十九年初めに近県の強力の女子を集め、女相撲の興行をしていたという。この興行団はその後、秋田・青森・北海道・岩手・山形と巡業を重ね、明治二十三年に北陸で興行をしていたところを認められ、勧進元からの要請で東京の両国回向院で興行を打つことになった。東京では初の興行ということで、『風俗画報』や『読売新聞』紙上では前評判もよく、『読売新聞』では数日にわたって興行の様子が取り

写真1　女相撲絵馬（天童市高擶　清池八幡神社所蔵）

上げられている。(2) 興行は十一月十三日から約二週間の予定であったが、二十七日からは女相撲は差し止めの指導が入り、翌二十八日からは力芸のみが興行にかけられている。

『風俗画報』の記事にはこの女相撲興行団の名称も記されている。高玉一座である。「高玉女相撲」と石山興行の「石山女相撲」、のちにこの二つの興行団と関係の深い者が分かれて起こした「第一北州倶楽部女相撲協会（平井女相撲）」、この三つの興行団がその後約八〇年にわたる女相撲興行の軸となる。

一　興行女相撲のはじまり

山形県天童市高擶にある清池八幡神社には、女相撲の絵馬が奉納されている（写真1）。明治二十二年の奉納で、奉納者に名を連ねるのは本間半三郎・石山兵四郎・斎藤祐義の三人である。斎藤祐義は明治二十三年の女相撲の東京興行の折り、『風俗画報』その他の関連記事に名の載る人物で、他の二人も、天童市高擶、山形市を本拠地とする女相撲興行の代表者である。

興行女相撲にとっては斎藤祐義よりも他の二名、本間半三郎・石山兵四郎の方が重要である。彼らは興行団の荷主つまり代表者であり、斎藤はその代貸の関係であるからだ。絵馬を描いたのは庄内地方の絵師大泉鶴遊である。山形県内には鶴遊の描いたものが七面あるという。神楽絵、高砂舞の絵などを得意とする絵師であった（村山 二〇〇七ａ）。鶴遊は初代石山兵四郎が率いる石山興行の絵看板を描いていた人物であるともいう[3]。

清池八幡神社に奉納されている女相撲絵馬は奉納当時の様子を忠実に描いているものだという。この絵馬について研究している村山正市によると、この絵は清池八幡神社に女相撲の絵馬を奉納している様子を描いたものということである。二人の女力士に担がれ「奉納（奉は欠字）」と書かれたものがまさにこの絵馬を指している。その背後で「女大力」の旗を持つのが石山兵四郎、右隣の男性が本間半三郎、「大力（カ）」の扇子をもつ女性が半三郎の妹であり、兵四郎の妻きわである。きわは女力士北海道きわである。一行のしんがりを務めるのが斎藤祐義・きん夫妻である。きんも半三郎の娘で、女力士日光山きんである。一行の先頭に立って鳥居をくぐり、「女大力」の旗をもっているのが半三郎の長男本間勘十郎である。絵馬には男性があと二人描かれている。扇子で煽いでいる右側の男性が兵四郎の

写真２　「女大力」の旗を持つ石山兵四郎、右隣に本間半三郎、右端は兵四郎の妻きわ（写真２～５は写真１女相撲絵馬の部分）

写真３　一行の最後を行く斎藤祐義・きん夫妻

写真４　一行の先頭に立つ半三郎の長男本間勘十郎

写真５　石山藤四郎（右）、本間勘三郎（左）とされる人物

父、石山藤四郎、左が半三郎の父、本間勘三郎ではないかとされている。他の女力士について詳細は分からない。奉納の翌年の『風俗画報』の記載から当時の女力士の四股名を知ることはできるが、絵馬の女力士が締める化粧廻しとは一致しない。絵馬に描かれた化粧廻しに記される四股名は、当時の大相撲力士から拝借したものかという(4)。

本間半三郎は女相撲以前から興行師として、清池の骨堂の祭りを仕切る――すなわち興行権を持つ――歩方(5)として知られていた。清池の骨堂とは願正坊の廟のことで、この地方に浄土真宗を広めた菅生願正の遺骨を祀る。骨堂の祭りには近在の信者が参拝し、露天も多く出て近年までにぎわったものだという。清池の骨堂は絵馬を奉納した清池八幡神社の向かいの位置にある。

半三郎は祭りを仕切る歩方として、興行の世界と関係を持っていた。女相撲を創業したのは後述するように石山兵四郎だが、半三郎は兵四郎の義兄として、また高擶に拠点を持つ興行師として興行女相撲を支えたことになる（村山二〇〇七b）。

兵四郎も天童市高擶の出であるが、当初は飴屋をしていたと伝えられている。その後、山形市旅籠町に移転した。旅籠町では呉服屋を営んでいたらしい。しかし、店舗を構えることはなく、荷を担いで売り歩く行商人であったようだ。

この兵四郎が女相撲をはじめるのだが、そのアイデアを兵四郎は「夢でみた」のだと伝えられている。「メッコ（女）に相撲を取らせたら面白かろう」と思いついた兵四郎は旅籠町の自宅裏に莫蓙を敷いてためしに女たちに相撲を取らせた。その様子をみて、夢でみた「女相撲は当たる」ことを確信し、興行を打つようになったという(6)。

高擶の歩方である本間半三郎とは義兄弟である関係から、石山兵四郎が女相撲の発案以前から興行の仕事に多少なりとも関係していた可能性はある。義兄とともにかかわった歩方の仕事を通して、各地から集まる荷物(7)に精通していたことから女相撲を思いついた可能性もある。義弟の発案に興行師である本間半三郎が力を貸してはじまったのが女相撲興行であり、先の絵馬に描かれた人物からも知られるように、興行師と女力士は一族でつながっている。

なお、石山兵四郎が女相撲興行をはじめた正確な年は長らく不明であった。明治十九年ごろには東北、北海道、新潟をまわって、二十三年の東京の両国回向院での興行につながるというのが定説で、興行女相撲のはじまりはそれ以前のことだろうとばく然としていたが、明治十五年三月に青森県へ見世物相稼興行の届出が出されていることが分かり、創業年はさらにさかのぼることが分かった。また兵四郎の山形転居のより正確な年代が判明し（明治三十二年）、女相撲興行の発想は山形以前の高擶でのものであったようだ（村山 二〇〇七b）。本間半三郎ものちに女相撲興行に関係していく。

つまり、天童市高擶が明治以降の興行女相撲発祥の地になる。高擶は、かつては大きな地主のいる農村であったが、先述したように骨堂の縁日には近在の信者が多数集まり、にぎわいをみせた。地元の歩方であった半三郎の跡を継いだ息子の本間勘十郎は、後日高擶のみならず奥州興行界の重鎮となった人物である。勘十郎の食客が高擶に映画館を経営したこともあり、農村部とはいえマチ場のにぎわいもみせていた土地柄であったという。

明治期の女相撲興行には、石山女相撲と高玉女相撲の二つの流れがあった。女相撲興行について書かれたものはいくつかあるが、それぞれの興行の代表者については諸説ある。「荷主」と「頭取」の別が明確になされていないことからくる混同と思われる。

「荷主（または「太夫元」とも称する）」とは、この場合、女相撲という「荷物」の所有者のことを指す。本間半三郎と石山兵四郎は荷主である。「頭取（または代貸）」は、荷主から任されて実際に女力士らとともに巡業に出るなどの実務をつかさどる者のことを指す（鵜飼他編 一九九九）。斎藤祐義は頭取である。ただし、頭取を置かず、後述する石山本部のように、荷主自らが興行についていく場合もある。

次に女相撲興行団の盛衰について聞き取りと資料をもとに簡単にふれる。

1　高玉女相撲

女相撲絵馬の奉納者三名のうち本間半三郎は天童市高擶の人で、兵四郎の義兄にあたる。本間半三郎の長男、勘十郎はもとは高擶で大工をしたり、天童市高瀬で鉱山経営をしていた。勘十郎は鉱山経営に失敗したことを機に興行界に入る。二男の定治は、兵四郎の養子になり（のち離縁される）、兵四郎の代貸として巡業に出た。定治の率いる女相撲は「高玉女相撲」と名乗るようになる。高玉女相撲は女相撲興行の人気が高まるにつれ、本部・二部と二手に分かれ、定治が高玉女相撲本部を、斎藤祐義が高玉二部の頭取として全国各地を巡業にまわった。

今日伝えられるところによると、明治四十四年に山形で大火があった。その時、旅籠町の石山兵四郎宅は蔵を残して全焼した。この大火の時、定治の女相撲（高玉本部）は九州で巡業中だったという。当時の巡業は、一度旅に出れば数年は戻って来ないような、長い旅であったという。定治の高玉本部も、しばらくの間、九州各地を廻っていたという(8)。

勘十郎はその後、「髭の勘十郎」と呼ばれ、昭和二年に亡くなるまで東北一帯の興行界の親分として名をはせる。勘十郎は北海道での興行師同士のもめごとを仲裁するために出かけた先で客死したという。初代勘十郎没後、高玉本部は二代目勘十郎が引き継ぐが、女相撲興行は昭和初めには廃業していて、サーカス（パラマウントサーカス）を荷物に巡業していたという（阿久根　一九七七）。

斎藤祐義は明治十六年頃、山形で石山兵四郎、本間半三郎の率いる女相撲興行をみて頭取として高玉二部を任されるようになったのではないか、といわれている。高玉二部はその後、大正十五年に高玉本部が東京浅草で興行中のことを記した新聞記事中に、「二部は尼崎で興行中」であると記されている（『東京日日新聞』一九二六）が、その後の女相撲興行関連の記事では取り上げられることはない。そして、二部の女相撲興行は、昭和十六、七年頃には廃業している。女相撲廃業後、高玉二部は川崎重蔵を団長とする「高玉サーカス」をはじめ、のちに「ラッキーサーカス」と改名して、昭和三十年には廃業となる。二代目本間勘十郎以降、本間家は山形県酒田市に住居を移し、別の商売をはじめたため、興行界とは縁が切れた。

以上のことから、高玉女相撲の女相撲興行は、本部が昭和初期まで、二部は昭和十六、七年頃までの興行である。

2　石山女相撲

石山兵四郎を荷主とする石山興行も、本部と二部に分かれて女相撲興行をしていた。本部は石山兵四郎が、二部は定治の代貸であった鈴木（石山）喜代太が女力士を率いて各地を巡業していた。[9] 石山兵四郎は前述したように天童市高擶の出身であるが、のちに山形市旅籠町に転出し、そこを拠点として女相撲興行を広めた。

石山本部は昭和五年に、二代目石山兵四郎がハワイ興行を成功させている（『東京日日新聞』一九三〇）。その後も釜山、台湾、満州と海外での興行を成功させている。日中戦争がはじまっても女相撲興行は順調だったというが、国の方針に女相撲は適さないとの意見があり、やめざるを得なくなった。力士である女たちのなかには家族や親戚であったり、身寄りのない者もいた。身寄りのない女たちのためにも女たちを解雇するわけにはいかないので、当時人気の女剣劇をまねて石山興行でも女剣舞の出し物を荷物にしたり、戦後も二、三年の間は女相撲をすぐに復活できなかったので、「衛生博覧会」を出し物にしていたという。[10] その後、女相撲を復活するが、昭和二十六年の東京都新宿区にある伊勢丹デパート横の広場、同じく高田馬場での興行（『毎日新聞』一九五一）、その後の昭和二十八年の山形での興行を最後に石山本部の女相撲は終焉を迎える。

石山興行では、現在は仮設興行を行っていない。山形市内の観音堂の祭りで、歩方としての仕事をするのみである。

3　第一北州倶楽部女相撲協会——平井女相撲

石山喜代太の率いる石山二部は、大正初め頃に「第一北州倶楽部女相撲協会」と名乗るようになる。昭和二年に喜代太が亡くなると、喜代太の実子の清寿と、喜代太と看板力士「遠江灘」との間に生まれた平井利久との関係が険悪となった。清寿が徴兵で満州へ行っている間に、興行内の女たちは平井利久の方へ（というか、女力士の遠江灘の方へ）付いていった。

この離反劇では、他の興行人たちの圧力により、平井方の女相撲は一時期解散という制裁を受けた。ただ、そのわだかまりが解けた昭和三年には、女力士遠江灘を中心とした「平井女相撲」が結成される。平井女相撲はその後、廃業した石山本部の興行ルート（後述）をもらい受け、水沢市（現 奥州市。以下、調査時の地名に即して表記する）を本拠地として、昭和三十八年まで女相撲興行を行っていた。最後の興行は本拠地である水沢市であった。

以上、明治以降の興行女相撲の興行団とその関係について概要を述べた。それによると明治・大正・昭和初期には石山、高玉でそれぞれ二部ずつの計四組の女相撲興行があり、戦後も二組が活動していたことが分かる。また、それぞれの興行団は独自に発生しているのではなく、姻戚関係、または「石山姓を名乗ることを認める」関係（身内の関係）によって、分家するように増えていったことが認められる。

明治期の女相撲興行に関与した人物の関係図をあげた（図1）。このことから分かるのは、明治期以降の女相撲興行とは、姻戚関係をもつ石山兵四郎、本間半三郎を中心に、女力士には自分の娘または妻、その妻の姉妹らを集めてはじめたもので、仕事の拡大とともに、彼女らと姻戚関係をむすぶものが興行に関係していく、という親族や姻族、身内の関係によって営まれる商売であったということだ。石山定治は一時期石山兵四郎の養子（娘婿）であった。興行の絵看板を描き、天童市の清池八幡神社に奉納した女相撲絵馬を描いたのは大泉鶴遊であることは先述したが、その

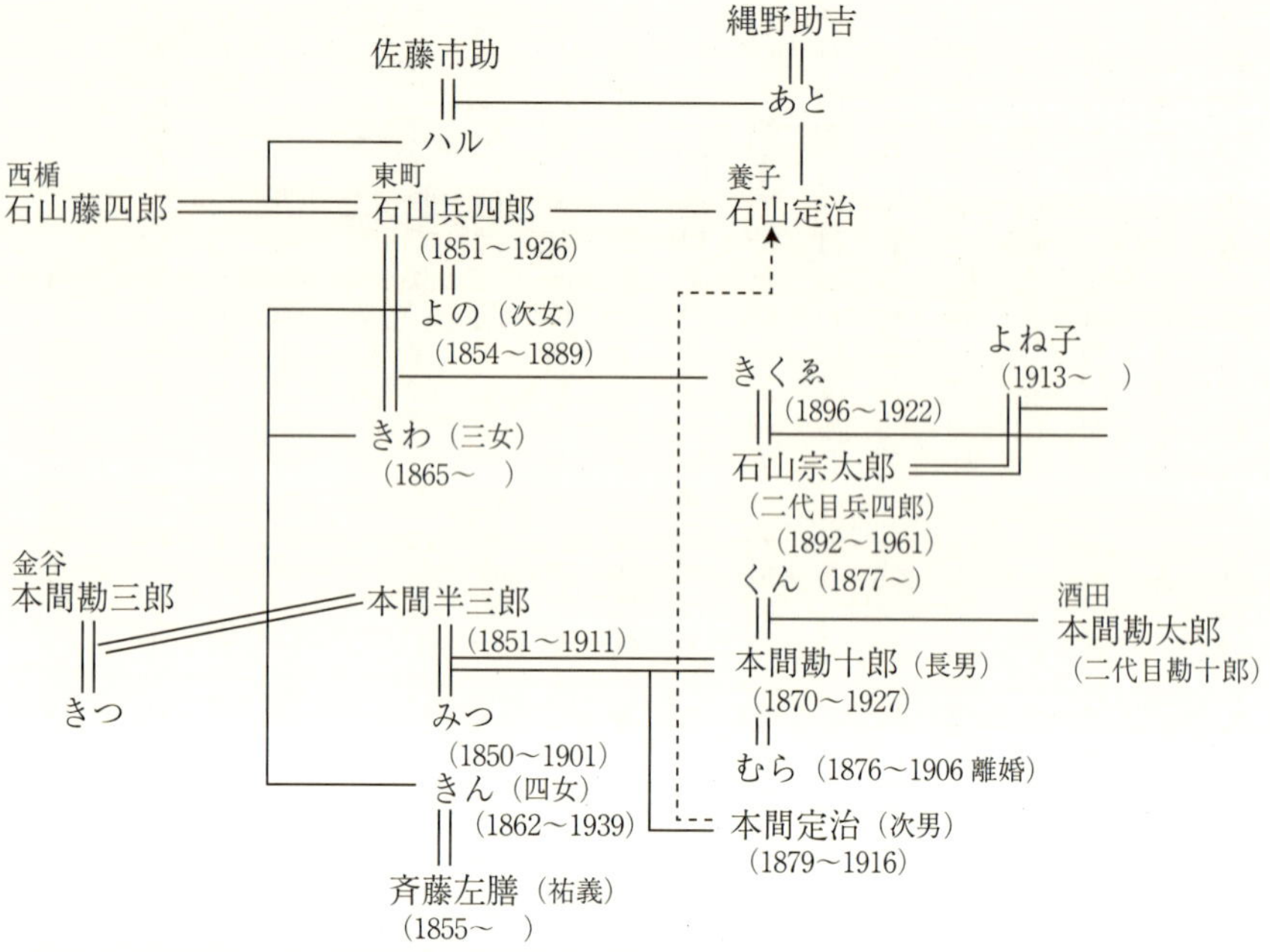

図 1　明治期興行女相撲関係者の関係図（村山 2007b より）

息子、鈴木（石山と名乗る）喜代太は定治の代貸として石山二部の荷物を預かっていた。その子清寿も興行の絵看板や力士のまわしの絵などを描いていたという。

姻戚関係を軸に女相撲興行が広がりをみせることには理由がある。かつて女相撲興行は、どこで小屋を立てても人気のある興行であったという。そのため、勝手に女相撲の興行をはじめる者があれば、石山興行（「石山一家」）の関係者がその新参者に圧力をかけ、興行を行わせないようにする。結果、「身内」と呼べる者でないならば、勝手に女相撲の興行はできないようになっていった。このことは、「第一北州倶楽部女相撲協会」の内輪もめから発した離反劇のことを想起すればよいだろう。

石山喜代太の女相撲は「第一北州倶楽部女相撲協会」ともいい、喜代太の父親の時代から石山とは深い関係にあり、いつの頃からか「石山」を名乗ることを許された。喜代太は「第一北州倶楽部女相撲協会」の看板力士平井とり[11]（遠江灘）を後妻にし、子

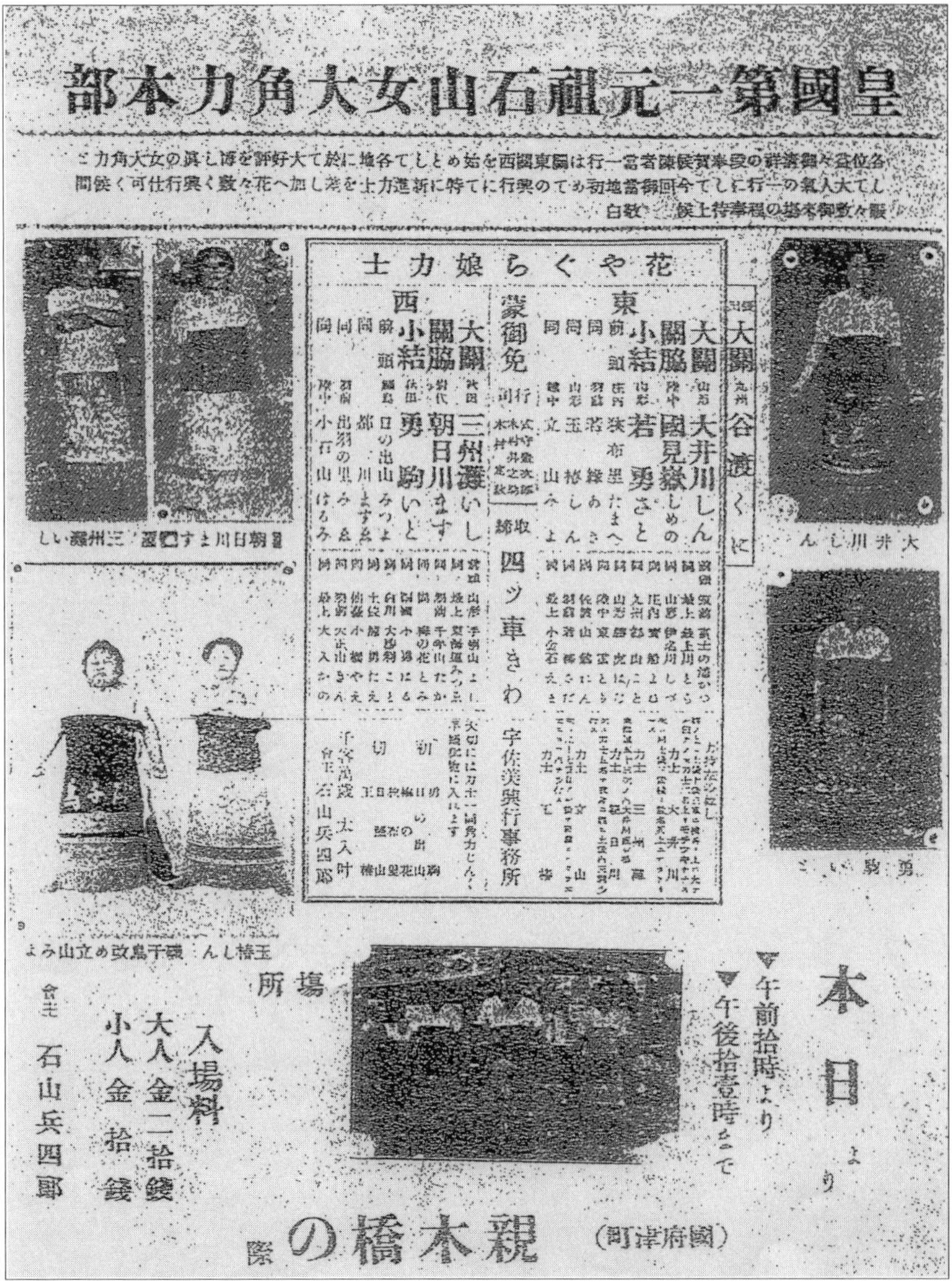

図2　興行女相撲のチラシ（昭和５年　神奈川県国府津町）（佐藤宏一氏提供）

もうけた（利久）。だが、とりと前妻の子清寿との仲は悪く、清寿が徴兵で留守にしている間、とりと実子の利久とで興行を切りまわす姿を退役後にみた清寿は、「第一北州倶楽部女相撲協会」が〃乗っ取られた〃として、石山一家に訴えたことがあった。清寿の訴えを受けた石山一家は、平井とりらから女相撲の仮設興行に必要な幕やら小道具やらを取り上げ、平井や平井側についた女力士らに制裁を与えた。またこのことは興行師仲間へも通達されたため、平井らは興行を打つ機会が失われたという。だが平井らも、もとは石山の関係者であったため、和解が成立したのちには興行を許され、さらに石山本部の解散後は巡業ルートの譲り受けもされた。が、まったく関係のない者が女相撲興行を旗揚げしようとしたなら、力づくでもそれを阻止する方向へ動いたであろう。(12)

ひとつの興行団の女力士の人数については、分かっているもので、明治二十三年の回向院興行における高玉二部が二二名（この巡業に参加しなかった者がさらに四、五人いたという）、大正十二年の京都興行における第一北州倶楽部の女力士が三四名（金井　一九九三）、昭和五年の石山本部の国府津町の興行で二五名（図2）である。仮設興行であるから、興行地では身内の者が小屋掛けから準備を行う。そのため、力士のほかに四、五人の男衆も同行する。三〇人から四〇人の一座で巡業して、それで採算の合うほどの収益のある興行だったことが分かる。

なお、戦後、女相撲を復活させたときの石山本部には、一五、六人の女力士があったという。

二　興行内容

女相撲興行のような仮設の興行は、短期間の興行期間内に最大の利益を得るため、小屋や出し物の提供のしかたにいくつかの仕掛けがあるという。女相撲興行の小屋内の様子については、今日の関係者からの聞き取りでもはっきりしない点が多いので、見世物小屋の構造を例に、仮設興行の「入れ物」について若干ふれておきたい。見世物興行では、「小屋」という建物自体の構造にも、工夫がある。図3は見世物小屋の平面図である。このような構造の利点は、まず第一に入口と出口が別々であるということ。このことによって、見物客を次から次へと小屋内に引き入れ、見終わった人は出て行ってもらうことが可能となる。劇場というよりも通路である。第二に、料金後納のシステムもまた、入場の際に煩わしい手間が省かれ、客の心理的バリアを弱める。第三に客席と舞台の位置が通常の劇場とは逆になっていること。客席側にいる観客は入口のほうを向いて出し物を見、演者（太夫）は入口に背を向けて出し物を演じることになる。このことで舞台以外のスペースをすべて客席にすることができ、より多くの客を詰め込むことが可能になる。第四に、呼び込みをする木戸番の背後に作られた窓を通じて、小屋の外にいる人々に、中で演じられている出し物（演目）を見る観客の表情が伝えられ、安心して見ることのできる見世物であると判断させることができる（鵜飼他編　一九九九）。

また、出し物も、いくつかの出し物をエンドレスでみせていくのが普通である。劇場ならぬ通路に入ってきた観客を前に、演者（太夫）は次から次へと出し物を演じていく。客は、自分が小屋に入ってきたときに演じられていた出し物が再度舞台にあげられると、見世物の演目全体が終わったことを了解し、出口へと進むようになっている。

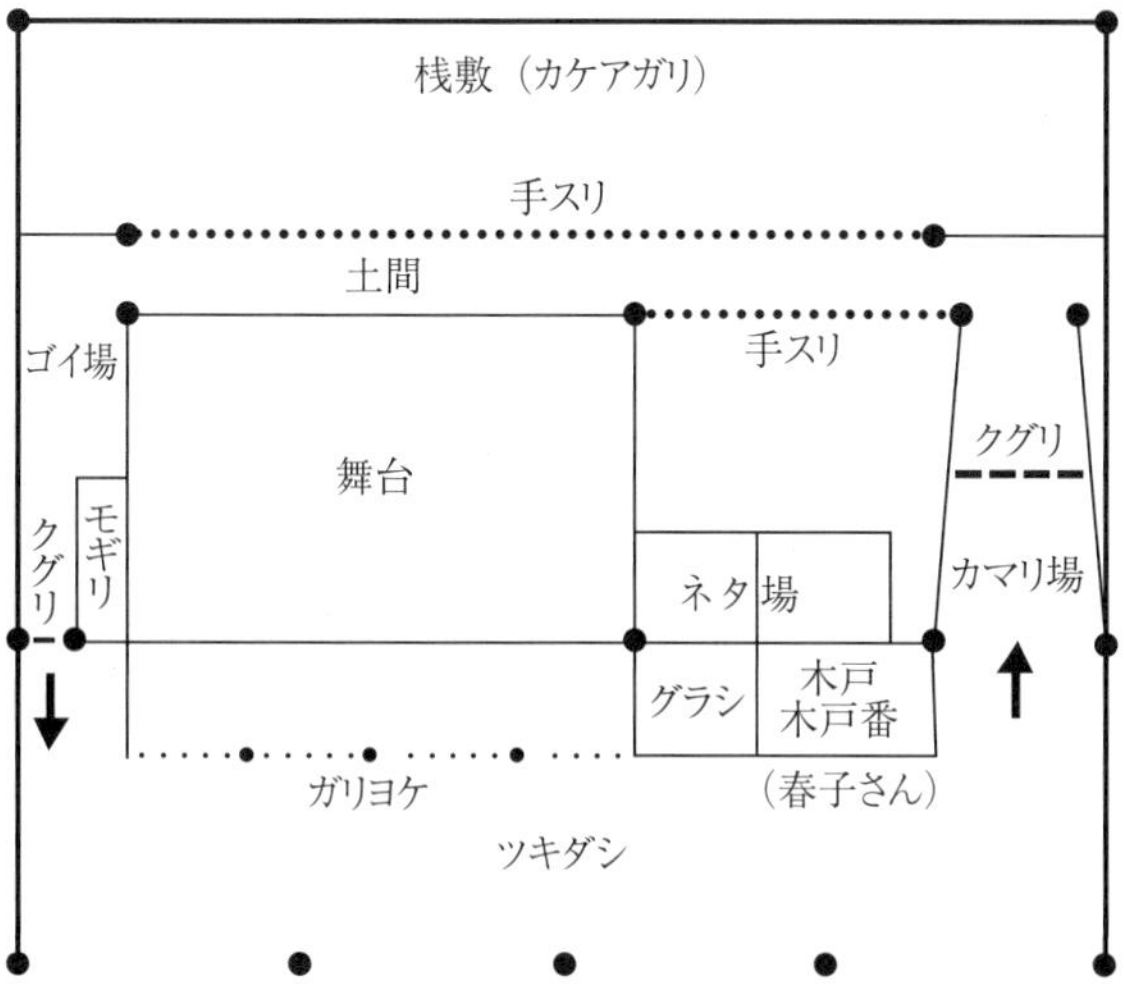

図3　安田一家の仮設小屋平面図（鵜飼他編　1999より）

女相撲興行の小屋内の様子は先にも述べたように明らかではないので、女相撲の小屋内が見世物小屋と同じような内部構造をとっていたかは不明である。だが、一般的な見世物小屋の興

写真6　土俵入り力士総出（「渡米帰朝石山女角力」絵はがきより。写真7～10も同じ）（遠藤泰夫氏提供））

行と同じように、女相撲興行でもいくつかの出し物が演じられており、客席側は蓆か何かが敷かれていたとも聞いている。そこで、客を呼び込み、出て行ってもらうシステムは、演目の始まりから終わりまで観客を劇場内に囲い込む、今日の劇場のありかたよりは、緩やかなものであったのではないかと思われる。

戦前のものと思われる女相撲興行のチラシに記されたプログラムからは、興行は三部構成であったことが分かる[13]。それによると『角力の部』は「二番勝負」「五人抜き」「番外初切」「正五番」「土俵入」「角力甚句」、『大力の部』は「五人持」「八十六貫やぐら受」「皇国第一歯力（土俵目方三十貫以上）」「腹の上にて餅搗き」「外臨時挑戦試合（新競技法）」「七回戦」「五回戦」、『余興の部』には「万歳数番」「博多節踊」「佐渡おけさ」「八木節踊」がある。一回の興行で常に全プログラムが行われたかどうかは不明である。また、チラシに掲載された顔写真からは『余興の部』は女力士とは別の踊り子も従えていたような構成である。

今日女相撲興行と一口に言うとき、人々の記憶に残っているのはイッチャナ節（女相撲甚句）と力芸（大力）、それに相撲取組であろう。

女力士たちはイッチャナ節（女相撲甚句）に合わせ、土俵上で手踊りを行う。これは小屋内に設えられた土俵まわりで踊るほかに、小屋の外にいる客を呼び込むために街路に面した場所で踊ることもあった。

力芸では腹上での餅搗きで、「腹やぐら」と称されたものがある。仰向けに寝た力士の腹の上に米俵を四俵乗せ、

写真7　腹の上の餅搗き（遠藤泰夫氏提供）

写真8　五人持力士立山
（遠藤泰夫氏提供）

写真9　力芸・櫓積
（遠藤泰夫氏提供）

写真10　歯力
（遠藤泰夫氏提供）

その上に梯子を横に渡し、梯子の上にさらに四俵の米俵を並べる。その米俵に二人の力士と木臼を乗せて、餅を搗く。米俵八俵と力士二人分の体重が加算されて、下で支える力士の腹にかかる（写真7）[14]。また、一人の力士が都合五人の力士を背負い、肩車やだっこをし、土俵を一周してみせる力芸（写真8）、米俵を歯の力だけで持ち上げる「歯力」（写真10）と呼ばれる力芸などがある。そして相撲の取組である。

これら女力士の芸は、それを観た人々の記憶に残るだけでなく、魅了された女性たちによってまねられ、今日に伝わっている。次節では女相撲の巡業ルートと巡業地におよぼした影響について述べる。

三　女相撲の巡業ルートと各地におよぼした影響

女相撲の興行地は、全国各地に広がる（第二章表1参照）。しかし、それらの多くは勧進元からの要請によって出かけて行くもので、一度きりの興行地も少なくない。一方、はっきりとした巡業ルートにそって毎年同じ場所で興行を行うこともある。本節では石山興行の巡業ルートのうち、東北地方を中心としたものを取り上げる。石山興行では戦中こそ興行を自粛していたが、戦後興行を再開すると戦前の巡業ルートが復活し、ほぼ毎年以下のルートで巡業していた。(15)なお、日程のはっきり記憶されているものは（　）内に記した。

①　春の祭りを中心とするルート

［宮城県］岩沼―［福島県］二本松―［山形県］小国―米沢（四月二十九日～五月三日）―山形（五月八日～十日）―酒田（五月十九日～二十一日）―鶴岡（五月二十四日～二十六日）―［北海道］旭川または札幌―［岩手県］盛岡

北海道へは毎年巡業でまわっていたわけではない。北海道をまわらない年は五月二十六日の鶴岡興行のあと、以下のルートになる。

②　秋の祭りを中心とするルート(16)

鶴岡―［山形県］長井（六～七月）―新庄（八月二十四日～二十六日）→盛岡へ

〔岩手県〕盛岡（九月十三、十四日）―水沢（九月十七、十八日）―山田（九月十九日～二十一日）―宮古（九月二十二日～二十四日）―岩泉（三日間興行）―小川鉱山（三日間興行）―〔宮古市〕津軽石（二日間興行）―大槌―大橋鉱山―釜石（十月末）―石巻

石巻のあと、冬場は浅草あたりで一〇日間の興行を行うこともある。

以上が戦前・戦後の石山女相撲の東北地方を中心とした巡業ルートになる。

今日では仮設興行協同組合が巡業のルートを決めることになっているというが、組合設立以前は[17]、「先乗り」と呼ばれる者が、各地の興行人（歩方）のところへ出向き、交渉をする。そこでは興行収入の歩合や小屋を組み立てる際の部材の確保等の打ち合わせが行われる。それでだいたい半年先の興行地までは決めておくという。なお、上記の巡業ルートは各地の祭り（タカマチ）の日程に合わせているので、基本的に巡業ルートに大きな変化はない[18]。

石山女相撲・高玉女相撲の春・秋の巡業ルートおよび民俗調査報告書等に興行報告のあった場所（■印）と女の草相撲を伝承している地域（●印）を地図におとした（図4）。地図におとしてみると、女相撲興行巡業地と女の草相撲との地域的重なりが浮かび上がってくる。興行の影響によってはじめられたと確認できる女相撲は、宮古市津軽石荷竹、陸前高田市小友町只出、大江町左沢の三か所である。興行女相撲との違いを強調させるため、ここでは興行以外の、地元の女性が伝える女相撲は女の草相撲と呼んで区別したいと思う。

女の草相撲の発生と興行女相撲との関係を調査するのは難しい作業である。というのも、現時点で女の草相撲の伝承が途絶えていたり、関係者の世代が替わることで直前世代からの伝承のみ残り、直前世代が受けた可能性のある興行女相撲との関係については（興行女相撲は最後まで残った平井女相撲にしても昭和三十年代後半に廃業）聞き取り調査が困難になっているからだ[19]。だから、この地図で興行地と女の草相撲を伝承する地域に重なりがみられたからといって、ただちに興行女相撲の影響を考えることはできない。実際、大船渡市の女の草相撲は女相撲ではなく、大相撲

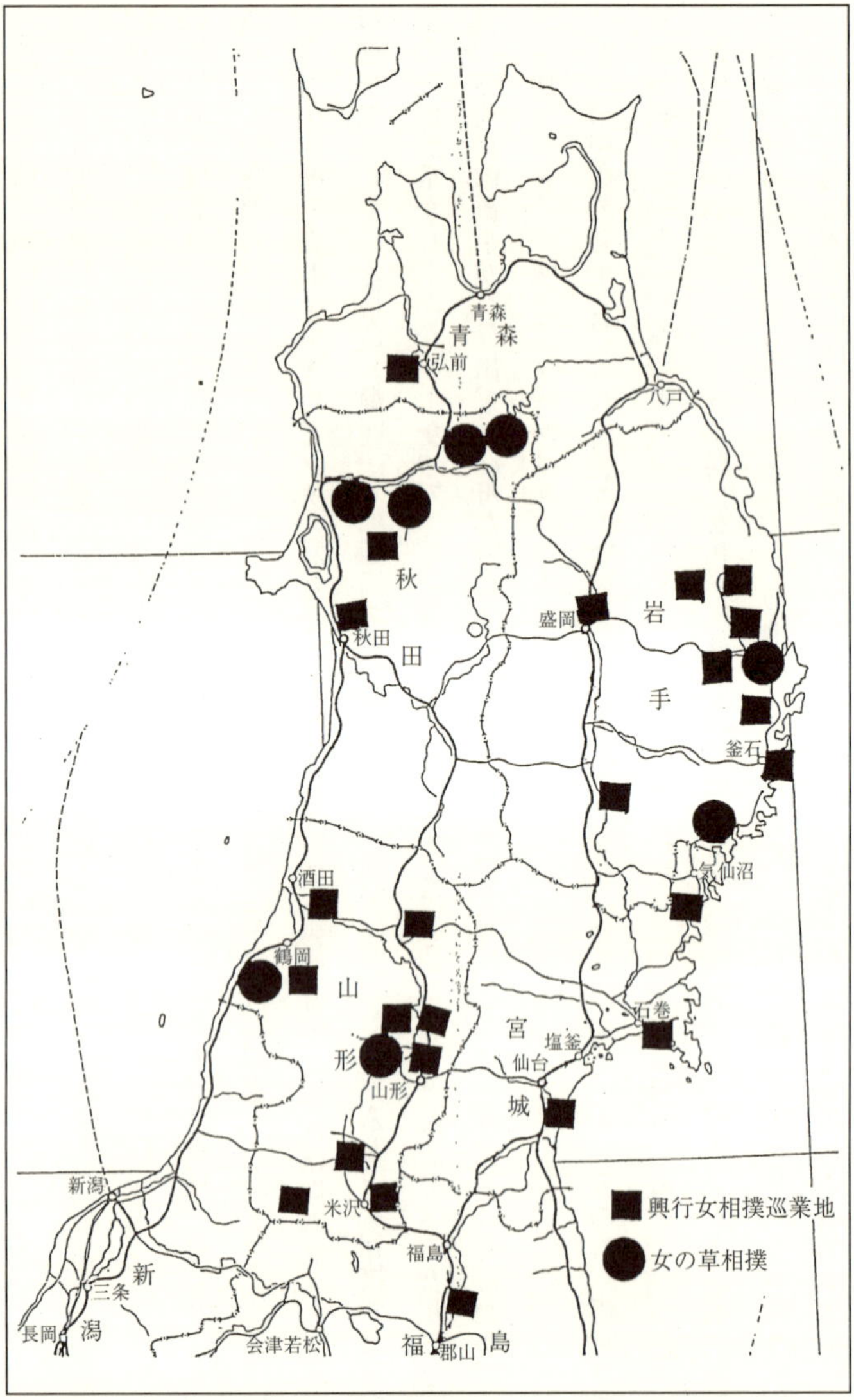

図4　興行女相撲巡業地と女の草相撲報告地（亀井「興行女相撲と女の草相撲に関する一試論」『民俗』179号　2002より））

（男相撲）の興行の際に地域の女性が力士から相撲甚句等を習い覚えて根づかせたものである。ただ、女相撲に対して観客である地元の女性らが、憧憬ともいえる念をもってこの興行に接していたこと、そしてそれを自らまねていこうとする動きのあったことには留意してよい。

まとめと今後の課題

明治期の興行女相撲は山形県天童市高擶にはじまった。高擶の清池八幡神社に奉納されている女相撲絵馬に明記された寄進者、本間半三郎、石山兵四郎、斎藤祐義の三名が明治二十二年奉納時の女相撲興行関係者である。彼らは女相撲の荷主（または頭取）であるだけではなく、天童市の高擶（高玉興行）と山形市の旅籠町（石山興行）をそれぞれの拠点にし、東北地方の興行界の重鎮、歩方として広範な勢力を持つ興行師たちであった。

高擶で女相撲の発祥をみた背景には、農村部とはいえ高擶に拠点をもつ興行師が活躍するような大きな祭礼があり、力のある興行師の本拠地であることから各地からの巡業を迎え入れる機会に恵まれたことが大きい。女相撲の発想も、興行師としてさまざまな興行を観てきた経験によるところも大きいと思われる。

高擶の北西に位置する大江町左沢は最上川の川湊として栄えた町だが、歌舞伎等の興行が山形県の村山地方に巡業に来るときがあれば、高擶巡業の後は左沢の巡業と決まっていた、と土地の人々に記憶されている。「高擶に来た興行は次にかならず左沢にやってくる」。これは左沢が高擶に準ずるマチであったことを左沢の人々が自負しての言葉と思われるが[20]、筆者には川湊の左沢より内陸の高擶が興行の面で栄えていたマチであったことにより一層の興味を持つ。聞き取りから浮かび上がるのは、内陸の農村ながら都会の文化流入の契機に恵まれたマチという高擶像である。高擶の歴史的背景およびマチ場としての姿については今後詳細に調査をする必要がある。

興行女相撲の興行内容は大きく三つの部からなる。女力士による相撲取組と力芸の披露、イッチャナ節（女相撲甚句）踊りと余興として添えられた民謡踊りである。聞き取り調査により、定期的な巡業ルートが明らかになった。東北地方中心の巡業ルートでは、巡業地として記憶されるうちの数か所では興行女相撲をまねて地元の女性が女相撲をはじめたということが伝えられている。

都会的な文化交流のあった高揃で生まれた興行女相撲は、観客を前によりよいものを「見せる」ため様々なものを興行に取り入れてははきだし、また取り入れるの繰り返しを行い、熟成された都市文化を体現する興行として、巡業地の人々に提供されたことだろう。都市的なるものを体現する女相撲興行が巡業先におよぼした影響については第四章、第五章で再び取り上げることにする。

註

(1) 明治二十三年十二月十日発行

(2) 新聞記事に取り上げられた女相撲に関しては第二章で詳述。

(3) 石山興業の堀岡清行氏の教示による。

(4) 村山正市氏の教示による。

(5) 祭りや縁日で、小屋掛けで行われる見世物などの興行は、「仮設興行」と呼ばれる。仮設興行にかかわる人のなかには、演じている人たちに場所を提供したり、小屋掛けする際の木材を提供したりと、興行の環境を整備するために裏方で働く人がいて、彼らを「歩方」という。「歩方」は土地の興行権を持っているので、彼らの許可なしでは興行は打てない。一方の演じる側、われわれの目につきやすい、興行を打つ側は、「荷主」とか「太夫元」という。本間半三郎と石山兵四郎は歩方であり、荷主でもある。「興行師」の呼称は「歩方」「荷主」双方に対し、使われている。仮設興行に関係する人々の同業者組合には現在「日本仮設興行協同組合」があって、歩方・荷主双方が組合員となっている。

(6) 二代目石山兵四郎の子息国彦氏と堀岡清行氏の教示による。女相撲の発案については、兵四郎があるとき浅草で「釣鐘おかね」という女力持ちの見世物をみ、そこから女相撲を思いついたという説もある（井田 一九九〇）。

(7) 荷主がもつ興行の演目を「荷物」という。「荷物」は、その規模によって大まかに「大荷」「中荷」「小荷」と分かれる。「大荷」はサーカス、「中荷」はサーカスより一回り小さい荷物でストリップ、お化け屋敷（「ヤブ」とも称す）など、「小荷」は「小物」とも称され、小規模の見世物がこれに相当する。「大」「中」「小」の分類は、興行にかかわる人数の規模によって分類されているようだ。「小物」は極端な話、演者（太夫）と呼びこみだけで成り立つような興行を言う。われわれが一般的に思い浮かべる「見世物」は、仮設興行の世界の分類では「小物」のことを指す。女相撲興行は「中荷」に分類される。女相撲興行の女力士（太夫）の人数については本文でふれた。

(8)　九州巡業の間、定治に関してはさまざまな逸話が伝承されている。網元になって「網定」と呼ばれていた、常にボロをまとっていたので「ボロ定」と呼ばれていた等である。初代兵四郎と定治は一度養子縁組を解消している。地元高擶の女相撲研究家である佐藤宏一氏が精力的な調査を行い、初期の石山女相撲、高玉女相撲の関係者の姻戚関係、石山兵四郎、本間半三郎にとって地元である天童市高擶との関係について明らかにしている。

(9)　明治二十二年当時、絵看板の絵師であった大泉鶴遊の子とも伝えられている。石山喜代太とも名乗る。

(10)　「衛生博覧会」は、展示の道具一式を借りて行っていた。石山国彦氏によると、興行の関係の知り合いから借りたものだろうとのことである。一種、猟奇的な見世物だったという石山氏の記憶から類推するに、エルスケンが写真集『ニッポンだった　一九五九―一九六〇』に掲載した「衛生展覧会」と同種のものとみて間違いはないだろう。「衛生展覧会」については田中聡『衛生展覧会の欲望』（一九九四　青弓社）を参照のこと。

(11)　平井とりは山形県西置賜郡畔藤村（現　白鷹町）に生まれ、製糸工場に勤めていたときに山形の大江町左沢にやってきた女相撲興行に魅せられ、その場で入門した。家族が連れ戻しにきたというが、その後家出して興行に合流。四股名は遠江灘。女性に慕われた人気の高い力士で、昭和十七年の葬儀には女性の参列者が多かったという。旅芸人仲間からも慕われ、梅沢富美男の母親竹沢龍千代の仲人もつとめた（竹沢　一九八八）。

(12)　仮設興行の仲間を通し、誰がどこでどのような興行を打ったかの情報は入ってくる。以上のことは二代目石山兵四郎の子息、石山国彦氏、代貸の堀岡清行氏の教示による。なお、離反劇の後で清寿は石山本部の「先乗り」となった。

(13)　天童市高擶の女相撲史研究家、佐藤宏一氏の提供。石山女相撲の力士、若緑の子息遠藤泰夫氏所蔵。

(14)　平井女相撲で販売していた「女相撲絵ハガキ」によると、腹やぐらのポストカードのキャプションには「一七〇貫を支える」といったうたい文句が付されている。だが下で支える力士の腹に一七〇貫の重さがまともにかからないよう、米俵の置き方を工夫し、餅もすぐに搗きあがるように水をたくさんふくませておく等の工夫もあった。

(15)　石山興行の代貸、堀岡清行氏からの聞き取りによる。

(16)　堀岡氏が昭和二十七年ごろ実際に歩いたルート。堀岡氏は戦時中、当時釜石にいた鈴木清寿と知り合い、興行の世界に入る。二代目石山兵四郎の娘婿となり、戦後の石山女相撲の代貸として巡業に参加する。女相撲の廃業後は歩方の仕事を任される。

(17) 昭和二十三年に、仮設興行協同組合と露店商の組合が分れた。

(18) 秋の巡業ルートは、石山女相撲が廃業したあと、平井女相撲が引き継いだ。

(19) 興行女相撲に直接影響をうけた三か所については第五章でその経緯にふれる。

(20) 平成二十年十一月に発足した左沢女相撲甚句保存会による清池八幡神社への相撲奉納の日(平成二十一年八月二日)に保存会の方に聞き取り。

第二章　女相撲の観客論

――明治以降の新聞・雑誌記事からみる観客反応を中心に

はじめに

相撲を取るという行為について、行為者の性別を意識しながら、その行為者を「まなざす者」のことを考えたいというのが本章の主なる目的となる。ここでいう「まなざす者」とは、女相撲が行われる場に直接居合わせる観客のみを指すのではない。女相撲という行為やことばに対して持つ人々の観念、作り出されたイメージをも含めて、筆者は女相撲への「まなざし」と考えている。タイトルに「観客論」と付した理由もそこにある。観客とは目の前で演じられたものに直接反応する観客だけではなく、作り出されたイメージによって受容する者もまた、行為者にとって対の存在であるところの見る側の反応のひとつであり、広い意味での観客であると考えたからである。

競技としての相撲について編まれた書物によれば、世界の各民族で行われている伝統的なそれは素手組み討ち格闘技、すなわちもっぱら投げによって相手を倒すのをルールとする競技、といえる（寒川 一九九五）。本書では呼称を相撲、または行為者の性を意識して用いる場合は女相撲とするが、世界的には呼称はもちろん、ルールも、地域の文化によって異なる。相撲に代表される素手組み討ちの競技は、競技を行う行為者の身体の他にどんな道具も施設も不要で、それだけにいつでもどこででも行えるし、行為者の身体の持つ力の優劣もはっきりと示される、とてもシンプルな競技と言える。

寒川が取り上げた各地の相撲競技、さらに各民族にみられる相撲と同様の遊戯（競技）を渉猟してみると（大林編一九九八）、この競技は基本的には男性の営為として認識されていることが分かる。それに対して筆者の扱う女相撲は、相撲が本来男性性の象徴として行為者の力や技を問うというものであるならば、越境的な行為である。そのためか、女性が相撲を取ることにはシンプルな競技としての側面よりも、たとえば雨乞女相撲に内在する象徴的な側面（第三章参照）や興行女相撲に代表される娯楽的側面に人々の意識が向かう傾向がある。

今日、女性による競技相撲の大会は数か所で行われている。(1) そのうちのひとつで最も競技色の強い大会である全日本新相撲選手権大会は、女性による相撲競技をアマチュアスポーツのひとつとして広めることを主眼とする日本相撲連盟の主催で開催される。関係者への聞き取りによると、女子選手による相撲選手権大会をはじめた直接のきっかけとなったのは、大阪にオリンピックを招聘する動きのなかで、国技である相撲をオリンピック種目にするため、だったという。(2) それ以前からヨーロッパでは女子柔道や女子レスリングと同じ感覚で女子選手による相撲は広まっていたというが、日本国内では、少なくとも競技としての相撲は女性のスポーツとしては認められていなかった。そこで、女性の相撲競技熱を盛り上げようとの思惑から全日本新相撲選手権大会の立ち上げにつながったらしい。

ところで、女性が取る相撲のことを指して、近世の記録では「女の角力」(3)「女子の角力興行」(4)「女角力」(5)と称することが多い。江戸時代の女角力は男性の角力興行の向こうを張って、人気のある興行であったともいう。明治以降には興行の女相撲はもちろん、民衆の余興・娯楽や祈願の際に取られる女相撲もある。(6) このように、「女相撲」または「女の相撲」という言葉は近世から散見することであるのに、女性による相撲の競技大会を行おうとしたとき、競技の名称を「女相撲」でも「女子相撲」でもなく、なぜあえて「新相撲」と造語したのかという疑問がわく。この疑問について質問したところ、「女相撲という呼称にまとわりつく一般に流布したイメージからの脱皮が一因である」とその関係者は語った。

一般に流布した「女相撲」のイメージ、とは「興行女相撲」についてのイメージと読み替えてもよいように思われる。というのも、後述するように明治以降の興行女相撲に関するメディアの取り扱いは、時代が下がるにしたがい負のイメージが付されていく傾向にある。明治以降、約八〇年続いた女相撲興行であるが、興行内容自体にはそれほどの変化はない。変化したのは女相撲興行をとりまく世間の認識、受容のあり方である。

本章では、右の仮説をもとにして「女相撲」「女相撲興行」というひとつの風俗から時代の思潮をくみ取る作業を行いたい。筆者は興行女相撲のかつての観客へのインタビューにより、調査時点から回顧される女相撲の観客反応を探る試みを行った（本書補遺参照）。インタビューに応じてくれたのは、かつての市井の観客である。翻って本章では、明治以降の新聞や雑誌記事に取り上げられた女相撲、およびそこから導かれる観客反応のあり方に焦点があてられる。本章で取り上げたような記事は、一記者の単なる感想とはいえない。女相撲を観て快哉を叫ぶ市井の観客とは異なり、掲載された新聞や雑誌の性質上、より多くの女相撲未見の者たちの意識に影響を与えうるし、なによりそこに記された女相撲評はその時点での社会の思潮を浮かび上がらせることになるはずだ。筆者がここで参考においているのは、風俗から思想を読み取ろうとする山本明の手法である（山本　一九七四）。ただ、山本がある時代を象徴するカストリ誌やマンガを取り上げ、その時代の思想にせまろうとしたとき、その思想はおおむね戦後のある一時期のそれを象徴するにとどまる。本章で約八〇年間つづく女相撲興行を軸に同様の試みを行うとき、立ちあらわれてくるのは近代以降の政策やそれによって変容されるわたしたちの思想の変化、動きである。比較的長いスパンで形成された「興行女相撲」のイメージを明らかにすることで、女が相撲を取る、という越境的行為に近代の思潮が下した結論をみることができよう。

一　明治期の女相撲評——熱狂の対象から「醜体」へ

明治期の女相撲というと『風俗画報』二三三号で取り上げられた高玉女相撲が、女相撲に関するその後の多くの著述で引用されたこともあり、比較的目にしやすい文献としてあげられる。同誌上では二十三年十一月に行われた回向院境内の女相撲興行が好意的に紹介されている。しかし、明治期を通してみたとき、新聞・雑誌等で女相撲に好意的な評価がなされることは、どちらかといえば特殊な方である。明治政府による興行の規制や風俗改良政策は女相撲興行にとっては都合のよい動きではなかったからだ。

明治十三年（一八八〇）八月二十七日付の『朝日新聞』に、大阪千日前で行われた女手踊りの興行についての記事が掲載されている。これによると「女手踊り」とは額面だけで、実際は女たちに相撲を取らせて、しかも大流行であったという。しかし届出内容との相違を指摘され、額面通りの手踊りに戻すと見物人は激減した。女に相撲を取らせたことが興行収入に直接影響を与えていたものと思われ、そのことに対し「兎角妙な風をせねば人気がよからぬとみえる」とあり、女と相撲は珍奇な取り合わせで、そうでもしなければ「客をとれない」と評されている。

明治十六年（一八八三）三月二十七日付『朝野新聞』によると、浅草公園奥地で見世物に出た大女に甚句を踊らせ、裸体で相撲の土俵入りの真似などさせていた。これも額面上は手品遣いであったためその相違を咎められ、「頗る醜体をあらわした」ので、このときは興行停止を命じられている。

明治になると、当時の政府は興行や興行の内容についてさまざまな規制を漸次行っていった。興行を行う際、当の興行主は区戸長の奥印（押印カ）をもって願い出をし、許可の鑑札を受けることになっていた。無鑑札で興行を行った場合は罰則もある。また、興行の内容も陋習を改め「淫媒醜悪」のものは一新し、勧善懲悪を旨とした「化民更俗の裨益」となるよう注意することが沙汰されて、上からの制約が興行内容をも変えていこうとしていた。

文化人類学の境界論、周縁論によれば、社会の中心となる男性主体にとって女性は他者であり、周縁の存在である。興行のようなカーニヴァル的なものも、周縁に位置するものとされた。ただ、社会の中心から排除され、ネガティブな存在である「他者」は「文化の根源的な活力を保証する仕掛け」（山口 二〇〇二 三九頁）となり、文化の活性化をもたらすともいう。「女と相撲の珍奇な取り合わせ」、越境的な女相撲が客のとれる興行であったのは、周縁的存在がもたらす活性化への民衆の期待のあらわれであると考えることができよう。

しかし、ピーター・ストリブラスとアロン・ホワイトの研究（ストリブラス／ホワイト 一九九五）が明らかにしたブルジョア的主体にとってはどうであったろう。近代以降に出現したブルジョア的主体は、自己を上品でしかも伝統に則った身体であることを確保するため、民衆的なものを「他者」として排除していく方向に向かったという。周縁的存在がもたらす活性化へ寄せる期待も、ブルジョア的主体にとっては無縁である。興行やその内容を規制し、飼いならして自らの統制下に置こうとする明治政府の動向は、西洋の文化（ブルジョア社会）にふれ、自己を西洋のブルジョア的主体と同一化し、それまでの日本の民衆社会とは別個の主体を獲得していく過程と並行する動きだと考えると、明治以降の女相撲の受容のあり方が分かりやすくなる。

それでは、興行主や興行内容に関して明治初期に出された規制を、相撲を中心にみていくことにする。明治五年（一八七二）十月、福岡県ではみだりに踊りあるいは相撲等を催すのを禁じる以下のような県達を発布している。

近来、各区の内、免許をも受けずして踊りあるいは角力頻りに相催し候。村々もこれ有るやに相聞す。甚だもって然らずことに候。およそ銘々その職業を営み、夜白勉励し、有限祝辰祭日など、いささか祝賀の設けをなし、各平生の苦を散するは人情の常なれども謂れなく踊り角力など相催し、遊惰の風俗増長するにいたっては少年の者流れ易くこれがために職業を忘れ、その身を保ちその親を養うことあたわず。ついには罪を犯し、罰を被り後悔益なきにいたる。（中略）村役人ならびに親々どもよりも厚く意を用い、重畳教諭を加え、取締申すべく候事(7)（句読点、送り仮名、旧漢字の改めは筆者）

ここで強く取り締まるよう沙汰された相撲は、女相撲に限るまい。平生の生活をおろそかにし、遊惰に流れる魅力が踊りや相撲にあるということ、これらが現在考えられるよりも人々の楽しみとして大きなものであったことが、踊りや相撲をみだりに催すことを禁じることの背景にあろう。踊りや相撲に限らず、人々がその影響によって遊惰に流れるであろうことを危惧された芝居や興行諸技芸についても各地で取り締まりの布達が出されている。これら明治初年の時点の為政者の動きは、市井に人気のある興行や民衆の生活を、政府が目指す国家にどのように組み入れていこうとしていたかを示していて興味深い。

興行を行うに際して手踊りや手品と偽って願い出、そのじつ女相撲を出していたため咎を受けた先の記事には、為政者側の規制をかいくぐって興行売上をあげようと企てる興行主側の戦略ともいえる意図がうかがわれる(8)。

明治十七年（一八八四）六月二十一日付『郵便報知新聞』によれば、京都のある会社では同業者を招いた懇親会の余興にと、近ごろ各地で相撲が流行っているので、八坂新地の老妓数十名をあげて、裸体のうえにある者は緋鹿の子、緋縮緬の犢鼻褌を締めさせ相撲を取らせたとある。老妓と相撲の取り合わせは「日頃客を転ばすとは違い真実に汗をかき挑める様」がおかしく、それを眺める酔客の間では酒宴の余興として大いに受けたということだ。

小説『長崎ぶらぶら節』（なかにし 一九九九）には主人公の芸妓愛八がお座敷で相撲土俵入りをし、それが評判を博していた様子が描かれている。女の相撲という、越境的な行為がいかにしてあらわれたか、そのはじまりについて筆者はまだ確固とした意見が持てないのであるが、お座敷という閉ざされた場で芸妓と酔客との間でもてはやされた女の相撲、お座敷芸のひとつとしての女の相撲は、越境的な行為を受け入れる側の受容のあり方を考えるにあたっては興味深いものがある。そのような場で行われる女の相撲の観客は男性であろう。ただ女の相撲がそのはじまりにおいて、おもに男性からまなざされるものであったとするならば、男性を排除して行われる雨乞女相撲などは、別の観点からの考察が必要となる（第三章参照）。

さて、先にあげた明治十六年の記事では相撲の土俵入りをまねる女力士を評して「頗る醜体」と切り捨てた『朝野新聞』だが、その見解には自由民権派の政論新聞という『朝野新聞』の思想的見解とともに、各地で明治政府の意向に従い興行にかかわる規制が整備され、取り締まりが浸透してきた背景もあるだろうと思われる。同じ『朝野新聞』明治十九年（一八八六）一月十二日付には、浅草公園内で評判の見世物といえば女相撲であるが、風俗の改良がしきりと叫ばれている昨今の情勢から鑑みれば、これは「けしからんもの」と手厳しい。

女力士にたいし、酷評を述べるものは他にもあり、翌二十年十月二十日付『時事新報』には「女力士の拘引」と題し、次のような事件を報じている。

数百年来の習慣とはいえ、力士が裸体のまま両両相あたるは文明の今日において恥ずべき事柄などという人も多きなかに、婦女の身にしてあられもなき観衆の前をも憚らず男力士のごとくに一条の厚き犢鼻褌を締め込み島田髷の娘いでたちにて四ツに取組み、大なる乳房を左右に振り分け、力を角するなどとは実に興の醒めたる話なるが、（中略）越後高田において右の女相撲を興行せしに奇を好む人情として観客所狭きまでに押し掛け、力の強弱は後の手にまわして容姿の醜美を評するものありしとか（句読点等の改めは筆者）

記者の見解では女相撲は「実に興の醒めたる話」らしいが、観客にとっては「所狭きまでに押し掛け」と興味をそそられている様子である。だが、この記事が問題としているのは突然拘引された女力士にある。

理由を聞くに同人（拘引された女力士。筆者補）は中蒲原郡村松町某の妻にて二人の小児さえ設けたる者なるに先ごろ同町において女相撲の興行ありしとき、見物に出かけ、何か面白かりしにや右の仲間に加入し、（中略）相撲取りが男を捨て江戸、長崎（以下略）

と家族を捨てて女相撲に仲間入りしたことが問題視されている。そして女相撲の興行とともに各地を巡った女性を、高田に興行中のところをかねてから連絡のあった高田署が取り押えたということだ。明治初年、興行内容を規制した為政者の「遊惰の風俗増長するにいたって」、「これがために職業を忘れ、その身を保ちその親を養うことあたわず。ついには罪を犯し、罰を被り後悔益なきにいたる」という憂慮が、女相撲に関しても現実のものになってしまったということだ。

家族を捨てても同行したいと思わせる魅力を、この女性は女相撲に感じたのだともいえる。この記事で遊惰に堕ちたのは女性であるが、観客の男性もまた当時流行のへらへら踊りに入れ込むと同様に、女相撲に入れ込む輩があったとしてもおかしくはない。(9) ここでは女相撲が後年にみるような醜悪な見世物としてではなく、おおげさにいえば一人の女の人生を狂わせてしまう魔力をそなえた対象であるとして批判の対象となっているようだ。

明治二十三年（一八九〇）十一月には、回向院境内で女相撲の興行が催された。興行の様子は本節冒頭でふれた『風俗画報』で取り上げられ、新聞紙上でも『読売新聞』が連日にわたり盛況な興行の様子や女力士のプロフィール、はては女力士の酒量はいかほどかなど土俵外の逸話を掲載し、さながら今日の人気芸能人の扱いである。『読売新聞』が好意的に女相撲の話を提供するのに反し、『郵便報知新聞』はこの興行期間の終盤に起きた、ある事件を報じている。記事によると「聞くさえ不快不美千万にして、人をして嘔吐せしめんとせし回向院に興行せる女相撲は、昨夜、俄かに警視庁より興行を見合すべし」と、女相撲の停止が命じられたことを伝える。ただこの停止は相撲行為のみが相当したようで、「櫓太鼓とその下へ掛け置きし女の顔触れ看板を除くべし、ただ力持ちの芸などは差し支えなし」との達しであったという[10]。相撲行為停止の理由は分からない。

女相撲の興行人気が高かったことは回向院での興行に関する『風俗画報』や『読売新聞』の記事や明治十年代に散見する関連記事からも推察される。しかし、二十年代ともなると政府の対欧政策とのからみから国内の風俗改良への意見が強調されるようになり、女相撲に関する記事も、以降はわが国の風俗を乱すものとして批判の論調の厳しいものになってくる。目についたものを拾い上げてみると、明治二十五年（一八九二）一月八日付『神戸又新日報』では、ほとんど裸体で行われる女相撲の女力士は「力持ちといわばいえ、その醜体は実に見られたものではな」くとあり、明治三十四年（一九〇一）一月二十九日付『都新聞』では風俗をかく乱するものと指摘し、興行の差し止めを報じている。

興行内容を規制する動きとともに、明治初年からは欧米人のまなざしを意識して民衆を欧米の価値観に見合うものにしようとする民衆教化の動き、風俗の改良を目指す布達や条例が矢継ぎ早にだされたことも女相撲興行にとっては逆風であった。時代は戻るが明治元年（一八六八）八月四日、日常的に欧米人との接触の多い横浜で「日雇人足等裸体禁止」の町触が出された。これは車夫・土方・水夫・日雇に対し、衣類を着けずに裸体で仕事をすることを禁じるものであった。柳田國男がかつての習俗として、男性には「夏の仕事着には裸といふ一様式もあった」と指摘するように（柳田　一九九八d）、褌ひとつを身にまとい裸で外仕事をする姿は奇異なことではなかった。けれども、開国、通商にともない欧米人との接触が増すにつれ、この習俗は欧米の習俗と抵触し、その結果欧米人の世論の圧力に負けた為政者が裸体習俗を禁止するようになる。横浜で出された裸体禁止令はその後明治四年（一八七一）十一月二十九日の東京府の布達に至る。東京府の布達では裸体のみならず立ち小便や裸祭りの禁止といった民衆の身体のありかたを規制、教化する圧力となっていった（今西 一九九八 一四七―一五三頁）。

裸体禁止令の延長上に位置するのが明治五年（一八七二）の東京府を皮切りに漸次各地で施行された「違式詿違条例」である。「違式詿違条例」は日常生活にかかわる軽犯罪の取り締まりを旨とするものであるが、この「違式詿違条例」には先の裸体禁止令を引き継ぐ「裸体または袒裼し、あるいは股脛を露わし醜体をなすことを禁じる条目」のあることが重要である。この条目の違反者は実に多く、明治九年（一八七六）の時点では第一位の二〇九一名が科料に処せられている。ちなみに第二位は「馬車止ノ道路ヲ犯ス者」の違反者二〇六名で、一位と二位の違反者には一〇倍の数の開きがある。「裸体」に関する条目は違式罪（故意の過失）にあたる。他方の詿違罪（過失犯）では科料に処せられた第一位が「便所ニ非ザル場へ小便スル者」四四九五名、第二位が「喧嘩口論シ喋閙ヲナス者」二七二七名であった。裸体で往来を歩く姿は、この当時、数字の上では立ち小便、喧嘩口論に次ぐポピュラーな光景であったといえる（小木編 一九九〇）。

「違式詿違条例」の各地への浸透には時間差があり、当地の状況に合わせて条目を按配することも可能であったという。また施行当初は説諭放免主義であったが、明治十、十一年になると地方でも警察組織の整備が整い、科罰主義に変容していったという（神谷 一九七七）。科料は違式罪が七五銭から一円五〇銭、詿違罪が六銭二厘五毛から一二銭五厘であった。

見慣れた裸体の光景が、科料を伴う取り締りの対象となっていくことは、民衆に戸惑いを与えたことはたしかであろう。しかし、神谷によれば警察権力による違反者の取り締まりは時代が下がるにつれ強化していったことが明らかとなっており、いきおい人々の裸体に対する感覚は、「あたりまえの習俗」から、少なくとも邏卒の前では「隠すべきもの」へと徐々に変容していったと考えてよいだろう。

廻しをつけ脛を露わにしている女力士のいでたちや相撲を取るさまは「違式詿違条例」の論理によれば「醜体」である。本節で取り上げたものは新聞記事という特殊な場における評価であり、当時の民衆一般の評価と一致するとはかぎらない。とはいえ、今西によると男性の相撲取りに対しても当時の新聞投書欄には厳しい批判の言が寄せられたという（今西 一九九八）し、裸体に対する否定的な感覚は、徐々に民衆へも浸透していったとみてよいようだ。(11)

世界各地の相撲競技のありかたからすれば、相撲は本来男性性の象徴として行為者の力や技を問うものであり、その点からいえば女相撲は越境的な行為である。だが、女相撲を取り巻くこの時期の動きとして重要なのは、社会の中心を支配するブルジョア的主体にとって、「他者」である女性が相撲を取る越境性が境界侵犯として意識され、排除する動きへと時代の思潮が強調しはじめたことだ。

西洋にならい、ブルジョア的主体のアイデンティティを確保しようとした社会の中心を形成する層は風俗改良を推進し、その意図に、境界侵犯する女の相撲は真っ向から対立するものであった。時代が下がるにつれ、新聞紙上で女相撲興行がわが国の風俗をかく乱するものと批判的に取り上げられる傾向が増すのも、当時の思潮が国家主導の風俗改良の意図に、ブルジョア的主体に寄り添っていったことを示しているとみてよいだろう。

二　大正から昭和初期の女相撲評――凋落と変態性

大正から昭和にかけては、女相撲のことを記す新聞記事は少ない。大正十五年（一九二六）三月二十五日付『東京日々新聞』によると、浅草仲見世で興行中の高玉一座が興行の停止を言い渡された。「風俗を乱す」というのが警視庁の上げた停止理由である。同日の夕刊にはこの風俗かく乱の具体的な内容が記されている。「浅草仲見世で興行中の女相撲は肉シャツ一枚にふんどしをつけ、男の飛び入り勝手次第という看板をかかげ風俗上面白からぬ行為があった」。

そのため警視庁では興行中止を言い渡し、さらに「二十四日付をもって東京府下においては一切女相撲まかり成らぬというきびしいおふれを出した」（同紙夕刊）ということだ。東京府で明治五年に施行された「違式詿違条例」には「男女相撲の禁止」と「裸体または袒裼し、あるいは股脛を露わし醜体をなすことを禁じる」条目があり、その両方に抵触すると判断されてのことであろう（小木編 一九九〇）。

新聞記事ではないのだが、このときの女相撲興行に発想をえて、ものされた今東光の読み物がある。[12] 今は女相撲の見世物小屋を次のように描写する。

油臭いカンテラは時代遅れな小屋の内部を幽かに照らし、天井の幕の破れ目から、こぼれた星がすかして見へるのである。色の褪せた絵看板を素通りに眺める人には陽気な口笛を吹いて立ち去って仕舞ふ。（中略）この見世物はみすぼらしく、淋しい。華やかな色彩もなく、陽気な楽隊もなく、浮かぬ音にとうとうと太鼓が鳴り響くだけだった。

と、淋しい外見がものを申すように、この見世物小屋は「東京ぢゃ見込のある興行ではな」い。呼び込みの男たちが一人でも客を入れようともったいをつけて「表に面した幕をきりきりと絞り、醜い彼女等の裸体姿をチラと見せ、また幕を下して仕舞ふ」のを当の女力士たちすら浅ましく思うほど、淋しい見世物。楽屋の女力士たちの多くは「もう女らしい情感もなく、大胡坐をかいたり、酒をあふったり、博打を打」つのていで色気もない。

今の描く女相撲興行の世界は、時代遅れで哀れだ。そして、浮草稼業の女力士が毎夜のように通ってくる客にほのかな思いを抱き、しかしその想いを断ち切って自分の境遇を恨みつつもその世界に生きる姿を描くとき、今は女の境遇の哀れさのなかにいじらしさを見出す。

時代遅れであわれな見世物――明治期以降の醜体への感覚が人々に浸透するのと相まって、当時の知識人層の目には、女相撲はそのように映っていたのであろう。この感覚は、戦時期の休止期間を経て戦後復活した女相撲興行に対しても向けられる。昭和二十六年（一九五一）十二月、東京・新宿で行われた女相撲興行は、二十四日付の『毎日新聞』には「金五十円也の女相撲――色気のない残酷な世界」と題されて、「歴史は古いが新時代の感覚には大分遠い。『こんなことまでして……』という気持ちが真っ先に来る。（中略）色気と背中合わせの女の世界はあわれで残酷」と評されていて、〝時代とのずれを露わにする見世物興行〟との意識がうかがわれる。[13]

人々の嗜好は時代によって移り変わる。明治期、西洋からやってきたサーカスやパノラマ等の見世物は珍奇を好む市井の人々にもてはやされ、やがて大きな見世物小屋――映画館の登場によってそれまでの見世物の興行内容は時代遅れとされ、消えていく。今東光があわれさとともに女相撲に感じたいじらしさは、時代に飲まれていく古きものへのオマージュでもあったろう。女相撲の魅力にとらわれ、女相撲の世界へと身を投じた女が、日々の生活、家族を捨てたことを社会的に咎められるといった時代は去ったといってよい。

ところでこの時期、女相撲に向けられるもうひとつのまなざしが露わになった。変態的挑情的な見世物として女相撲を見るまなざしだ。この観点から女相撲を取り上げたものは、枚挙のいとまがない。多くは雑誌の掲載記事による。[14]そのうちのひとつ、耽好洞人の「見世物女角力志」では見世物女相撲の発生に、「性的欲望を構成する裸女の鑑賞欲」、「見世物興行界の飽くなき挑情的卑猥味へのイージーな主潮」、それらの背景となる「当代世相の廃頽」の三点から考察を試みている。これらの論考が参考とする資料の多くは江戸時代の文献によっている。[15]切り口の設定からも明らかなように、女相撲の観客と想定されるのは裸女を鑑賞したい男性である。また、観客を前に犢鼻褌を締め相撲を取る女の出自は年をとった芸妓であるなど、男性からまなざされることをすでに職業としていた女性たちが想定されている。この時期の見世物女相撲を取り上げる文献資料としてたびたび紹介される女と盲人の相撲等の珍相撲もまた、煽情的な見世物としての女相撲のイメージの形成の一助となった。

観客の欲情を煽るとする女相撲のこのような見方があらわれた背景には、明治以降に導入された性科学の知識、および通俗的性科学の流布の影響も考えなくてはならない。小田亮によると、「明治期の造化機論によって導入された『病理としての自慰』と『病理としての月経』という観念が、『神経の病』という医学的言説を介して性器にかかわる行為・生理的現象を単に部分的なものとしてではなく、神経を含む身体全体と結びつけられることによって、身体全体を性的なものにする」効果としてあらわれたという。性的身体のあらわれである。さらに明治末～大正初め（一九一〇年代）に至ると性的身体に対する「性欲」が自覚化され、内面に生じた「性欲」に懊悩する人々があらわれるようになった（小田　一九九六）。

興行女相撲では相撲取組のほかに相撲甚句に合わせて踊る手踊りや、大力を披露する力芸が演目として披露されるのが常である。その際のいでたちは上衣や下衣はつけているものの締め込みをする、越境的な装いである。ただしこのいでたちは、今日の感覚でいう裸体にはほど遠く、また女相撲は裸体を見せるためのものではなかった。けれども、廻しを締めるという装いが男相撲の、裸体の上に廻しを締めるという姿とオーバーラップされ、女力士たちの身体が性的身体と目され「煽情的」見世物と評されただろうことが想像される[16]。

「醜体」（グロテスク）と嫌悪され、「時代遅れ」でかつ「煽情的」だとされた女相撲が性的身体になり、性的欲望の対象となっていく過程はコインの裏表である。ストリブラスとホワイトは『境界侵犯―その詩学と政治学』のなかで、次のように述べている。

ブルジョア的主体は、それが「下」と記すもの、汚れた、忌避すべき、騒々しい、汚染されたものを排除することによって、常に自らを定義し、さらにまた再定義する。しかし、排除の行為そのものが、そのアイデンティティの本質をかたちづくっている。下にあるものは、否定と嫌悪のもとに否定される。（中略）だが、嫌悪はいつも欲望の痕跡を背負っている。「他者」として追放されたかに見えるこうした下層の領域が、ノスタルジアと憧憬と魅惑の対象として帰ってくる（ストリブラス／ホワイト　一九九五　二五九頁）。

境界侵犯性をもつ女相撲は、社会の中心を形成するブルジョア的（男性）主体が自己のアイデンティティを確保するために、「他者」として排除されなくてはならない。排除され、差別される「他者」はブルジョア的主体によって、グロテスクなものとして「嫌悪」（醜体）の対象とされる。しかし、「嫌悪はいつも欲望の痕跡を背負っている」。というのも、排除される「他者」はけっして受け身のままではなく、制度や概念の刷新のため、変化を求めるブルジョア主体の欲求によって引きもどされることになるからだ（山口　二〇〇二　五九―六〇頁）。排除の際に抑圧されていた無意識の思いが、ノスタルジアと憧憬と魅惑の対象として帰ってきてしまうというのだ。

今東光がカンテラの灯で照らされた時代遅れな小屋の内部にみたのは、「色気のない」グロテスクな女たちだった。「みすぼらしく、淋しい」見世物小屋で演じられる女相撲は「東京ぢゃ見込のある興行ではな」い。グロテスクな見世物小屋、グロテスクな女たち。しかし、観客にほのかな恋心を抱く女力士に、今はいじらしさと静かなノスタルジアを感じ取ってはいなかっただろうか。

煽情的な性的見世物と評された女相撲は、ストリブラスとホワイトが指摘したように、境界侵犯する女相撲のグロテスク性が、男性主体にとって性的魅惑の対象として戻ってくるさまをあらわしている。

だが、一部の知識人層（ブルジョア的主体）が主張する女相撲の評価とは異なり、この時期の興行女相撲は国内のみならず、国外へも巡業に出かけるほど評判のよい興行であったことはたしかである。

昭和五年（一九三〇）六月のハワイ巡業出発時と、同年十二月の帰国時にはその様子が『東京日々新聞』で好意的

表1　女相撲のおもな興行地

西暦	和暦	興行場所その他
1880	明治13	石山・石山兵四郎が高擶村で興行女相撲を創業
1882	明治15	石山・近郷の村々の祭りで興行
1886	明治19	石山・秋田、青森、函館、小樽で興行
1887	明治20	石山・函館、岩手、山形、新潟で興行
1889	明治22	石山・高擶清池八幡神社に女相撲絵馬奉納
1890	明治23	高玉・東京両国回向院境内で興行
1899	明治32	石山・「石山女相撲」の拠点を高擶から山形市へ移転
		高玉・本間勘十郎「高玉女相撲」にかかわる
1901	明治34	高玉・大阪で興行、さらに九州方面へ興行
1914	大正3	第一・石山喜代太、荷分けを認められ「第一北州倶楽部」旗揚げ
1921	大正10	高玉・北海道室蘭などで興行
1922	大正11	石山・左沢線開通を記念して山形県左沢で興行
1923	大正12	石山・京都の国技館で興行
1926	大正15	高玉・東京浅草で興行、大阪北区浦江、尼崎で興行
1927	昭和2	高玉・樺太で興行、山形の全国産業博覧会で40日間興行
1928	昭和3	平井・遠江灘、荷分けを認められ第一北州倶楽部改め「平井女相撲」
		高玉・静岡、三島で興行
1930	昭和5	石山・ハワイで興行
1931	昭和6	平井・滋賀県大原市場駅前で興行
1933	昭和8	石山・朝鮮の京城、釜山、台湾の高雄などで興行
1934	昭和9	高玉・高擶樋の口で道路竣工祝いに1週間興行
1936	昭和11	高玉・サイパン、テニアン、トラック、パラオなど南洋諸島で興行
1937	昭和12	石山・満州で興行
1940	昭和15	石山・東京浅草で興行
		高玉・高擶立谷川河原で興行
1941	昭和16	石山・愛媛県北条市で興行
		平井・京都宇治駅吉田屋旅館前空地で興行
1943	昭和18	石山・千葉県銚子で興行
1944	昭和19	石山・空襲激しく、横浜追浜方面の興行を中止して帰形
1945	昭和20	石山・山形薬師神社の興行予定を終戦の玉音放送のため中止
1946	昭和21	高玉・女相撲を含む「高玉サーカス」を大阪で興行
1951	昭和26	石山・再起を願い、高擶清池八幡神社に「女力士大提灯」を寄進
1952	昭和27	石山・東京武蔵小山駅前空地、新宿伊勢丹前空地、高田馬場で興行
1953	昭和28	石山・東北のたかまち興行を経て東京浅草で興行
1956	昭和31	石山・東京浅草公園劇場の興行を最後に「石山女相撲」の幕を下ろす
1957	昭和32	平井・女相撲を「平井舞踊団」に衣替え
1963	昭和38	平井・「平井舞踊団」の幕を下ろす

＊石山興行三代目故石山国彦氏からの聞き取り、女相撲研究家の佐藤宏一氏の教示等により作成

に報じられている。女相撲興行の老舗である石山女相撲の関係者、石山興行の故石山国彦氏によれば、ハワイ以外にも日本の国勢の拡大にともなってサイパン、テニアン、トラック、パラオなどの南洋諸島や朝鮮、台湾、満州などでも海外遠征をしている（表1）。戦地への慰安興行は兵士の士気を鼓舞する目的であるから、煽情的な見世物という理由のみで興行が許されたとは考えにくい。同じように国内外の観客のすべてが、煽情的な見世物としての女相撲の観客であったかについても疑問である。(17) 知識人層による「醜体」「煽情的見世物」という興行女相撲の評価は、建前としては肌の露出を忌む明治以降の認識を踏襲するものであったけれど、民衆（民衆社会的主体）の評価とは完全に一致するわけではなく、二重構造になっていたことは否定できない。

ともあれ、大正から昭和初期にかけて、女相撲は時代遅れで醜体をあらわすものであるとともに煽情的見世物であるとして、新聞や雑誌を通してその読者の意識に働きかけがあったことは留意してよい。広く一般に読者をもつ新聞、『中央公論』『歴史公論』といった雑誌を通してその時代の読者に通じ、ブルジョア的主体が排除する「見世物女相撲」のイメージは民衆を教化し、浸透していくことになる。

近年、女子の競技相撲の名称を女相撲でも女子相撲でもなく「新相撲」としたのも、以上のような巷に流布するイメージを払拭させることと無関係ではないのだろう。

三　『奇譚クラブ』掲載記事にみるマニアのまなざし——野性の美

かつては多くの観客を熱狂させた女相撲興行だが、戦後は次第に経営不振に陥った。昭和三十年代には石山女相撲、平井女相撲が相次いで廃業し、明治以降約八〇年続いた女相撲興行の幕を閉じる。大正から昭和にかけて形成された変態的煽情的な見世物女相撲というイメージは、女相撲を、「嫌悪と魅惑」が混在した、きわもの的な対象とする用意を人々に与えたであろう。また、戦後はおもにアメリカから輸入された多くの新しい娯楽に押され、女相撲興行は大衆に受け入れられるような娯楽ではなくなっていった。しかし、一部のマニアとも呼べる人々の間ではその後も女相撲熱は持続する。本節では一部の熱狂的な女相撲マニアが雑誌に投稿したものを対象にして、彼らの女相撲に対するまなざしのあり方を整理しておきたい。

そこで取り上げるのは雑誌『奇譚クラブ』である。『奇譚クラブ』は昭和二十二年十月に創刊された月刊誌で、その当時、全国で二〇〇〇種類は作られていたといういわゆる「カストリ雑誌」のひとつである。「カストリ雑誌」は、エロを基本にした実話風俗雑誌で、大正から昭和初期にかけて流布した「変態性欲」の流れを、戦後の開放感のなかで謳歌したものだ（山本 一九九八）。

『奇譚クラブ』も発刊当時は他のカストリ雑誌と同様の大衆娯楽誌であったが、昭和二十六年以降は、編集方針をガラリと変え、読者の対象が極端に狭められたものになっていく。誰にでもわかる実話通俗誌から、アブノーマル性愛を主題とした個性的な誌面への方向転換である（濡木 二〇〇六）。

女相撲に関する記事の掲載が集中するのは、『奇譚クラブ』がアブノーマル誌へ転換した後の昭和二十七年八月号より昭和四十九年十月号までである。ちなみに同誌は昭和五十年の廃刊なので、アブノーマル誌へと転換してからほぼ全期にわたって女相撲は誌面に取り上げられていたことになる。女相撲を鑑賞することはアブノーマルな世界のものとして『奇譚クラブ』の読者に受け止められていたと、この掲載時期から想定してもよいだろう。

『奇譚クラブ』誌上で女相撲は「女闘美」とも呼ばれ、女闘美賛美の読者投稿記事が、多い時にはほぼ毎号掲載されていた。その内容は、観戦記を含む女闘美賛美の記事、イラストの類、女相撲を題材とした読者の創作小説、歴史的考証を目的とした記事等で、掲載点数は総計一五八点にのぼる。(18) このうち、イラストは四九点（小説や記事に挿絵として掲載されたものは除く単独掲載数）、写真四点、小説・読み物の類は三五点である。表にまとめる際、連載小説は複数回にわたって掲載されていたとしても一点としたので、『奇譚クラブ』廃刊の昭和五十年まで、実際にはほぼ毎号のように女闘美関係の記事が読者に提供されていたことになる（表2）。

後述するが、彼らのいう女闘美すなわち女相撲は、力技や手踊りを含む興行女相撲とは違い、素人女性の相撲取組のみを賛美の対象としているのが特徴となる。

では彼らが賛美する「女闘美」とはどのようなものか。どこに魅力を感じていたのか。女闘美マニアの代表的存在である土俵四股平の「女闘美考現」（昭和二十九年十月号〜三十年一月号掲載、以下「二十九年十月」のように表記する）には、その全体像がまとめられているように思うので、土俵の女闘美観を次にあげる。

メトミとは「相攻め」乃至「相責め」の美であるといえる。相攻めが白熱化すると自然に「相責め」に達するのである。「相攻め」の範囲では、苦悶する様相は大して見られないが、「相責め」となると、其処にサディズム傾向が濃厚にみられる。（中略）云い直せば〝女性の苦悶〟を目標として進んでいる道ではないのである。どこまでも美の追求であり、健康的な美でなければならないのである。（中略）メトミは健康な若い女性で体力気力もほぼ伯仲する者同士の「相攻め」から発する斗力美であって、私の愛弟子（中略）は「女性の勇美」といっている。

土俵の理想とする「健康的な美」は抽象的なものではなくて、具体的な容姿が伴っている。たとえば「尻あがりの眉毛」「眼は一重で眼尻はやや釣り気味、黒目がちで光沢があって清浄」「あごは豊頬で血色がよくエクボが入ってうっとうしくない程度のタレ頬、首を少々下げると二重あごになる肉付きが最高」「鎖骨の存在は不明瞭だといった肉体が至高のもので、僧帽筋の発達したのがよい」等々である。この理想的な容姿を現実に体現するのは「海女」の姿で

表2　『奇譚クラブ』掲載記事一覧

	刊行年・号	タイトル	著者（作者）	概　要
1	27.8	女体相撲艶色史	増田　史郎	「女体の動的美」を軸に、生々しい裸体美を追求する。江戸期から昭和初期の興行内容にもふれる。
2		見世物としての女相撲	土岐　相良	変遷を大まかに記述。平井氏の有名な論考と内容ほぼ同じ。
3		日本性見世物変遷史	潮　マリ	江戸期の性的見世物からストリップへの変遷。「大女」もそのなかに含まれる。
4	28.10	嫐（うわなり）相撲	土俵　四股平	妬み心を核に、女同士が意地と張りを通すさまが描かれる。主人公明石を想う順子の心情がけなげに記される。
5	29.10	女闘美考現（1）	土俵　四股平	女闘美……「相責め」の美。健康的な美。それを体現する者（メトマーズ）の髪型は何が好ましいか。
6		女相撲音頭	加茂　三千彦	「かっぽれ音頭」の替え歌
7	29.11	女闘美考現（2）	土俵　四股平	メトミ顔について。一口で言えば「勝利に飢えた娘の顔」。
8	29.12	女闘美考現（3）	土俵　四股平	乳房考……弾力があって成熟の一歩手前といった発達の頂点に近いものが秀逸。
9	30.1	女闘美考現（4）	土俵　四股平	腹考……陰の深い臍とヴィナスの丘、デルタの密林、骨盤の量感の4つがそろって完全なものが良し。
10		春場所娘大相撲・八重桜対双乳山	加茂　三千彦	健康美・躍動する筋肉。勝利のあと恥じらいと誇りを浮かべる「乙女なりやこその初々しさ」(影絵6点、実況放送の創作)。
11	30.3	娘相撲	畔亭　数久	イラスト
12	31.12	美女血闘場面のアイデア	小西　鉄二	イ～ヲまで12の型を、タイプの違う2人の女が闘う。「女斗（めと）もの……一種の女豪の者」の物語をアイデアとして考えた。
13	32.1	大奥裸女血闘	京洛生	大奥内の女たち、血で血を洗う戦いの様を描写。廻しひとつでの女同士の闘い。武士どもはただそれを見ているだけで止められず。すさまじい。
14	33.7	女闘美短歌	土俵　四股平	弟子が読んだという女相撲の短歌に短評を添えたもの。
15	33.8	女闘美相伝	土俵　四股平	師弟との会話から、四股平の考える「女闘美」を浮かび上がらせる。女闘美の三心‘清浄・順応・寂静’（捨て身・乳房・先生とも）。
16	33.9	続女闘美短歌	土俵　四股平	33年7号の続編。男（四股平）を間にして女同士の闘い。男が原因であっても、闘いが始まったら女の意地の張り合いに変じる。

17	35.5	女相撲と女闘美	雪崎　京人	普段みることのできない女性の筋肉。生き生きとした肉体美が女相撲にはある。挿絵あり。
18	35.8	女相撲と女闘美	雪崎　京人	観戦記。東北地方のＹ温泉でみた若緑対都川の相撲の様子をリポート。
19	35.9	女相撲と女闘美	雪崎　京人	観戦記。梅の花対若緑。近松の「関八州繋馬」をちょっと紹介。
20	35.10	女相撲と女闘美	雪崎　京人	八重桜対君ヶ浜の血戦。プロの女力士と素人の取り組みの観戦記。非公開のため、褌ひとつで取ったという話。
21	35.11	女の相撲について	雪崎　京人	男と女の相撲。落語に出てくる夫婦相撲など。演劇に出ている男女相撲。
22	35.12	美術文学にあらわれた女相撲	雪崎　京人	美術文学に取り上げられた女相撲。石井鶴三画伯「女相撲」など。
23	36.1	女相撲と女闘美	雪崎　京人	興行一座の若い男に惚れた２人の女力士が私情を込めた相撲を取る。福ノ里対巴川の遺恨試合。それにもかかわらず、男は別の女と駆け落ち、という落ちあり。
24	36.2	女相撲ファン	浦岸　幸雄	（通信欄）新宿で山形の女相撲がかかった時の話。「裸に廻し」姿でなかったのが残念と。
25		投げの打ち合い	Ｓ．Ｅ	イラスト
26	36.3	裸女血闘のイメージ	室井　英山	（読者の声）大分の、女相撲マニア（女性褌マニア）12 月号（雪崎）の文を絵にしてほしい。無惨絵（血みどろの中の美）。
27		女子相撲協会提唱	和知　隆義	（読者の声）スポーツとしての女相撲があれば、女性の柔道なんかより人気が出るだろう。女子プロレスは激しすぎる。やはり女相撲だ。
28	36.4		滝　れい子	（目次裏絵）
29	36.5	女相撲図絵	Ｓ．Ｅ	イラスト
30	36.6	美女力士の激突	Ｓ．Ｅ	イラスト
31	36.7		滝　れい子	（目次裏絵）＊女子切腹図もあり。
32		勝負あった!	Ｓ．Ｅ	イラスト＊一方の力士が他方に体をあずけた、今まさに土俵下に両者が落ちる瞬間。
33		ふんどしの歌	清水　ゆり子	替え歌
34	36.8	夢の闘舞婦人	円山　景三	素人の女性たちが非公開の場で相撲を取る。創作読み物。
35		稽古場の女力士	Ｓ．Ｅ	イラスト
36	36.9	元女力士の懐旧談	雪崎　京人	表題通りの内容。若い頃の、主に取組の話。飛び入りの女（素人）との一戦。
37		上手投げ	Ｓ．Ｅ	イラスト
38	36.10	女相撲ファン見聞記	江波　恵吾	山形地方に旅行したときにみた素人の女相撲。旅館の部屋に招いて相撲を取ってもらった（写真あり）。

39		女相撲覚え書	月形　半平	(奇クサロン) コクトー『日本印象記』中「相撲の印象」の一節をとり、(男の) 力士の女性的な体型にふれる (成熟しきった婦人の乳房)。レスリングと相撲では相撲のほうが女には合う。「互いに抱き合うようにぴったりと身体を合わせて戦う相撲のほうが面白い」。
40		土俵際の攻防	S．E	イラスト
41	36.11	女相撲物語	雪崎　京人	同年 9 号の続編。忘れられない話 (他の女相撲団体との対抗戦)。
42		大奥裸女血闘の果て	吾嬬　博	32 年 1 号の続きをイメージを膨らませて書いたという読み物。サドっぽい。
43		外掛け	S．E	イラスト
44		女相撲熱戦譜	S．E	イラスト
45	36.12	女相撲図絵	S．E	イラスト
46		引き落とし	S．E	イラスト
47	37.1	御土産女相撲	円山　景三	小説。2 村対抗の素人女相撲の最終場面。村長の指名で成り立つ御土産女相撲。キーワード……「燃える闘魂」「飛び散る汗」「必死」「われを忘れて」。
48		あわやの一瞬	S．E	イラスト
49		大日本少女相撲協会春場所両横綱勝敗の図	南川　俊平	イラスト
50	37.2	芳汗淋漓	S．E	イラスト
51		紅白大将同士の決戦	S．E	イラスト
52	37.3	激突	S．E	イラスト
53		柔肌の激突	S．E	イラスト
54	37.4	娘相撲と格闘場面	円山　景三	なぜ私はメトミマニアになったのか。少年期の回想の形式で読み物。＊女力士を称して「春川ますみ似」という描写がある。
55		激闘	S．E	イラスト
56	37.5	畳土俵芸妓相撲	S．E	イラスト
57		決戦	S．E	イラスト
58	37.6	女相撲思い出話	津谷　正春	今はもうない女相撲興行を見た時の思い出話。
59	37.7	女相撲思い出話	津谷　正春	昭和 4 年、静岡の三島町での高玉女力士興行団のもの。35、6 歳の小太り女力士のことが印象に残ったらしく、その対戦の模様を記す。観客は年寄りが多かった由。
60		女相撲実録	伊万里　進	昭和 37 年 4 月 10 日、伊万里市の奉納女相撲の新聞記事を転載。
61	37.8・9 合併号	女相撲思い出話	津谷　正春	昭和 9 年秋名古屋で観た女相撲。「大日本勇婦団」男女相撲だが、飛び入りの男、どうしても女力士に勝てず。

62	37.10	高校女子相撲選手権大会	雄松　比良彦	女闘美小説。空想小説ではあるが、その記述に女闘美の美しさを讃える箇所あり。
63	38.2	誕生す女相撲会	岡平　吉夫	女闘美ファンの元に奇クから「女相撲会」の誕生を知らせる案内書が届き、それを観に行くという内容小説。
64	38.4	女力士会見記	岡平　吉夫	胡散臭いと思いつつ、妙に惹かれた女相撲とその女力士を回顧する、という内容。
65	38.5	女房連の女相撲	円山　景三	伝聞形式。酒の席上いつの間にか女相撲がはじまった話。
66	38.6	女相撲雑感	岡平　吉夫	メトミマニアの気持ちがよく表わされている。奇クのなかでの女相撲モノの位置、メトミだけの同好誌発刊の提唱など。
67	38.7	女相撲結成顚末記	岡平　吉夫	手記。＊記事の最後に別囲みで伊万里女相撲の発祥について記事あり。
68		女相撲熱戦譜	女素舞マニア	取組の組み合わせは長身対肥満が良いなど、こだわりがありそうである。
69	38.9	女相撲思い出話	津谷　正春	昭和 27 年頃の「平井女流相撲」の番付表。
70		女相撲ファンタジー	女素舞夫	女相撲の魅力は首投げと足の裏にあるとする筆者が、こだわりの場面を空想まじりに描写する。
71	38.10	肉弾相打つ豊麗美女	S．E	イラスト
72	38.11	素人女相撲観戦記	岡平　吉夫	昭和 37 年夏、長崎の式見町内の婦人による素人相撲を観戦した時の記録。興行女相撲にはみられない緊張感を評価。
73		興行女相撲への一提案	岡平　吉夫	（サロン）熱心なファンによる後援会設立の提案。ストリップ興行界で女相撲をみせることを提案。
74		お嬢さん相撲の醍醐味	S．E	イラスト
75	38.11.5 増刊	御前相撲	S．E	イラスト
76		海辺にて	S．E	イラスト
77			江波　恵吾	写真
78	38.12	女相撲史一考	岡平　吉夫	文献（文学）等にみえる女相撲のことを記す。地方習俗の女相撲のことも。追跡調査のものもあり。
79		お座敷娘相撲	S．E	イラスト
80		女闘美としての女相撲と女子プロレス	Y．M生	（サロン）女相撲のほうが女子プロレスよりも魅力がある。組織を作って欲しいが資力面が難しい。奇クで同好会設立希望。ファンはサラリーマンが多いのでは。
81	39.1	高校女子相撲選手権大会	S．E	イラスト
82	39.2	山中の女相撲	岡平　吉夫	小説だが、作者の女相撲に感じる魅力が女主人公の言動に託されていると思われる。

83		奉納娘相撲	S．E	イラスト
84		激闘する二人の美女	S．E	イラスト
85	39.4	褌を締め直す	S．E	イラスト
86		砂の足形	S．E	イラスト
87			雪崎　京人	（サロン）上記２枚のイラストの解説。
88	39.5	殿中妖艶女相撲	岡平　吉夫	38.12 号で女相撲の江戸情緒を指摘した筆者による、大奥女相撲小説。「男装への欲望」といってよい内容あり。
89		おんなすもう禁じて五題（1）前袋を引く	S．E	イラスト
90	39・6	おんなすもう禁じて五題（2）立褌を掴み吊り上げる	S．E	イラスト
91	39.7	おんなすもう禁じて五題（3）髪をつかむ	S．E	イラスト
92	39.8	おんなすもう禁じて五題（4）立褌を引いて投げる	S．E	イラスト
93		寒椿抄――女相撲美考――	雄松　比良彦	女闘美（特に女相撲）の美しさの根源を陳べる。
94				（サロン）伊万里・波多津女相撲の写真
95	39.9	おんなすもう禁じて五題（5）突っ張り乳房突き	S．E	イラスト
96	39.10	娘相撲勝抜戦	田中　一生	女相撲小説
97		双差し	S．E	イラスト
98		切り返し	S．E	イラスト
99			雪崎　京人	（サロン）上２枚の解説
100	39.11	娘相撲復活――ある山村の娘相撲物語――	海野　美津男	女相撲小説。戦国時代、国を守るために男に混じって戦った娘たち。平和が戻ってもかつての戦う心忘れられず相撲が習慣となった村。その習慣が廃れたとき、復活にかける二人の娘。
101		乙女の対戦	S．E	イラスト
102	39.12	娘相撲物語	海野　美津男	村の青年たちの相撲を観ていて、高校最後の夏休みを相撲稽古に費やす娘の物語。
103		小股すくい	S．E	イラスト
104	40.1	娘相撲について――兄と妹の手紙――	海野　美津男	友人と二人で暮らす妹が兄に宛て、日ごと女相撲を取ることを告白。兄に励まされさらに稽古に励む妹。
105		女性美からみたビキニとふんどし	奮闘士　好太	（サロン）ビキニもいいけど、ふんどしの方が女性美をさらに引き立てる。
106	40.2	デパート女相撲	芦浦　素舞夫	女闘美ファンタジック・シリーズ。デパートの女性店員同士の相撲。
107	40.4	職場女相撲	芦浦　素舞夫	女闘美ファンタジック・シリーズ。
108	40.5	娘相撲について――続・兄と妹の手紙――	海野　美津男	40.1 号の続編。兄に稽古をつけてもらった妹。

109	40.6	相撲に魅せられた娘たち ――娘相撲物語――	海野　美津男	無口な富子の密かな楽しみ。廻しをつけ、一人で相撲を取ること。急な来客（友人）にその姿を見られ……。
110	40.7	娘相撲物語――とよさんの告白――	海野　美津男	3人のばあさんの昔話。
111		厄除女角力	円山　景三	小説。村の習慣で毎年4月3日に厄除豊作占いの女相撲が行われる。
112	40.8	浪江大五郎（1）	万田　不二	女中に相撲を取らせて楽しむ殿様。浪江は女中の名。
113		伊万里の娘相撲	増田　トシロー	（サロン）レポート。写真あり。
114		人形の女相撲	葉山　夕起子	写真。フィギア……。
115	40.9	浪江大五郎（2）	万田　不二	
116	40.10	浪江大五郎（3）	万田　不二	
117		良男の体験	海野　美津男	娘相撲物語
118	40.11 ～45.7	花の女闘美たち（1）	奮闘士　好太	女子高生、相撲部へ入部。（21）まであり。
119	40.11	「娘相撲物語」と「湖畔女相撲」に寄せて	雪崎　京人	海野作品「良男の結婚」の昭子、圭子の取組を現実にみるような湖畔の二人（カラー写真は次号に）。
120	40.12	第2回琵琶湖畔の 女相撲	雪崎　京人	カラー写真
121	41.1	女相撲連作写真を見て	雪崎　京人	水着をつけた女性の美しさだけでも素晴らしいのに、乳房も腹も露わに肉体美に惜しげもなく相撲褌一本を堅く締め込んで激しく取り組合い、投げ倒し、押し倒す女相撲の美しさ、何にたとえ様もない。大自然のなかでのびやかにおおらかに相撲を取る両嬢の美しさ、たくましい肢体と健やかな顔の表情。現実の世界とも思われないほどの夢幻的な世界。
122	41.9	女の子の褌談義	高川　敬一	女性用の褌。どのようなものがよいか。締め方も。
123	41.10	孝二の結婚 （娘相撲物語）	海野　三津夫	孝二と文子、二人の出会い――女同士相撲を取る現場の目撃から、コーチをかってでる孝二。自発的女相撲（以下、自発的）。
124	41.11	「女相撲」のことなど	奮斗士　好太	明治20.10.12付け時事新聞に載った女力士拘引の記事概略紹介（裸相撲）。
125	42.3	朱美と文子の願い （娘相撲物語）	海野　三津男	十五夜相撲で町の高校生たちの相撲姿をみて触発され、同居の二人、夜毎相撲を取る。「女だって男と同じように思い切って闘いたいんだよね」野外の、誰も観ていないところで思い切り投げあう相撲が二人の願い。自発的。
126	42.5	「女相撲」の夢と実際	奮斗士　好太	『女性自身』12月12日号に紹介されたK大相撲部の女性部員に奇クでインタビュー企画の提案。

127	42.5&6	久男の結婚（前・後）	海野　三津男	相撲好きの少年、疎開先の漁村で女相撲を観る。その日から少年のなかで何かが変わる。父の会社の社長の次女に恋するが破れ、傷心旅行先でその娘に再会。結婚していつか観た女相撲を夫婦で。男→女（男主導で女に相撲を取るよう仕向ける）。
128	42.7&8	女相撲同好会（1，2）	海野　美津男	和子の秘密の同好会。柔道部の合宿で相撲を取り、その魅力につかれる。自発的。
129	42.8	女斗片辺	雄松　比良彦	日本書紀、日本霊異記（中巻第 4）、古今著聞集（高島の大井子）の記事紹介。
130	42.12	若き領主の試み（上・下）	海野　美津男	細川盛隆（九州の 3 万石の小大名）は相撲好き。側女と腰元に相撲を取らせる。「女の自然に具わる恥じらいの風情と男のものである相撲廻しとの対照が、盛隆に再び熱っぽい興味を与えた」男→女
131	43.3	琵琶湖畔女相撲取組		カラー作品（写真）
132	43.4	力斗	雪崎　京人	イラスト
133	43.6	女相撲の図 2 点	雪崎　京人	イラスト
134		美女力士に期待する	奮斗士　好太	映画『徳川女系図』の 1 シーンについての雑感。村松梢風「仇討女相撲」の映画化を希望す。
135	43.8	映画の女相撲に思う	雄松　比良彦	石井輝男監督『徳川女系図』より。
136		優勝決定戦	T．T生	イラスト
137	44.3&4	女の斗志（上・下）	海野　三津男	二人の女が男以上に激しく、しかも堂々と争う。土俵を離れたときの動作の中にはあちこちに女らしさが、前よりも感じられるようになっていく。自発的。
138	45.1&2	ふたり妻（1，2）	芦浦　素舞夫	「懸賞入選：女斗美小説」女同士の格闘技に異常なまでに興味をもつ男が、自分のふたりの内縁妻に相撲を取らせ、楽しむ（サディストで女闘美マニアでフェティスト、マゾも入っている）男→女
139	45.9	好敵手発見——妻と相撲	椿　寿郎	たわむれに妻と相撲を取る。男→女
140		女すもう小信	高島　大井子	最近の出版物から、女相撲に関係のありそうなものをピックアップ。
141	45.11	妻の挑戦——夫婦相撲	椿　寿郎	45.9 号の続編
142		女斗ファンの弁	雄松　比良彦	女相撲を視覚化したくて自ら絵筆を取る。イラスト
143	46.1～3	梢の冒険——助太刀娘相撲（1～3）	奮斗士　好太	17,8 歳の柔術使いの武家娘。旅の途中で同行の爺やが体調崩す。助けてくれた村人を助けるため、村娘にまじって隣村との対抗女相撲に出場。水争いの決着に女相撲、というしきたり。自発的。カットは（1）雄松比良彦、（2）は妙花山人。

144	46.1	幻の女相撲を恋うる	奮斗士　好太	サロン楽我記。「花の女斗美たち」執筆に至るまでの妄想のあれこれ。
145	46.3	女房相撲——お艶奮戦	椿　寿郎	恐妻家の男ふたり。それぞれの妻に相撲を取らす。「一度妻をペシャンコにしてやりたい」……で相互の妻同士の対決。男→女
146	46.5	熱い肌——続・花の女斗美たち	奮斗士　好太	女子高校生（相撲部員）、従妹のお姉さんが相撲に興味をしめして……。自発的。
147	46.8&9	宝暦美女相撲——古文書「新翁吅目録」より（上・下）	須田　司	古文書自体が創作。知人に借りた古文書を読むうち、この話を知る。歴史もの。各地の女力士が江戸に集結。自発的。
148	46.8	激突する乙女の斗志	桂　和之	イラスト
149	46.11	組討相撲——我が妻は好敵手	椿　寿郎	45.9号の続・続編　すでに自発的。
150	46.11	闘志	雄松　比良彦	イラスト
151		夢の女相撲	奮斗士　好太	11PM「真剣勝負女相撲日本一決定戦」の感想。姿（褌姿でなかったため）は野暮だが、取組では面白いものがあった。
152	46.12	艶姿土俵祭——女斗美ストーリー	奮斗士　好太	46.1～3「梢の冒険」の続編。カットも。
153		激闘	椿　寿郎	イラスト
154		女力士の出現を願う——メトミへの期待	増田 トシロー	メトミの話。土俵四股平（粟津実）が大正15、京都山科にメトミ研究所の看板をかかげ、有志の女性たちを集めて実際に相撲を中心に訓練を行い、またそれを応用して女体美を養うように努力した旨。終戦を機に解散。
155	47.4	女斗美雑考	雄松　比良彦	古典文献（古今東西）から。サディズムおよびマゾヒズムの立場から女闘美学を分析する労作が出てくることをのぞむ。
156	48.1	したく	室井　亜砂路	イラスト
157	49.7&10、11	女相撲書誌雑考（上・中・下）	雄松　比良彦	女相撲を扱った実録、見聞記、小説、戯作、詩歌等。イラストも。
158	49.10	わざがえし	雪崎　京人	イラスト

あるともいう。それは一見して闘志の盛り上がった闘力美が挑発的にあふれている顔であり、土俵はそのような顔を称して「勝ちに餓えた娘の顔」という（土俵 二十九年十月）。

また別の投稿記事には次のようにある。

（女相撲の美しさに）間接的サディスムをあげることが出来る。美しく逞しい女の体を置く場所として、土でかため砂をまいた土俵、その俵、その上での格斗、そして多くの決まり技は土俵にたたきつけられる、または土俵から転落するといったものである。（中略）もっとも素朴な、純粋な、虚構のない、力そのものの斗いに対する美しさは、それが女であるためにすばらしい甘さとかげりをもつ。（中略）（蹲踞の型、仕切りの型、四股等の型などはいわゆる日常の女性のこころでは抵抗のあるものばかりである。それが斗争のファイトの上に昇華されて美しく伸びのびと行われるところに、真の美しさがある。（中略）（廻しがゆるんでしまうかもしれない危機的状況にあってもかまっていられない斗争のはげしさの中で力斗する女のうつくしさ（中略）りりしくしめた褌が力斗で次第にみだれてゆく美しさ(19)〈（　）内は筆者〉

と、女性の日ごろの理性のタガが外れたところに湧き上がってくる野生的な美への賛美があげられる。

投稿記事のなかには投稿者自身の女闘美観を創作小説に投影したものもある。そこから抽出されるのは、普段みることのできない女性の筋肉が生き生きと動く「女体の動的美」（増田史郎 二十七年八月）に対する賛美である。普段はみることのできない姿であるからこそ、興味をそそられるということであろうか。女性同士が相撲を取るという状況は彼らにとって日常のものではない。女が相撲を取る非日常的な場面の設定に投稿者は模索する。投稿小説を通読すると、女性が廻しをかき、相撲を取るのは女性の自発的な行為である場合と男性（多くは恋人や夫）側から提案されてというものと二別できる。ただ、後者の場合もはじめは躊躇していた女性がしだいに廻しを締める快感に目覚めていくという流れは多くの投稿記事に共有されていて、執筆者である男性の気持ちが主人公の女性に投影されるか、登場人物の男性の口をかりて正当化されるか、表裏一体と思われる。自ら廻しを締めて相撲に目覚める娘の例をあげよう。

海野美津男「相撲に魅せられた娘たち」[20]は、たまたま高校生の相撲大会を見学した女性（富子）が、相撲に魅せられるようになり、自ら廻しを締め、親友たちとともに夜ごと三人で相撲を取る楽しみを分かち合うことになったという内容だ。こう書いてしまうと単純なのだが、富子が相撲に魅せられ、観客として応援するだけでは物足りなくなり、ついには自ら廻しを締める過程の描写には、海野自身の女闘美観があらわれていると思われるので、富子が自分の廻し姿をどのように感じ、相撲を取ることに納得していったかを少し丁寧に見ていきたい。

はじめは高校生の躍動的な肉体に対しての興奮だと思っていた富子だったが、しだいに自分のまわしを締めた姿を想像しはじめる。そのように思う自分を「私、どうかしてるんじゃないかしら？」と否定するが気持ちは揺れる。だが「でもやっぱり、やってみたい」という気持ちが勝り、相撲の型をとってみる。

立ち上って仕切りの姿勢に移ると富子の眼は急にきびしくなった。（中略）彼女の心に、すでに雑念は無かった。本当の廻しも締めてみる。

（まわしを）最後に三ツ目に結び終えると、彼女は鏡の前に立った。三面鏡は全身をくまなく写してみせた。彼女の頬は火照り、全身の肌も赤みを増していた。富子は長いこと自分のまわし姿に見とれていた。彼女はその姿

図5　三面鏡にうつる自分の廻し姿にみとれる場面を描いたものと思われる（海野美津男「相撲に魅せられた娘たち」より）

を、自分ながら美しく凛々しいものに感じた。

ひそかな楽しみが親友（恵美子）に知れたのは、夜なかの稽古の最中の、恵美子の突然の訪問であった。富子は廻しをつけたまま寝間着を着たので腰のあたりが膨らんだ姿を親友に見られてしまう。廻しをつけているなんて「おかしな人間」と思われるかもしれないからと告白するのに逡巡するが、開き直って事の真相を打ち明けると意外とあっさり肯定されて、それからは二人で髪が汗で額にへばりつくまで組み相撲を続ける。

最初に相撲に魅せられた富子はふだんは無口な女性で、あとから参加した恵美子は小柄だが積極的、最後に仲間入りした久美子のバスケットボールで鍛えた体は三人のなかでも一番体格がよい。だが、相撲を取ることに対して消極的だったのは久美子で、

（恵美子からの「あばれてみたいと思うことはない？」の問いに）そりゃああるわ。だけど、お相撲なんて男のスポーツをやってみようなんて、そんなことが考えられないのよ。

と一度は否定する。けれど、「人間の本能」である「あばれたい」気持ちの有無を二人から追及されるうちに否定できなくなり、目の前で二人が相撲を取る姿を見るや自分もやりたいと興味を募らせるようになる。

この小説に添えられた挿絵は、添えられたイニシャルから海野自身の作のようであるが、そこに描かれる廻し姿の

女性には、土俵四股平が女闘美の理想形と称賛した海女に通じる野性的な美があらわされているようだ（図5）。アブノーマル誌掲載の小説であるから、「『相攻め』乃至『相責め』の美」には、サディズム傾向がうかがわれる。とれかかった廻し、肌と肌が合わさった時の感触を女性の視線で描写をする等、男性の性欲を刺激するような描写はそこここにちりばめられている。素裸に廻しという姿は興行女相撲や女の草相撲には望めない姿であり、それもまた、女闘美賛美者の欲望を刺激する姿であったろう。

相撲に魅せられつつも、女性が自ら廻しをつけ相撲を取ることに躊躇する女性の気持ちが時にくどいほど描かれるのは、そのあとに描かれる境界侵犯への男性主体の期待の大きさである。「女闘美」は素人の女性が廻しをつけ、四股を踏み、激しく闘うことを第一としている。職業力士では彼らの欲望は満足しない。明治期以降のブルジョア的主体に、女相撲のグロテスク性は「醜体」（嫌悪）と「変態性欲」（魅惑）の対象としてまなざされてきているが、その流れをくむ女闘美マニアにとって、素人の女性が、自分の意思で、男性主体にとってグロテスクで、なおかつ魅惑的な対象に堕ちていく過程が重要なのである。

「女闘美」を称賛する者は、明治期以降の興行女相撲に対して付された「醜体」であるとか「煽情的な見世物」といった意味合いとは異なり、素人の女性が相撲を取る時に見せる女性の野性の美、動的美への賛美を掲げていた。しかし、「女闘美マニア」の欲望する野性の美、動的美は、男性主体が排除した「他者」のグロテスク性が、魅惑の対象として強調されたにすぎない。

まとめ

本章では明治以降の新聞や雑誌に取り上げられた女相撲の記事から、当時の女相撲や女相撲興行への世間の評価を明らかにすることを試みた。新聞や雑誌の記事には記述者個人の思惑が含まれることはあろうが、その時代を反映する一般的なモノの見方からの影響も、無視できない。そのようなモノの見方に反映された記事を通して、浸透していったと思われる女相撲への一般的なイメージを浮かび上がらせたいと考えた。

本章で扱った時代は、西洋の文化にふれた日本社会の中心的主体が、自己を西洋のブルジョア的主体と同化し、それまでの日本の民衆社会とは別個の主体を確保しようとしていく動きのある時代であった。民衆社会に対してもブルジョア的主体の論理を教化していこうとしていた時代である。「違式詿違条例」は民衆教化のよい例となる。

そのような時代背景のなかで、越境性を有する女相撲は、ブルジョア的主体にとって境界侵犯する、グロテスクで排除されるべき「他者」となった。だが、境界侵犯する女相撲は、ストリブラスとホワイトが指摘したように、グロテスクなものとして排除される一方で、性的欲望の対象ともなる。女相撲に関係する新聞や雑誌の記事を通し明らかとなったのは、女相撲が嫌悪すべきものでありながら性的欲望・魅惑の対象になってしまうという、ブルジョア的主体が確立した社会における「他者」の姿であったと言えよう。

女相撲や女相撲興行への一般の風当たりが強くなる時代は、肌の露出に対する女性の羞恥心が強まった時代に重なる。井上章一は、肌の露出を戒められる上からの規制、肌を見られることを意識して隠そうとする女性の意識は、肌の露出をなんとも思わない野性の意識との間に平準化をおこし、「見られることを意識しつつ、見せる工夫をする性」が出現したという（井上　一九九六）。本章は見られる側の女性の意識ではなく、見る側の男性の意識を軸にした考察であったが、井上のいうアッパークラスとロウアークラスの平準化はこの場合どのような形をとったか。

女闘美賛美の主導者ともいってよいだろう土俵四股平の女闘美観には、「野性の美」への賛美がみられる。だがこれは一度「醜体」「煽情的な見世物」観をくぐったあとのものである。「〈変態〉の時代」（菅野 二〇〇五）の影響を受けた彼らにとって女相撲とは、昭和初期の「変態性欲」の対象としての観念をその基底に置く。上からの規制による「醜体」「変態」観が浸透された後のまなざしには、野性の美への憧憬は率直な姿では表現されない。『奇譚クラブ』というアブノーマル誌のなかで、ねじれた性欲の対象、表現として根づいていったといえよう。[21]

また、当の女性はどう考えているだろうか。「女闘美」小説に登場する女性は男性主体の都合のよいように描かれているように思える。だが、現実の女性が自発的に相撲を取るときもまた、男性主体の受容の基準（グロテスクと魅惑）に従順に従い、「見られることを意識しつつ、見せる工夫」の一つとして、男性の魅惑の対象となるため、相撲を取るのだろうか。

註

（1）北海道福島町では母の日にトーナメント方式の女相撲大会が開催されている。岡山県苫田郡鏡野町の上齊原神社では一〇年ほど前から五月一日の例大祭の付祭としておんな相撲が奉納されている。こちらもトーナメント方式の競技相撲である。奉納女相撲については、上齊原神社以外にも九州の一部で今日も伝承されているが、筆者の調査したところでは競技的側面は弱く、芸能的側面が強い。

（2）話を聞くまで筆者は知らなかったことだが、女子の相撲はヨーロッパではすでに競技人口も一定数あり、女子の競技として認められているのだそうだ。この競技相撲はもともと男性の競技としてヨーロッパに広まり、のちに女性の競技としても浸透する。女子柔道や女子レスリングと同様の感覚で女性が競技相撲へ進出してきたのではないかという。

（3）『續淡海』延享元年の記録（雄松比良彦『女相撲史研究』一九九三を参照のこと）。宝暦二年刊『世間母親容気』では「女の相撲」、『つれゞ、飛日記』明和六年の記録には「女のすもふ」とある。

（4）明和八年刊『世間化物気質』
（5）延享三年刊『俳諧時津風』
（6）表記は「角力」とされることもある。本書では参考文献からの引用で「角力」とすることもあるが断りのない場合は「相撲」の表記で統一する。
（7）明治五年十月福岡県達。明治政府による興行の鑑札制の実行、徹底は、各県で執行された歌舞音曲芸人への課税も速やかに浸透させる結果となったろう。
（8）明治三十四年一月二十一日付『読売新聞』にも願い出面との相違から興行停止を命じられた興行のあったことが記事に記される。このときも願出は手品であった。しかし手品よりも年頃の女性五名による相撲のほうが人気があり、木戸で見物人が囃し立てるもので露呈してしまったらしい（倉田編 一九八六）。明治初期の興行の規制については稿をあらため、まとめる予定である。なお、興行の内容規制とともに歌舞伎や芝居の役者の演技もまた明治政府の意向とのからみで変容していく。役者の演技の変容については兵藤裕己（二〇〇五）を参照のこと。
（9）『浪華新聞』明治二十年十月二十六日付には、紀州地方に出稼ぎをしていたへらへら踊りが帰阪し、こんどは女角力と土俵入りをするというから「例の肩入れ連が力瘤を入れて出かけるだろう」（倉田編 一九八三）とあり、人気のへらへら節と女相撲のコラボレーションに沸き立つひいき客の存在を示唆してくれる。
（10）『郵便報知新聞』明治二十三年十一月二十八日付（倉田編 一九八四）
（11）裸体に対する批判は女相撲に限らず、男相撲もこの時期、興行存続の危機にあったといってよい。しかし、男相撲は国技となり大相撲興行は今日も存続している。興行存続の危機を乗り越え、国技にまで昇華させていったのには当時の大相撲関係者の政治的な努力があった。その経緯については風見（二〇〇二）を参照のこと。
（12）今東光「女角力」『不同調』第二巻第四號。翌第五號の「女角力のこと」では、小説執筆のいきさつが雑感まじりに説明されている。
（13）東京での興行はこのあと、昭和三十年浅草公園劇場での一か月間の興行がある。この興行を最後に八〇年におよぶ石山女相撲は幕を閉じた（石山 二〇〇四）。女相撲の興行団には当時平井女相撲があったが、東京での興行についての記録は不明である。平井女相撲は昭和三十二年に幕を閉じた（カルロス山崎 二〇〇〇）。
（14）宮武骸骨「奇態流行史」大正十一年（『宮武骸骨著作集』第四巻）、朝倉無聲「見世物研究」（初出は大正十五年『中央公論』）、耽好洞人「見世物女角力志」（昭和五年『風俗資料』第三冊）、「続見世物女角力志」（昭和五年『風俗資料』第四冊）、平井蒼太「見世物女角力のかんがへ」（昭和十一年（『歴史公論』第五巻第五号）など。

(15) 雄松（一九九三）によれば、これらの論考で江戸時代の文献とされているもののなかには江戸期の様相を借りた明治期の文献もあるという。

(16) 昭和十年に発表された大阪圭吉の小説「燈台鬼」に「女角力の腹」という描写が突然あらわれている。これは闇の中、地上の光をうけて燈台が白くぼんやり浮き上がっているさまを表現する形容のために「女角力の腹」の比喩が用いられたもののようである。闇夜に浮かび上がる「なまめかしさ」を女角力の白い腹にたとえて表現したものかと思う（大阪 二〇〇一）。

(17) 岩手県宮古市津軽石荷竹では昭和十年前後に女の子力士による素人相撲がもてはやされた。威勢のよい子は女の子であれ喜ばれ、たまたま宮古に訪れていた軍人からもこの女（児）相撲は称賛を得たという。第五章参照のこと。

(18) 創作小説の場合は連載されることがあり、その場合は複数回にわたる掲載であっても一点とした。

(19) 雄松比良彦「寒椿抄――女相撲美考――」『奇譚クラブ』昭和三十九年八月号

(20) 『奇譚クラブ』昭和四十年六月号

(21) 『奇譚クラブ』は昭和五十年に廃刊し、「女闘美」といった表現も廃れていったようだ。

第三章　雨乞女相撲についての一考察
――信仰と娯楽のあわいに在るもの

はじめに

本章は、民間の雨乞習俗のひとつとして民俗学研究上認識されてきた秋田地方の雨乞女相撲を取り上げ、この習俗を支えてきた地域社会の言説をもとに、雨乞女相撲という営為がその地域社会において、またそれを行う女性たちにとって持つ意味を考察しようとするものである。

雨乞の方法として女相撲のことが報告されたのは、管見のかぎり昭和七年のものが最初である（今井・明石 一九三二）。その後、女相撲については、雨乞習俗とからめて報告されるようになり、その報告内容に精粗はあるものの、女相撲は民間の雨乞習俗のひとつとして民俗研究上とらえられてきているように思われる。

筆者が前章まで取り扱ってきたのは、雨乞習俗とは関係のない興行や素人女性の秘められた営為としての女相撲であった。また、後の章で取り上げるような地域社会の女性の営為として、人々に享受されているものも多い。つまり実際には、雨乞を目的としない女相撲も多いのである。女相撲が本質的に雨乞に効果のある行為であるとするならば、雨乞と関係しないそのような報告は、かつての信仰の零落した姿を描いたものといえる。しかしながら、信仰の零落した姿だとする解釈だけでは、明治以降各地で伝承されてきた女相撲という営為をとらえきれないのではないかという疑問もある。

本章では、雨乞女相撲の考察を通して民衆社会的主体の越境性の受容のあり方を考えてみたい。その際、女相撲というと雨乞と結びつけてしまう民俗学研究の思考バイアスである「女の霊力」についても言及する。詳しくは後述するが、従来の報告では、雨乞の際に女相撲をすることの意味として女性の特殊な力が降雨をもたらすといった解釈が優勢なように思う。だが、果たして雨乞女相撲とは女性の特殊な力が降雨をもたらす式の解釈によってのみ成り立つ営為であったのか。本章で筆者が地域社会における言説を重視し、雨乞女相撲を再考しようとするのは、民俗学史上の思考バイアスによって不可視のものにされてしまう人々の営為を、別の視点から見直すためのものである。

一　雨乞習俗にむすびつけられた女相撲

雨乞と絡めて最初に女相撲を報告した今井・明石によると、秋田県北部の扇田町（現 大館市）では雨乞は女たちの営為であったという。当地方の雨乞習俗のうち、昭和七年（一九三二）に報告された「女の裸角力する雨乞ひ」と題された報告を以下に要約する。

藁で雌雄二匹の龍を作り、山上の沼の、龍神がいると信じられている場所へそれを持っていき、雨が欲しいと、期間を定めて祈願する。そして龍は祈願した場所へ置いてくる。村端の庚申さまの前で再び祈願し、酒を飲んで酔い、女相撲を取る。土俵もなく、褌もなく、全裸体でするのが旧俗だが、近頃は前だれで隠すようになった。しかしそれが外れてどっと笑う。相撲といっても相手がひるむまでいじめる（投げ続けるの意味か）というものだ。その後は町へ帰るが、願いの日までに雨が降らなければ前回と同じように祈願をする。その時は山上においてあった藁製の龍を下げ、騒ぎながら町まで練り歩く。先触れの女は雨と縁故のある「龍と雲」「雲に雷」と叫び、歩く。そして親方の家の庭へ入ってきて、女相撲を取り、荒ぶる。龍はもとの山上の沼に持っていく。そして一定期間、夜は庚申さまで女相撲が行われる。

降雨があったら神官に祈願してもらい、龍を米代川に流す。米代川上流の鹿角や末広にも同様の習俗がある。よく水が涸れる中野では立岩の前の畑で相撲を取ったということだ。この石を女がまたぐとその女は死ぬといわれている本宮というところでは、女が近づいてはならないとされるトヨ滝で女が尻をついて滑るという。雨乞の時、岩手県仙台付近から頼まれて女相撲が来たり、巡回してくることもあったという。[1]〈（　）内は筆者。以下、引用部分の（　）も同様〉

報告者の明石はこの報告の三年ほど前に一度見ているというが、[2]扇田の雨乞女相撲は男性の見るものではないという。この報告以降、地域的には東北、九州と片寄りはあるが、雨乞女相撲の報告が散見されるようになる。いわば雨乞女相撲が発見された、記念すべき報告である。

これ以前に雨乞と女相撲を直接結びつけた報告は管見のかぎりない。ただ、女相撲と雨乞の関係が示唆されているとして民俗および女相撲研究者に指摘されている文献がないわけではない。

ひとつ目は「（鎌倉山）女相撲濫觴」である。[3]時は鎌倉時代、男は武勇によって頼朝公への忠誠心を示すことができるが、女はその代わり女相撲によって示せとの命で武士の娘らが赤沢山で相撲を取ることになった。女相撲が行われることを知らせる触れ太鼓が市中をまわるという段になって、「明日は雨が降りそうだから」と詞書がある。話の流れでは明日は雨になりそうだから今日のうちに触れてまわろうという意味に取れる。ただし、この時の女相撲は雨乞のために行われるわけではない。娘の武勇を示すのが主目的である。

ふたつ目は「玉磨青砥銭」である（山東京伝 一九九三）。北条時頼の時代、鎌倉の人は非常にまじめで無駄なことはしないという設定で、無駄を省くことによる滑稽な営みが描写される。例えば、芝居役者は役に立つからと百姓をさせ、百姓のできない不用の者が代わりに芝居をしている様などを作者の山東京伝が面白おかしく描いている。そのうちのひとつに赤沢山の角力取が出てくる。角力取は大力ゆえに役にたつ。そこで角力取の代わりに不用な人々すなわち座頭と女に相撲をさせることになったという設定である。興行は晴天十日が本来であるが、「晴天の時は、それぞれに見物も稼業を勤むゆえ、その妨げにならぬ様に、これより雨天十日に定むる」とある。無駄をなくし、勤勉一筋の世間を「雨天十日の興行」であらわしたかにみえる。(4)

この二例とも、雨は単に話題になっているだけであって、雨乞のために相撲が取られるわけではない。女相撲と雨乞が本質的な何かで結ばれているとするならば、近世の記録に出てきてもよさそうなものだが、寡聞にしてそれを示すような記録を知らない。だから雨と女相撲を結びつける例として上記の黄表紙の二例は貴重なものだろう。

それでは雨乞習俗全般のなかでは、雨乞女相撲はどのようなポジションにあるのかを押えておくことにする。

高谷重夫は日本の雨乞儀礼は呪術宗教的な儀礼であるという。高谷は「雨乞行事に一貫して流れているのは、摸倣呪術といったものよりも、降雨に対する強い念願の表出」で、雨乞を臨時の祭りの一種とみる（高谷 一九八二）。

ただ、儀礼の主体は男性である場合がほとんどで、雨乞女相撲のように女性のみが雨乞に関与する例は非常に少ない。高谷は特異な例である女人雨乞を、①女人不浄を利用する雨乞、②女人沐浴、③女相撲、④オタタ踊り、⑤アッパア雨乞の五項をあげて、それぞれ説明している。一応の項目分けはされているが、②〜⑤は具体的な雨乞習俗、①は女性が雨乞する際の解釈に留意したもので、はっきりとした分類整理とはなっていない。また不浄によって神を怒らすといった解釈のされる①の雨乞は、女人雨乞に限ったものではない。例えば、水神の嫌う金物を沼や池に落とすといった類の他に、動物の血を龍神や水神の棲む聖地と目される場所になすりつけたりして穢すといったものがある。

その際、血は不浄であるから、それによって神の怒りをかうのだと説明されていることが多い(5)。

血穢は女人不浄の根幹であるから、(6)①の解釈が女人雨乞の際に採択されるのは理由のないことではない。しかし、女人沐浴やオタタ踊り、アッパア雨乞のように女人不浄を問わない女人雨乞のあることにも留意しなければならない。

さて、女性のみで行う雨乞は雨乞習俗全体のなかでは非常にわずかな例にすぎない。しかも、報告例の地域的ばらつきと関係があるのか、一部の地方に見られる特殊な例にすぎないようだ。このように特殊な女性の雨乞に関して、高谷は「女人雨乞は女性たちのその地域社会における社会的、もしくは経済的地位と関係を持つものと思われる。彼女らが男たちに対抗するだけの生活力と団結力を持つ場合は、女たちが重要な祈願儀礼を主催するのは当然ということになってくるだろう」と、その特殊性は地域社会との関係で考察すべきものと指摘している（高谷　一九八二　二一九頁）。

雨乞習俗を概観したとき、雨乞と女相撲との結びつきは特殊な例ととらえるべきで、決して本質的なものではない。ところが実際には、昭和七年の明石の報告以降の女相撲は、明石が報告した秋田の例に影響されたのか、雨乞女相撲はそれを伝える地域社会との関係で考察されるよりも先に、次節で述べる民俗研究上の思考バイアスに沿った形で解釈される習俗として取り上げられていった。

二　女の霊力という思考バイアス

女相撲と雨乞を引き付け報告された最近の一例をあげておこう。

（岩手県陸前高田）市内の一部ではあるが、「女相撲が来ると雨が降る」という俗信も聞かれる。女と雨乞いの関係は必ずしも明らかではないが、何か隠れた理由があるものであろう。小友町は古来、（中略）用水には苦労した土地柄である。ここの只出に「女相撲」があり、定期的にこれが演じられ、神へも奉納されていることは、よく知られている。

只出の女相撲は、かつて何回となく招いて興行した職業的女相撲に源があり、これが契機となって地元にも、その団体が生まれたのである。とすれば、この地に女相撲を招いた理由のひとつには、降雨が順調にあって用水に不自由なく過ごせることを願ってのことがあったと考えられるのである（陸前高田市史編集委員会編 一九九二）。

このように岩手県陸前高田市では、市の中心部から東方約一〇キロメートルほど離れた半農半漁の地域である小友町只出で、かつて地元の女性たちによる草相撲が行われていた。しかも当地は今でこそ用水が整備され美田が広がるが、かつては用水に不自由したところである。雨乞の共同祈願も行われていた伝承がある。右の記述からは、雨乞と関係するのは職業的女相撲なのか地元の女相撲なのか判然としないが、女相撲と雨乞が「隠れた理由」により、つながっていることを暗示させる報告である。

両者間の関係をもう少しはっきりとさせるために、以下、只出の女相撲について補足したい。

引用文中、只出女相撲に影響を与えた「職業的女相撲」とあるのは、陸前高田に巡業していた興行女相撲で、この興行団は、興行女相撲としては最後発の昭和三年に発足した平井女相撲であった。(7) 平井女相撲の荷主（主催者）および看板太夫の力士平井とりの本拠地が水沢市（現 奥州市）だったということもあるのだろうか、いつの頃からか、陸前高田市にも巡業に来るようになり、さらには所属の女力士が陸前高田の男性と結婚した縁もあってか、毎年のように陸前高田には巡業にやってきていたという。

市の中心部で興行を打ったついでと思われるが、少し離れた半農半漁の小友町只出にも数年おきに平井女相撲はやってきた。巡業の折りに宿を提供していた家の主婦が女相撲の相撲甚句を習い覚えた。この女性はそれまでも追分や踊りやらを師匠について習っていたほどの芸事好きな女性であった。この地域では男女とも芸事の好きな人が多く、師匠について唄や踊りを習うことはよく聞かれる。だから、宿を提供した家の主婦が女力士に相撲甚句を習ったのはその延長だろうと推測される。

只出の女性たちが女相撲をはじめたのは婦人会活動の一環というのが直接のきっかけであった。ある年、小友町の婦人会では、敬老会で町内の班ごとに何か出し物を出すこととなった。相撲甚句を習い覚えていた女性の所属する只出四班では、その女性の相撲甚句の歌声がよく、また人々が女相撲興行を見知っていたこともあり、敬老会の出し物を女相撲に決定した。敬老会の出し物として只出四班の婦人会が女相撲をはじめた時期は、『陸前高田市史』によれば昭和三十年頃ということになっている(8)。

只出の女相撲はなかなか好評で、敬老会以外でも市の文化祭で披露したり放送局からの取材に応じたりと、近隣の人々には知られたものであった。昭和五十年代前半には婦人会としての正式な女相撲活動は自然消滅したが、母娘二代にわたってこれに参加していた女性も少なくない。

只出の女相撲のきっかけとその後の活動の略記から浮かび上がるのは、この女相撲の余興性である。只出では相撲甚句に合わせた手踊りとともに、女性同士の取組も行う。しかし、巡業でやってくる女相撲のように真剣勝負の相撲取組はできないから、只出では取組にはさほど重点を置かない。あらかじめ勝負の打ち合わせをしておくこともあったという。とはいえ、いざ勝負になると真剣味を帯びてきて、打ち合わせ通りにならないこともあり、それが見物の人々には面白く、また相撲を取る方も楽しいものだったという。

では、この女相撲と雨乞との関係はどうであろうか。

小友町は、今でこそ水田が整備され美観を保っているが、かつて用水に苦労していたころには、日照りが続くと雨乞を行った。雨乞にはこの地域からよく見える箱根山での千駄焚きが効ありとされていた。

しかしながら、只出の女相撲に関与した人々からは、自分たちの女相撲が雨乞に関係したことはないと語られる。只出女相撲の活動期間は前述のように短く、せいぜい二世代の期間なので、その間雨乞と関係した動きは実際なかったと考えてよいだろう。また、女相撲の神社への奉納も只出では行われなかった。只出の氏神、八幡神社への祭礼には小友町の各地区から民俗芸能が奉納されるが、只出の女衆は「アイヤ」「伊勢節」「道化」と出し物が決まっており、それ以外が奉納されることはない[9]。

以上のように補足をしたのは市史の記述の誤りを指摘したいがためではない。市史の記述と聞き取りとのズレに、興味をひかれたからだ。それは民俗研究上の思考バイアスといってよいかと思われる、暗に作用する「女の霊力」についての解釈が、報告の中に混入しているのではないかと思うからである。

従来、女相撲という営為を民俗学の俎上に載せようとするとき、その分析枠組みとして最初にあらわれるのは雨乞習俗との関係であり、女が持つとされる特殊な霊力との連関である。市史の記述では「女と雨乞いの関係は必ずしも明らかではないが、何か隠れた理由があるものであろう」と明言を避け、暗示するにすぎないのだが、「何か隠れた理由」とほのめかされると、女性の持つとされる霊力、あるいは女性の不浄観からの領域侵犯的解釈のことが想起される。彼の地ではその女性特有の力によって、雨を乞うのだと。

ではこの女性特有の力とは一体、どのようなものとして民俗研究上で語られてきたのか。その思考バイアスはどのように形成されたのかを整理したい。そのことで、雨乞とは関係を持たない単なる興行としての、余興としての女相撲が、研究対象からはずされていく理由がおおよそ明らかになってくることだろう。

そこで再び雨乞女相撲についての他の報告を見直したい。高谷の分類でも女性の雨乞いに女人不浄による領域侵犯の解釈が取り沙汰されているので、報告の中に女人不浄による領域侵犯の解釈がなされているものとそうでないものとに分類した。なお、（　）内に記した地名は参考にした報告書に記された当時のものである。

i 女人不浄による領域侵犯が報告されるもの

①四〇日間少しも雨が降らぬので、百姓のアッパ（妻）たちが相談してバケテ（仮装して）山に上がったり川に入ったりして遊んだ。この仮装でオヤマの御テン（頂上）に登って臑を堕して洗足で女角力を取った。女が御テンに上がっただけでも神様の御怒りで雨が降るのに女角力までしたので大雨が降った（秋田・鹿角郡毛馬内町〈現　鹿角市〉）（瀬川　一九四三）。

②脊振山頂にある福岡県と佐賀県の県境で行われる。脊振山には自力で登ることのできる女は皆登り、登った女は皆相撲を取らなければならない。女相撲をする理由は、女は不浄なもので相撲をして自分の土地を荒らしたといって神様が怒って雨を降らすと言われているからである（佐賀・神埼郡東脊振村〈現　吉野ヶ里町〉横田）（北九州大学民俗研究会　一九七一）。

③氏神である乙宮さんに一軒から一人、主婦が集まって、夜または昼女相撲を行う。その時、男や相撲を取らない女達はおにぎりなどを持って見物した。雨乞に女相撲をするのは、神様は女を嫌うという理由からである（佐賀・神埼郡東脊振村松葉）（北九州大学民俗研究会　一九七一）。

④海童神社で行った。四十歳以上、五十歳までの部落内の主婦が裸でマワシを締め相撲を取った。部落内の老若男女全部の見物は許され、握り飯などを持ち寄って応援した。女相撲をする理由は、古くから女は不浄者とされていた。そしてその不浄者が、裸になり神前で相撲を取ることは、神に対して言語道断のものであり、神の怒りをかうことは当然で、その結果雨が降るものとされているからである（佐賀・神埼郡東脊振村小川内）（北九州大学民俗研究会　一九七一）。

ii 女人不浄との関係を問わないもの

はじめに述べた今井・明石の報告には女人不浄による領域侵犯が直接報告されておらず[10]、こちらの分類に属するとしてもよいだろう。

①社前で女が相撲を取れば雨が降る（秋田・北秋田郡）（東北更新会　一九三九）。

②神社に向かって女が相撲を取ると雨が降る[11]（秋田・鹿角郡）（東北更新会　一九三九）。

③杵島・東松浦郡地方には所々に女相撲があり、娯楽行事のように思われているけれども、中には神埼郡東脊振村小川内の例に、かんばつの際に海童社に集まって女相撲をしておこもりをし、降雨を祈ったという伝承もある（佐賀・神埼郡東脊振村）（市場　一九七二）。

④氏神である乙宮さんに一軒に一人の割合で主婦が集まって、女相撲をする。その時、男たちは家にいて相撲を見物したりしない。この雨乞は、雨が降るまで幾度となく繰り返して行われ、降った時は、乙宮さんにお礼参りをする（佐賀・神埼郡東脊振村大曲）（北九州大学民俗研究会　一九七一）。

⑤この部落の氏神である天神様で行われた。二〜三十代の若妻が皆集まって、相撲を取る。その時、村の人々はおつまみ程度の軽いものを食べながら、相撲見物した。女相撲は珍しいので雨乞いに使ったそうだ（佐賀・神埼郡東脊振村上石動）（北九州大学民俗研究会　一九七一）。

⑥三〜四十、五十代の年増の嫁が相撲を取る。一戸に必ず一人出なければいけない。村の人達は、飲み食いしながら、見物する。雨が降れば、お宮にお神酒と米一升、それに果物等を持って村の代表がお礼参りに行く（佐賀・神埼郡東脊振村下石動）（北九州大学民俗研究会　一九七一）。

⑦氏神「八龍宮」の神様が非常に女相撲がお好きだという神話が残っているので、好きなものを奉納して雨を降らせてもらうことになった（佐賀・神埼郡仁比山村〈現　神埼市〉）（伊藤　一九三四）。

以上のように、女人不浄によって雨を乞うと明確にことわっている例はけっして多くないことがわかる。しかも女人不浄が雨をもたらすとする i ――②・③・④と同じ佐賀県の例である ii ――⑦では、女人不浄どころか、正反対の理由により女相撲を雨乞のため、奉納するのだ。また村人の見物を許す例も見られるように、不浄の女の領域侵犯が降雨をもたらす式の雨乞女相撲では、これらの報告例を見る限り、宗教的に厳格なものではないようだ。

雨乞習俗全体のなかではわずかな例にもかかわらず、高谷が雨乞習俗の特殊な例として女相撲を取り上げ、女相撲というとすぐに雨乞習俗に引き付ける考えがわれわれにあるとすれば、今井・明石の報告や女人不浄と結びつける先のi—①で述べた瀬川清子の報告が早い時期の民俗関係雑誌に掲載され、その特殊な例がその後、柳田國男の「遊行女婦のこと」（一九九八a、初出一九三四）にもふれられたことは大きかったと思われる。柳田は「秋田地方の風習には、雨乞いに婦女が裸参りをする例が二、三ある。それと関係があるらしいのは女相撲で是が興行してくる年は必ず雨が多いと言われていた」（柳田 同上）というように、遊行する婦女集団の一例として女相撲の興行と多雨の連関を指摘する。だが、柳田の文脈で遊行婦女といった時、われわれの脳裏に浮かぶのは巫女としての女性である。

柳田の巫女論は「巫女考」にはじまる（柳田 一九九九、初出一九一三）。「巫女考」脱稿後に発表された「老女化石譚」（柳田 一九九八e、初出一九三四）でも、各地に分布する虎ヶ石と呼ばれる力石の伝説をもとに、柳田は遊行する巫女の存在に注目する。虎ヶ石の伝説の多くは念願叶うならば軽く上がり、叶わないならば重くて上がらないという内容を持っており、柳田はこれをかつて石占の行われた痕跡と見る。さらに諸国の霊山の山麓に伝わる、廻国の比丘尼が女人禁制を破って霊山へ登ろうとして山の神の怒りにふれ、石と化した話をあげ、「しからばどうしてこのような女巫が石に化する伝説が多く、それが変じて虎ヶ石となるかといえば、女巫は霊山の霊石の傍らで修法をしたからである」と山の神と巫女の関係を示唆する（柳田 一九九八e）。

ところで、この論稿中に興味深い記述がある。

信州上水内郡古里村大字駒沢に、虎清水という泉あって、その傍に虎ヶ石一名虎御前の石がある。（中略）この石は雨乞の祈願に験ある霊石で、いよいよ雨降らんとするときには石の重さ十倍すという（柳田 一九九八e）というのがそれだ。この一文は、虎ヶ石は単なる石ではなくて石占に用いられたものだという話の流れで出てきた例にすぎないように一見感じる。しかし、よく読めば、雨乞の験ある石の名が、巫女をあらわすトラであり、雨乞と遊行する巫女の組み合わせが彷彿とされる。

繰り返すが、「遊行女婦のこと」で柳田は、興行で各地を回る女相撲とその年の多雨との関係をほんの数行ながら指摘している。ここに筆者は、信州の雨乞祈願の虎ヶ石と、今井・明石報告とがからんで、遊行巫女論の展開を模索する柳田の思惑を見る。しかし、遊行巫女論はその後の展開はみせなかった。柳田による、女相撲と雨乞との関係の考察も同様である。

「女の霊力」論的解釈は、民俗文化を下支えするものとしてさまざまな場面にあらわれ、解釈や分析の際のよりどころとして受容されてきた。しかし、それらの報告を細やかに見ると、こうあって欲しいと願う状況に積極的に女の霊力を関与させる場合と、女性が「不浄」であるがために不都合な状況が招来されてしまうため、入念にそれを敬して遠ざける場合と、女が持つとされる霊力というのは両義的に解釈されていることが分かる。前者を仮にプラス（正）の女の霊力、後者をマイナス（負）の女の霊力としておく。例えば女人禁制の聖地に女性が足を踏み入れることを禁ずる心性は、女の霊力がマイナスに発現するからだと解釈される。先にあげた雨乞儀礼のうち、女性の領域侵犯によって降雨があると解釈する場合、これはマイナスの女の霊力が土地の人々にとってはプラス（降雨）に転じた例とも取れよう。人々の生活にとってマイナスであるものが、ある状況下でプラスに転じるとする論法は、ケガレの逆転現象という解釈とも通じる（新谷 一九九七）。あって欲しくない現実に対処するための人々の生活の知恵であろう。永続的な不浄観とは異なる、どっちつかずのケガレ観が女の霊力という概念には込められている。雨乞女相撲の説明として女性の領域侵犯を強調する例でも、その一方で村人総出の娯楽見物を想起させる（1―③・④）のは、永続的・絶対的な女の不浄観とは無縁の論理によってこの営為が支えられているからではないだろうか。

さて、女相撲と女の霊力とを真正面から結びつけ論じたのは、宮田登である。宮田は柳田が「雷神信仰の変遷」（柳田一九九八f）で取り上げた道場法師の孫娘、「巫女考」で触れた遊女金の説話を再び取り上げ、女の大力のありようを民俗文化の枠組みから考察した（宮田 一九八七）。宮田は「（女の）大力とはひとつの隠れた信仰なのであり、それは代々家筋として伝わり、とりわけ女性によって潜在的に伝承されていくものという命題がそこに成立している」とし、上記の説話にみられる女の大力については「力競べは、後世男による相撲という形式が固定化しているにもかかわらず、女だけの力の対決が、（中略）強調される傾きもあ」り、それは女相撲の系譜につながるとして近世になって見世物となった興行女相撲のことを取り上げている。だが「見世物としての女相撲を見ると、（中略）隠れた女の大力に一つの価値を置く思考が欠けてい」て、「聖なる女の大力のあり方が否定されてしまっているのである」と、「力は信仰」だとする宮田の解釈の枠組みからは、興行女相撲は女の大力（信仰）の零落した姿とうつる。(12)

宮田の取り上げた説話が『妹の力』（柳田 一九九八e・f）、「巫女考」という、柳田の巫女論に関する論稿から引き出された説話であることも重要である。そのためもあろう、女の大力＝隠れた信仰、見世物となった女相撲＝信仰の零落という形で収まる宮田の解釈は、巫女論の枠組みからは脱出することができなかった。

本節の最初にあげた『陸前高田市史』では、女相撲と雨乞が「隠れた理由」により、つながっていることを暗示するような記述がとられていた。これは巫女論の枠組みでの解釈を、読む側に彷彿とさせる。

しかしながら、巫女論の枠組みを用いると、女性が関与する行事は（積極的に組み入れられる場合も排除される場合も含めて）すべて女の霊力発現のものであるとなり、興行女相撲や余興のためにはじめられた女相撲などは「聖なる女の大力のあり方が否定」（宮田）されているとして、研究対象から外され、不可視の存在となってしまう。人々の日常の営為を対象とするはずの民俗学研究において、そこにその営為が存在しながら、不可視のものにしてしまうのは初志に反する。だが、以上にみてきたように、巫女論による解釈に（当事者ではない）解釈者側がこだわっている限り、巫女論を相対化することはできないし、従来の研究対象から外された日常の営為は不可視のままに甘んじているしかない。そこで次節では、解釈者側から持ち出される巫女論による解釈を相対化するため、当事者の言説を中心に雨乞女相撲を解釈することを試みる。

三　雨乞女相撲の再構成――秋田県北秋田郡比内町扇田を例として

秋田県北秋田郡比内町扇田（現 大館市比内町扇田）は、先述したごとく、早い時期に雨乞女相撲のことが報告された地である。その報告をもとに、筆者はこの地で雨乞女相撲についての追跡調査を行った。扇田を再調査の場所に選んだのはほかでもない。昭和七年という早い時期に民俗学関係の雑誌に取り上げられ、その後の雨乞女相撲の解釈に影響を与えた報告として、再考するのにふさわしいと思ったからである。

再調査に際して留意したのは、雨乞女相撲という民俗を伝える当地の人々は、この民俗をどのように捉え、解釈しているのかという点にあった。地域社会の中で女性が雨乞の主役となることの意味を視野に入れてこの行事を捉え直したい(13)。

1　雨乞女相撲の行われていた時期

Aさん（男性）は母親（明治三十四年生まれ）から、雨乞女相撲は、扇田の氏神である「神明社の定例行事のように、しょっちゅうやっていた」という話を聞いている。Aさん自身は見た記憶はないが、母親からそのように聞いていた

写真 11　秋田県北秋田郡比内町（現 大館市）扇田の雨乞女相撲（撮影年不詳）
（山田福男氏提供）

ため、年中行事なのだろうと思っていたという。明治三十四年生まれのAさんの母の伝えから確かな時代として想定されるのは、大正期である。昭和七年の今井・明石の報告もこれを裏づけるものであろう。

大正十一年生まれのBさん（女性）は、昭和十六年に十九歳で扇田に嫁に来た。婚家の姑とその世代の女たちが神明社境内（境内にある市神様とも）で雨乞のための女相撲をしているのを、一度、神明社近くにある婚家の畑へ仕事に行く途中で見かけたことがある。

写真11はある年の雨乞女相撲の際に撮影されたものである。写真中唯一の男性は大正十四年生まれのCさん（女性）の一歳年上、つまり大正十三年生まれの人である。この男性は大柄な人ではあるが、次のDさんによれば「まだ、嫁をもらっていないころ」だという。Cさんはこの写真が取られたであろう時期には東京の女学校で寮生活をしていたため、この写真は先のBさんが語る昭和十六年以降の雨乞の際に撮られた記念写真の可能性がある。

昭和十年生まれのDさん（男性）は、子どものころに雨乞女相撲を見たことを記憶している。終戦が十歳の時で、終戦の記憶ははっきりしているので、女相撲の記憶はそれ以前のこと（「まだ、物心のつかないころの、ぼんやりした記憶」

Dさん）だろうという。

以上、簡単であるが四名からの聞き取りと写真から、今日の伝承で雨乞女相撲が行われていたと確認しえる時期は大正期から昭和十七、八年までと推測する。

2　雨乞女相撲の内容

今井・明石報告にもあるように、雨乞のための女相撲は「村端の庚申さま」（神明社内）と「親方」（地主）の家の庭で行われていた。藁で作った二匹の龍を持って行き降雨を祈る、「龍神がいると信じられている場所」とは扇田の村境にある八頭神社のことである。(14) 藁で作った龍をかつぎ、女衆は村外れの八頭神社まで行列して祈願し、そのあと氏神である神明社境内で相撲を取る。相撲が終わると神社の直会殿で女たちだけの直会が行われる。

一方、地主（今井・明石報告では「親方」と呼ばれている）の家の庭でも女相撲は行われていた。七〇〇人の小作を抱える大地主の娘のCさんは、八、九歳のころ、自宅の庭で雨乞女相撲を見たという。Cさんの記憶は扇田の社会構造上重要な地位にあった地主側からの視線を提供するものである。共同祈願のひとつである雨乞女相撲を執り行うに際して、地主層は勧進元であった。祈願そのものは、農民たち（とりわけ主婦たる女衆）の自主的な行動であったようだが、祈願後の直会その他のため、多少の寄付を地主から集めていた様子がある。降雨は地主にとっても待ち遠しいものであったから、女衆は雨乞の際には寄付を地主に頼る。地主はまた勧進元であるから、女衆は地主の庭でも一通りの雨乞儀礼を行ったものであろう。

C家の庭で行われた雨乞女相撲の様子は次のようなものだった。

C家で抱える小作のうち、「大きい人」（自小作農といった意味と思われる）は「出入り」と呼ばれ、C家「出入り」の家が扇田には何軒かあった。C家で祝儀、不祝儀があるとなれば、「出入り」の者が差配して滞りないよう取り計らってくれる。Cさんが自宅の庭で女相撲を観たときも、「出入り」の女連中が「三種」（ナマス、デンプ、煮しめ）を作って女相撲の一行を迎える準備をしていた。「三種」と塗桶に入れられた酒が、雨乞の女衆たちに振る舞われるため、涼み台の上に用意されていた。雨乞の女衆は雨乞儀礼が一通り済んだ後で、坪椀と称する椀に柄杓で酒を汲み、飲んで騒いでいたように記憶している。

さて、問題の雨乞儀礼だが、女相撲を取る力士役の女衆たちは、上着は作業着で、下半身にはタカジョーと呼ばれるピチッとしたモンペをはき、そのうえから廻しをかいて、藁で編んだジャバラをつけた。相撲取組もあったが、それが中心ということではなく、踊りや余興もしていたという。

写真11はCさんが見た時よりも後の時代のもので、場所も別の地主の庭での記録だが、写真中右端の四名が力士役である。Cさんが見たときも力士役は同様のいでたちだったという。左の二人が担ぐ平太鼓は、彼らが行列を組んで町中を練り歩くとき鳴らされ、ほかの女衆らは仮装して行列に参加する。仮装の女衆は踊りや余興を行ったものであろう。菅笠や傘が目につくのは「雨をよぶ」類感呪術と言えそうだ。

写真11は先述の瀬川報告（i―①）から浮かび上がる光景を思い起こさせる。すなわち「百姓のアッパ（妻）たちが相談してバケテ（仮装して）山に上がったり川に入ったりして遊んだ」というものだ（瀬川 一九四三）。瀬川は続けて、この行事では「藁で龍をつくり女等も藁の廻しをつけて半纏に半ズボン、赤ハッピに島田髷に鬼面等を被って夜は笛太鼓で踊り歩いた」とも報告している。瀬川の報告は扇田を含む比内町の隣町のものであるし、Dさんの話だと比内町内の西館や隣接の大館市や田代町にも雨乞女相撲はあったらしい。つまりこのような雨乞は扇田に特有の雨乞習俗ということではなく、扇田をふくめた比内町近辺の地域では女が雨乞に関与し、その際に女相撲を取るということが特別なことではなかったのである。すると次には、女が相撲を取ることと降雨の関係が気になる。

3　女相撲がなぜ降雨をよぶか

男性による草相撲は、かつてはどこの農村でも民衆の娯楽のひとつとして行われていた（権田 一九七四）。扇田地方でも同様で、相撲といえば男性が取るものと決まっていた。しかし、雨乞の際には女性が相撲を取る。「相撲といったら男が取るもの、それを逆さ事するのが女相撲。人の道の道理に合わせず、女が相撲を取るということはまかりならん行為だ。だから神様は機嫌を損ね、雨を降らす」と、Dさんは雨乞に女相撲を取ることについて最初このように説明してくれた。この説明は、女性による領域侵犯と神の怒りの解釈に通じる。しかし、話が進むと単なる領域侵犯ではない、別の面も浮かんでくる。

男相撲は勝ち負けが中心になるけど、女相撲は勝敗ではない。男相撲はいうなれば下界の勝負事。女相撲は違う。男相撲じゃ雨は降らない。けれどオナゴが相撲を取れば雨が降る。相撲を取っているときの女の持ってるエネルギーというのは、男をはるかに超えてるんだ。それと、オナゴが相撲を取るときは〝いかに神を怒らせるか、笑わせるか〟が大切。（上の方から神が見ているとして）何か面白いことが起こっているなと神様に思わせるようなことをこちら側でしたということかと思う（Dさん）。

とも語り、また別のときには、「女力士は卑猥な格好で、神の方を向いて転ぶ。最初から〝見せる〟ために転ぶ」[15]とも言って、神の怒りが降雨を呼ぶという説明だけでは包括し得ない説明も付け加えられる。

Fさん（男性、昭和四年生まれ）も子どものころに女相撲を観た一人である。

子どものころに観た女相撲の記憶は、〝女の人が奇妙な声を出して相撲を取っているな〟だった。女が力を出すときの声って言うのだろうか。ふだんそんな声を聞いたことがなかったから奇妙で、あれが黄色い声っていうのだろうと思った。真剣なんだけど、負けたほうが変な形で倒れたり、いつもは聞かれない奇妙な声を出すので、面白かった。

女相撲は観る側に強い印象を与えるものだったようだ。Fさんもまた、最初は「女相撲は神域を汚し、神の怒りによって降雨を呼ぶ」と即答したのだが、地域の氏神である神明社で女衆が相撲を取った後に直会をすることや、土俵周辺の笑いに包まれた様子などを思い出すうち、神が怒って雨が降るというより神を喜ばせる「神祭りだったな」と自らの見解を訂正するように、当事者による解釈は一定したものではない。

Dさんも F さんも男性で、当初女相撲が神を怒らせる理由として女性の障りのことを取り上げていたのは興味深い（Fさんは神職）。神社で行う神祭りに女性が関与することは今日でもないそうだ(16)。「神社は男性のもの」という物言いで、彼等はそれを説明してくれた。ただ、女性の障り（およびそこから派生すると思われる女性の不浄観）が神事や社会生活の場面でどれほど実感されているのかというと、無いに等しい。

ここは商家の町だから、城下町ほどの厳しさはないだろう。女相撲もおおっぴらにやっていたくらいだから。武家だったらどうかは知らない。けれどここは商家と農家ばかりで、女を低くみるとか不浄と思うとかはないな。農家ってのは、男女協働のものだから、不浄だからと女に農機や道具を触らせないなんてことはないし（Dさん）。

と、少なくとも不浄観を背景とする女相撲による領域侵犯はここでは無関係とされる見解を述べる。

雨乞女相撲は今日行われていない。だが、Bさんによると、

女の子どもが相撲サ取ると、〝雨降る〟と騒ぐ（注意する）。家の子どもら（孫娘）も相撲取るみたいな仕草をすることがある。それみると〝ホラ、雨降るからやめなさい〟っていう。子どもらは、何のことか分からないみたいだがな。

と、現在でも女が相撲を取ることは（たとえ女の子どもであっても）降雨を予感させる行為のようだ[17]。

巫女論の枠組みで解釈するならば、以上のこともその枠で解釈しえる問題のようだ。しかも、習俗が消滅してもなお、口頭では女相撲と降雨を結びつける内容が伝承されている。ただ、これらのことを「女の霊力」で片付けてしまうのは、Dさんや Fさんが当初、判じ物のように女性の障りと神の怒りを取り出したように、荒っぽい解釈のように思われる。その後彼らが柔軟に神の怒り／笑いを矛盾なく語ったように、筆者もまた当事者の語りに柔軟に耳を傾けたい。すると、興味深い当事者の説明が聞かれる。

相撲は男が取るもの。それが自然なんだ。その自然の倫理を女相撲は崩す。だから〝神様を怒らせる〟ことになる。けれど、日照りが続くというそのときの自然の流れを考えると、この自然の流れは続いては困る。そこで、なんだ。日照り続きという自然の流れに棹をさすのが女相撲。ふだんはやっちゃならないことをして、日照りという自然のバランスを崩そうとしたものかと思う（Dさん）。

雨乞の女衆たちの写真には、蓑笠、傘、平太鼓が写っている。これらは雨をよぶ類感呪術といっていいだろう。人

間の行為と自然とが「模倣」を軸として対照的に語られている。そのなかで、女相撲は「逆さ事」して日照りを覆す、バランス崩しの行為である。〝神を怒らせる〟は〝神（天）を刺激する〟ということと考えると分かりやすい。このあたりに、雨乞に女相撲が効なすところの当事者側の解釈のポイントがあるのではないだろうか。「逆さ事」とは象徴的逆転と言い換えてもよいだろう（バブコック編二〇〇〇）。雨乞女相撲とは、女が相撲を取るという象徴的逆転行為によって、停滞する自然の流れを促す、変える、革新的な象徴的営為であったのだ。「女の霊力」論的解釈では、女の象徴的逆転は無視されている。まるで「女」という存在に霊力が宿っているような誤った解釈を生んでしまう。「女」という存在が関与しているから、ではなくて、「女」が霊力を発現する場（状況）についての検証が重要なのである。象徴論的思考が「女の霊力」論的思考を取り囲むように包んでいる。

比内地方は江戸時代の社会思想家、安藤昌益に縁のある土地である。昌益の用いる概念のひとつに「互性活真」概念がある。人間の行為と自然（天候）を結びつけ、自然を変えるために人間側の行為を変える（逆さ事をする）という思考は、昌益の「互性活真」を彷彿とさせる。「互性」は相対的に存在する万有の性質で、「活真」とは生きた自然のことを指すという(18)。たとえば善と悪、真と偽、苦と楽、天と地、男と女といった対立するものはことごとく互性の心理に支配されているので、昌益に言わせればこれらは二別して一真、ひとつのものの裏表で、物事の影（ネガ）と形（ポジ）のようなものである。

天候と人の営為もまたネガとポジの関係で、その関係性を頼りにして、天候の行方を地上に生きる自分らに合わせよう、沿わせようとするのが雨乞女相撲である。雨乞女相撲を伝えた土地の思考と昌益の思考とが似通って見えるのは、昌益が「直耕」を生活の基盤に据えた思想家で、農民の思考に近い位置から物事を考えていたからだろう。

川村邦光は中世の仏教の教説が「不浄を本性とする女性」という図式を作り上げ、そのイデオロギーが社会に確立していく背景を説いた(19)。この図式は女性を永続的な穢れの存在（不浄）とするものであるが、他方で女性の出産や月経を契機に観念されるケガレは一時的に籠ることによって払うことができるとする民間の慣習もあり、それらが併存していることも、川村は指摘している。だが、川村の論稿では、この併存は（少なくとも仏教の教説の中では）やがては永続的な穢れの考えが他方を凌駕させていくという。しかし、フィールド調査を旨とする者の実感からは、他方が完全に一方をぬりつぶすような流れは認めにくい。

とはいえ、民間の一時的なケガレ観の上に永続的な穢れ観が被さり、人々の口に語られ、また日々の生活に何らかの作用を及ぼしていたと仮定しても、あながち大きな間違いではないだろう。雨乞女相撲に対するDさんやFさんの当初の解説は、一般に流布された永続的な穢れ観の解釈に沿ったものではなかったか。

「女の霊力」という物言いは、女性という存在をとらえることに関する、かつて一般に流布していた論理とは違う流れ、日常生活者の側の論理を軸に展開せられた画期的なモノの見方、考え方ではあったろう。だが、「女の霊力」が、それ自体新たなイデオロギーと化して安易な分析概念に堕していき、エポケーとなることは避けたい。「女の霊力」論的解釈では、霊力を持つはずの女が、同時にケガレた存在として排除されることをうまく説明できない。それは、「女」が霊力を発現する場の検証に、われわれが無頓着だったからである。女以外の例をあげて、このことの説明を試みよう。「いやな客に早く帰ってもらいたいときは、箒を逆さにして玄関に立てるとよい」という、よく知られたまじないがある。この「箒」が呪力を発現するのは、通常の箒の立て方と上下を「逆さ」にしたからで（象徴的逆転）、箒そのもの（存在）に呪力を認めているわけではない。「女の霊力」も同じである。「女」の越境的な行為が象徴的逆転の作用（霊力）をもたらすのであって、「女」という存在そのものに霊力を認めているわけではないのだ。そして、象徴的逆転をもたらす「女」は文化の中心に置かれることはなく、周縁の存在であるから時には「不浄」であるとして、排除の対象となるのだ。

当事者による言説を重視し雨乞女相撲を再構成したとき、当地において雨乞に女が相撲を取る意味については、以上のように自然と人とが織り成すバランスを元とした農の思考とも言うべき象徴的逆転の思考が認められた。元来は日常生活者の論理であったろう「女の霊力」が民俗学史上の一般流布の論理と変貌し、日常生活者の論理を凌駕せんとしているなかで、「逆さ事をして雨を乞う」式の、扇田の雨乞女相撲にみられる農民の象徴論的思考は、ささやかな痕跡ではあるが、日常生活者の論理を継続させてきたあらわれのように思う。

四　地域社会における雨乞女相撲

ここでは、雨乞女相撲を取り囲む地域社会が女性たちによる雨乞をどのようにとらえていたか、また当の女性たちが雨乞女相撲に臨む姿についてまとめておきたい。

農作業に従事する人々にとってひどい干天は死活問題となる。雨乞はそれを回避せんがための共同祈願であるのだが、当事者によるひとつの解釈として、扇田では女相撲は「逆さ事して自然のバランスを崩すもの」という考えのあったことを意識しておきたい。

1　戦前の地主制と男性の排除

聞き取りから浮かび上がる扇田の雨乞は、ムラを上げての年中行事というよりも、女衆の自発的な動きであった。氏神に当たる神明社や龍神を祀る八頭神社との関係は無視できないものの、かつての状況を知る神社関係者が今はいないので、神社の直接的な関与があったのか否かは分からない[20]。そこで扇田の戦前の社会構成上重要な社会階層であった地主層とこの習俗の関係を考えたい。雨乞は、実際に田畑を耕す農民層にはもちろん、地主層にとってもその経営上重要な関心事であった。

戦前の扇田町は商家と農家によって構成された町であった。昭和三十年に周辺の旧四町村（扇田・東館・西館・大葛）が合併して比内町となってからも、扇田は町の中心地として栄えている。地主もまた扇田町に集中していた。当地方で地主制が確立した時期とされている明治四十二年の主要地主層の米収納俵数の記録をみると、扇田町全体の米収納俵数一二、七五六俵の内、上位八人の地主が七八・七％を収納していた。また、上位八人の地主の所有反別は推計で合計六〇二町歩と扇田町内の耕地面積（二五三・四町）をはるかに超えている。このことは扇田在住の地主が扇田町以外の町村にその所有地を拡大していったことを示している。扇田町周辺の旧町村を「八郷部」と総称することがある。前述Cさんの実家であるC家はこの八郷部にわたる大地主であった。

扇田町内にしぼって言えば、町内の小作地率は明治四十一年で七八・四％（当時秋田県平均は五〇・七％、郡平均三八・一％）、大正二年で六六・八％と小作地率は高かった（比内町史編さん委員会　一九八七）。数字からも想像できるように、地主制下における小作争議や戦後の農地改革に関係する争議は、扇田町でも他地方と同様に相当あったようである。小作争議の詳細については本論から逸れるので深入りはしない。だが、地主層が雨乞女相撲の勧進元になったということは、女衆（多くは小作）が降雨を願う田畑が、自分らの所有田畑にもおよび他人事ではないからという理由のほかに、雨乞の主体である女衆の大部分が彼らにとって地主／小作の関係にある者たちである点も見逃せない。女衆にとって、雨乞は龍神への共同祈願であるとともに、後述するように日常生活に風穴を開ける、数少ない娯楽の機会でもあった。一方、地主層が雨乞女相撲に関与する時、それを地主／小作の風通しをよくし、小作争議を回避する方途のひとつと見ていたとしても、あながち間違いではないだろう。

ところで、これは重要なことなのだが、雨乞女相撲は男性を排除して行われる。今井・明石報告でも「男にはみられない」とある。当事者の語りからも、男児はともかく一人前の男性が観るべきものではないという意識が強い。男性が排除されることに対しては次のように語られる。

〝雨乞祈願は女のもの〟だからこそ、おそらくは女たちは盛り上がったのではないだろうか。女たちも爆発したいものがあったのだろう。男たちは当時は赤線もあったりして、遊び放題といったらなんだけど、遊ぶところはあった。祭りの直会のあとは博打とかもしてた。けれど、女たちには発散させる場所がない。鬱積されたものを、雨乞で爆発させたのだと考えたほうがよい、何せ、男は来ないんだから。（男は）たいがい見ないね。ダンナ（夫）たちは農作業の仕事が忙しいから、見る暇があったら、馬の飼料をかったりするよ。オナゴ相撲をやる連中にとってその日は〝オナゴたちの解放日〟なんだ。だからオナゴたちには相撲をやらせて、自分（夫）は仕事をする。女相撲を観る男というのは（男の子どもか）寄付した人たち（地主）だ。

それ以外の男たちが観たら、雨、降らないですよ。地主だって、自分の妻が相撲取るなら観に行かない。けれど、相撲を取るのは小作の女たちだから（観る）。女相撲は男は観てはならないものだ。でも〝観てはならないものは誰だって〝観たい〟ものだ。けれど、観る者は、相撲取ってる女のダンナ（夫）じゃないんです。夫にとってみれば〝今日はカアチャンたちの雨乞だ。カアチャンたちが騒げば騒ぐほど雨が降る〟。でもちっちゃい時から〝男が観れば降らないよ〟とも教えられているから、観ない（Dさん）。

この家のおじいちゃんは働き者だったから女相撲は観に行かない。それに、関係ない（Bさん）。

雨乞女相撲において、地主層は超越的な存在であるため、男性であっても見物が許される。しかしその地主も、相撲を取るのが自分の妻であったとしたら超越的な存在ではいられず、排除の対象となる。Bさんの舅は「働き者だったから」行かない、女相撲とは「関係ないから」行かないという。この語りから浮かび上がるのは、この雨乞女相撲が、男性社会の営為ではなくて、女性社会の営為であったということだ。

女性社会の営為に男性は関与してはならない。何が女性の営為でどれが男性の営為かの区別は子どものころから教え込まれて自然と身につくものだという。「夫としては自分のカアチャンたちがどんな風に騒ぐかに内心は無関心ではなかっただろう」とDさんは言い添えるが、好奇心に負け、のぞき観れば降雨が望めない。農作業にとって不都合な状況（日照り）回避という大義を前に、男性は女性社会の営為からの排除を受け入れる。

雨乞女相撲はよく効き、たいていは降雨があったということである。そのことも、自分らの男衆の排除を男性側に納得させたことだろう。しかし、時には雨が降らないこともある。すると面白いことに、

もしも雨が降らなければ、〝あいつら（地主ら）が観たからだ〟となる。もちろん地主／小作の関係上、面と向かっては言えないけれど。降らなかったときの逃げ道をつくっておくという（農民の）したたかさもある（Dさん）。

というように、超越的な存在であったはずの地主が農民社会の秩序に引きずり降ろされ、同じ男性として、覗き観てはならないものを覗き観た領域侵犯の罪を問われる。降雨のなかったときの安全弁として、地域社会の秩序のなかでは上位に位置する地主の存在がクローズアップされるのは興味深い。上位の者の特権として、地主は女相撲を観てもよいが、女相撲の目的である降雨の効果がなければ貶される。地主はこの場合、地域社会（農民社会）にとってのスケープゴートであったようだ。

2　オナゴたちの娯楽

Bさんの姑は率先して雨乞女相撲をやろうと言い出すタイプの女性であったという。地域の女性たちのリーダーとも目される女性だったようだ。その姑と近所の女衆が女相撲の準備をする様子を、Bさんは次のように語る。

おばあさん（姑）は、地元の「支配人」だった。雨乞なんてことがあれば、率先してやるほう。近所のおばあちゃんたちは毎日家に遊びに来ていた。わたしが畑から帰ってくると、おばあちゃんたちがいる。おばあちゃんたちは話をしながらでも仕事はできるからといって、そこ（土間）で仕事をしながらしゃべってた。〝雨乞サやろう〟なんて相談は、この家でやったもんだ。

B家はムラの百姓家のなかでは「大きい家」に属する。戦前は五町歩ほどの田畑を所有し、人にも貸していたという。住み込みで馬の世話をするカロクのほかに、通いで家内の手伝いをする女中もいたという。今井・明石報告にもあったように、かつて扇田に興行女相撲の来たことがあった。(21) B家は大きな家だったから興行の小屋掛けに使う木材を豊富に所有していたので、仮設小屋を組み立てたり、解体したりの作業はB家の手伝いの者らで行い、興行の際には力士たちがお礼の挨拶にくることもあったという。

C家ほどの大地主ではないが、B家は地元の農家としては規模が大きいほうであったことが分かる。それを裏づけるように、今で言うところの兼業農家のカアサンたちは、自分のところの畑の仕事を終えるとB家の畑仕事の手伝いにやってきた。女相撲を一緒にやったのは、毎日集まってくる近所のカアサン連中であった。

姑や毎日集まってくるのは四十代の女たちだったろうとBさんは記憶する。Bさんが嫁に来た当時、姑は三十八歳で、相撲を取るのは姑と同世代のカアサンたちであったから、三十代後半から四十代の女たちの雨乞である。

相撲を取るいでたちは裸にさらしをまいて、越中ふんどしみたいなのを巻いて、縄でつくったジャバラを下げる。そのジャバラを、ここ（家の土間）で笑ったり、騒いだりしながら、おばあちゃんたちが作っていたものだった。藁で縄をなって。みんな女たちがやるの。ふんどし（まわし）みたいのも、作ってしまう。八頭神社に奉納する龍の作り物も、女たちが作った。器用な人もいたので、縄をなえばできる。雨乞の段取りは全部女たちで、男は一切関与しない。みんな、縄なったり笑ったり、夢中だった（Bさん）。

B家に近所の女たちが集まり、雨乞の相談をするようになったのは、B家が大きな農家であったからだけではない。姑が婿取りの家付き娘であったことも、女たちのリーダー（Bさんによれば「支配人」）として、地域の女たちを先導するきっかけとなっただろう。当時の農家の娘といえば、婚家の姑に気に入るように働いたものだった。ところが、Bさんの姑は婿取りの家付き娘で、しかも気持ちをはっきりと主張できる人であった。同世代の嫁たちにとって、大きな農家で、しかも自分の気持ちを主張できるBさんの姑は頼りになる存在であったと思われる。

「トダチ（B家の屋号）のばあさんが女相撲やるっていえば、オヤジたちも文句は言わない。（自分の妻には）従ってこいって言うよ」とDさんは笑って言う。ムラの男性たちからも一目置かれる存在の女性が、女たちのリーダーとして彼女らの行動を引っ張っていったことは注目してよい。

女社会の秩序はどのように形成されるものなのか。女社会のリーダーたる資質には何が必要となるのか。これまで筆者が女相撲に関して調査してきたなかで、率先役になるような女性に特有の資質というものはないのだろうか。前述した岩手県陸前高田市只出の女相撲のリーダーは、地元で活発な社会活動を行い、陸前高田市に婦人会が発足する時にも関係していた女性だという（小友町婦人会 二〇〇一）。大船渡市野々田では地主に嫁いだ女性が、地主の家の嫁としての修行を受けるなかで、姑から引き継ぎ女相撲にも参加した。熊本県八代市鼠蔵町の女相撲の大関は、小学生ほどの年のころから大力でならし、長じては男性に交じって肉体労働に従事した、文字通り男勝りな働き者であった。鼠蔵町の神社に女相撲を奉納しようと彼女が地域の女たちの家族を説得にまわった際、説得された家族の最後の言葉は「あそこのばあさんに言われたなら……」と、扇田のDさんがもらしたような言葉であったという。この言葉の背景に横たわる、誰をも納得させてしまう言葉の力を持つ女性とはどのような立場でどのような資質を持った女性であったのか。本書とは直接関係がなく、深く考察するだけの用意がないのでここでは指摘のみにとどめるが、今後考えていきたい点である。

さて、B家に集い、雨乞女相撲の相談や準備にいそしむ女性たちの姿を通して浮かび上がってくるのは、女たちが祈雨の共同祈願の一方で、それをひとつの「娯楽」として受け止めていたらしい姿である。女が相撲を取るということは自然の流れに逆らう「逆さ事」であり、干天という「自然」状態を崩すための象徴的逆転の営為として解釈されていたことは前節に述べた。ところが祈願の当事者である女たちにとって、雨乞女相撲は日常生活では縁のない娯楽でもあったのである。しかも身近な男性は女たちのこの娯楽からは排除されるので、女衆は思う存分に楽しめる、遊びの日であった。先に、雨乞女相撲を見ることのできる地主たちは、降雨のなかった際には「あいつらが観たから降らなかった」と言われ、したたかな思考を持つ農民にとっての逃げ道になっていたと指摘した。それと同じように、「女が相撲を取れば雨が降る」という信仰、農民の象徴論的思考に裏打ちされた共同祈願という蓑を着て、女たちは日常では縁のない娯楽に興じていたといえよう。

まとめと今後の展開

数ある雨乞習俗のうち、女性が主役となって行われる雨乞女相撲は少数の特殊な例である。従来民俗学研究で取り上げられた雨乞女相撲の報告では、女人不浄からの領域侵犯という解釈によってこの習俗は説明される場合が多かったように思われる。しかし、女性が主体の雨乞には、女人不浄からの領域侵犯にとどまらない、地域社会に置ける女性の役割等の要因があるだろうとの仮説から出発して、本章では雨乞女相撲の行われてきた社会的背景に配慮し、雨乞に女たちが相撲を取る習俗を今日の人々がどのように解釈し、説明しているのかを中心に再考を試みた。

雨乞女相撲の解釈において、研究上の思考バイアスともいえる「女の霊力」という括りは、はじめてこの習俗が報告されて以降の民俗学の関心事項である巫女論との関わりからも、これまで、重視すべき解釈の枠組みとされてきた。しかしながら、当事者の言説をたどっていくと、「女の霊力」論的解釈とは別の側面があらわれた。雨乞女相撲は「逆さ事」して雨を降らす。雨乞女相撲とは、女が相撲を取るという象徴的逆転行為によって、停滞する自然の流れを促す、変える、象徴的営為だったのである。また、扇田の雨乞女相撲は男性の目を排除して行われる。女性ばかりで営まれる女相撲には、前章で論じたブルジョア的主体による嫌悪と魅惑の対象としての女相撲の姿はない。本章で取り上げたような地域社会での受容を指すのに、筆者はブルジョア的主体との混同を避け、「民衆社会的主体」という言葉を用いている。民衆社会的主体による受容の基準として、当地の雨乞女相撲には越境的な女の相撲によって象徴的逆転を期待する姿がみられたことは留意したい。

雨乞女相撲の再考を通して明らかとなったもうひとつのことは、信仰の蓑を着て、自らの発散の場を得ようとする女たちのしたたかな姿だ。だが、各地に残る余興のための女相撲にははじめから信仰という蓑はない。(22) 信仰という蓑を有していないものに対して、それは民俗の零落した、信仰を忘れた姿なのだとするのが民俗解釈のひとつの流れだとしたら、余興としての女相撲は研究上不可視の存在となる。しかし、視点を転じ、女たちが日常生活で得られる娯楽といった面から考察をしようと試みれば、女性社会の営為のひとつとして、この女相撲は興味深い面を見せてくれると思われる。

本章ではそのひとつの側面として、女性社会のリーダーの存在への注目を提起した。女相撲のような女たちの営為がはじめられる際、どのような立場の女性が地域の女たちを先導しまとめていくのか。その女性の気質、属する家との関係に留意して、女性社会のリーダーを見直す必要があると考える。

また、女が相撲を取ることに対するまなざしも考えていかなければならない問題だ。扇田では、干天のバランスを崩すため地上で男女の逆転した相撲を取るのだとする農民の象徴論的思考によって雨乞女相撲は支えられていた。そこには男女それぞれの営為に対する倫理のようなものが先にあって、だからこそ女たちの娯楽、女相撲は許されてもいた。このような考え方は、各地に残る女相撲に対してどこまで有効なのかは今後の課題として残っている。まして、もともと娯楽性の高い興行女相撲の影響で地域に取り込まれていったとされる、余興としての女相撲のはじまりについては、本章で述べたような象徴論的思考以外の、民衆社会的主体の受容の基準が考察されなければならないだろう。

註

（1）今井・明石報告には文中要約した雨乞習俗の報告の後に、当地の信仰として「一般の信仰に女が相撲をとれば雨がふると云はれて」いるとある。女相撲が降雨を呼ぶとしたら、それはどのような考えが元にあるのかは本書後半で述べる。

（2）扇田の雨乞女相撲は成人男性の見るべきものではないとされている。三年前に明石がそれを見られたとしたら、後述するように、当時明石の属していた社会階層も考慮に入れる必要がある。

（3）社芳門人吉田魯芳戯作、北尾政美画。表紙には天明五年刊と墨書されているが、棚橋正博『黄表紙総覧（前編）』（一九八六）の考証では天明六年刊とされている。

（4）宮田登は女と座頭の興行相撲が本来の晴天十日でなく雨天十日とされているところに、雨をよぶ女の霊力の存在を認めようとする（宮田　一九八三）。だが、宮田の抽出箇所だけからならばともかく、山東京伝の原作の流れからすると宮田の指摘は深読み、次節で取り上げる女の霊力という思考バイアスに囚われた解釈と言わねばなるまい。

（5）不浄と雨乞の関係について高谷は動物供犠の観点から以下のように考察している。龍の棲むといわれる沼や岩、神仏に、不浄のものを投じたりなすりつけたりして龍神や神仏を穢し、その怒りをかって雨をもたらそうとするタイプの雨乞法は多い。しかし、「穢された」ことに神が「怒って」というのは後の解釈による変化だろうと言う。朝鮮半島に雨乞の際の動物供犠の例が多いことから、日本の雨乞においてもこの動物供犠の影響は認められるところだが、日本の雨乞では動物供犠が供犠のままで伝承されることはなく、血のけがれを忌む日本民族の禁忌の観念と抵触して、これを汚穢不浄としたため、不浄をもって神を動かすという解釈が成立したのではないか。また一度不浄によって神を動かすという解釈が成立すると、骨でも臓腑でも糞尿でも、その目的を達することができるという考えに至ったのではないかと（高谷 四一七頁）。高谷はこのような解釈の成立を民俗の不浄化のプロセスと呼んだ。

（6）女人不浄に血の穢れのことを指摘するのはよくある話であるが、筆者はここで動物の血と女性の流す血を同一視し、論じようとするものではない。ただ、高谷の言う民俗の不浄化のプロセスは、女人不浄が雨乞習俗のなかで説かれる際にも、一定の役割を果たしているのではないかと考えるのである。仏教（修験道）思想が女人を排除していく過程については鈴木正崇（二〇〇二）や川村邦光（一九九六）が詳しい。女性を不浄のものとして排除していく思考バイアスの形成とその流布のプロセスは、官の論理（仏教思想）が民の論理（女人祭祀）を覆い、それを駆逐していくプロセスであるようにも思われる。

（7）明治期に発生した興行女相撲の消長については、千葉由香（二〇〇四）を参照。

（8）『小友町婦人会創立五十周年記念誌』（二〇〇一）によると、昭和三十四、五年度の小友町婦人会役員に、只出で女相撲をはじめたときの中心メンバー五人のうち二名の名が記されている。また一名は昭和三十八年度には婦人会会長の任についている。彼女の地域女性社会のリーダーとしての資質は、只出四班に止まらないものであったようだ。

（9）ただし、前述したようにこの女相撲は市の文化祭等で依頼があれば出向くことがあり、他地区の神社の祭礼等に招かれていた可能性（巡業）を否定することはできない。

（10）前節で紹介した今井・明石報告の、女が近づいてはならないとされるトヨ滝で女が尻をついてすべる雨乞には、女人不浄によって降雨を乞う意識が潜在しているだろうと思われる。だが、雨乞女相撲そのものについては女人不浄を問題としていない。

（11）おなじく鹿角郡の例として「神社に女が集まって濆すると雨が降る」というのがある。これには女相撲の明記はなく、雨乞祈願であるとも記されていないが、女が集まることと神域を濆すことが降雨に結び付いて語られているのは興味深い。

（12）宮田の考察に対しては第四章を参照。

（13）ただ、非常に残念なことは、今日扇田では共同祈願としての雨乞女相撲は伝承されておらず、さらにかつてこの雨乞を行った方から直接話を聞くことができなかったことである。扇田の雨乞女相撲は戦後自然消滅した。だから、本節にいう当事者とはこの習俗を語り伝える当地の人々という意味で用いられる。

（14）八頭神社について補足すると、米代川河畔にある八頭神社は、龍神として、扇田の特に農家の人たちからの信仰を得ている。八頭神社は河岸段丘を背にして立地している。この河岸段丘の所々では水が湧いているという。確認はできなかったが社殿に至る道の傍らにも湧き水があるという。また社殿には双頭の白蛇が棲んでいて目撃者も多いという。その白蛇が御神体だとされている。

(15)「卑猥な格好」とは具体的にどのような格好か。確かめたわけではないが、話の流れからは「女性器が神に見えるような格好」のようであった。性行為が豊穣多産を象徴することから、農耕儀礼では予祝儀礼に性行為の所作を行うことはひろく見られる。扇田の「性器を見て笑う／性器を見せて笑わせる」感覚は、性器や性交をシンボライズしたものが邪悪な力に対抗する性崇拝につながるようにも思われる。

(16) 八頭神社では老女による講が営まれているらしいが詳細は不明。

(17) 実際に、「降る」らしい。今井・明石報告にも一般の信仰としてこの件はふれられているところである。女が相撲を取ると実際に雨が降るのかどうか、事実確認はできないが、少なくとも当地では「降雨」の結果に対して「女の相撲」を原因とする考え方が今日まで残っていることは注目しておいてよい。

(18) 安藤昌益の互性は、天地、男女といった一対の関係についての問題で、一方に他方が内在するという考え方のようである（渡辺一九七〇）。だからここで取り上げた、天候のバランスと地上における男女の性役割のバランスとを互いに関係あるものとして、一方のアンバランスが他方のバランス崩しにつながるとする結びつけは正確には昌益の思想と異なる。ただ、昌益が「直耕」をその思想の根本にすえ、自然とわれわれの生活の関係をとらえようとしたときの目線と、土地の思想とは切り離しがたいものと言えよう。また、この相互作用は模倣の呪術との連関も想起させる。

(19) 註（6）川村論稿参照。

(20) 男性による雨乞もこの地方では伝えられている。比内地方からならどこからでも見ることのできる龍ヶ森という標高約千メートルの山では頂上に水神が祀られていて、土地の人々が雨乞に登るという。この雨乞の際、神官の関与はなかったようだ。

(21) 雨乞との直接の関係は不明。神社の祭りの際に女相撲の小屋が立ったと伝えられる。

(22) 興行女相撲には腹受と称される力芸がある。腹受で搗いた餅を、山形の石山興行では「安産餅」と称して見物客に販売したという（石山興行・堀岡清行氏談）。この「安産餅」はよく売れたという。客はそれが珍しくて入手したのか、それとも安産祈願を願って求めたのかは定かではない。「安産餅」を売るときのタンカには当然「安産」との関連性がうたわれていた。虚実ないまぜの見世物興行ではあるが、興行先の人々の安産への祈願、信仰を逆手にとって商売する興行人の姿と、可能性としての安産を希求する土地の人々の姿がここにある。つまり信仰の基盤のないところで発生した余興性の高い女相撲であっても、後付で信仰の対象となる、または信仰性が加味される可能性は十分にあるといえよう。

第四章　都市周辺漁村における女性の民俗芸能

はじめに

長崎県長崎市式見町（以下、地域全域を指す語として「式見」を用いる）では、複数の自治会で構成される「郷」ごとに、女性演者を中心とする民俗芸能が数か所で伝承されている。式見は、今でこそ国道が整備され、長崎市の中心市街地（以下、「長崎」）への通勤通学者の足に不便はないが、かつては一日に四便の発動船、または山道を徒歩で約二時間かけて行くほかのない、半農半漁の地区であった。そして、式見の人の話によれば、ふだんは陸の孤島のようで娯楽の少ない場所だったからこそ、神社の祭りや祝賀会のような特別な日には、みなで余興の芸能を演じて楽しむ気風が強かったというし、その気風が今日の、郷ごとの民俗芸能の伝承を支えているのだともいう。

たとえば、昭和四十年四月に式見の淡島神社が造営された時、そのお祝いに、式見の各地区（郷）では次のような出し物が奉納されたという。

下中郷は「おっぴいろいろい」(1)

松崎郷は「松の木小唄」

上中郷は「女陸ペーロン」

里郷は「棒踊り」（コッコデショ）

上方郷は「百足」（浮立）
下郷は「女角力」(2)
中通郷は「唐獅子」
木場郷は「カッキ（抱き）人形」（浮立）
中尾郷は「女剣舞」（銭太鼓）

これらの民俗芸能は淡島神社の落成祝いに関して出されたもので、各地区の出し物はこのとき限りのものもあれば、別の機会には（　）内に記したように、里郷では「コッコデショ」、上方郷や木場郷では「浮立」、中尾郷は「銭太鼓」といった芸能が、人々の記憶に親しまれている。(3)これらの民俗芸能は、現在では毎年十月二十九日の乙宮神社「式見くんち」で、その郷が八年に一度の踊町にあたった際に奉納される。(4)

「式見くんち」は地域の祭りであり、そこで奉納される芸能の演じ手集団は地域社会の構成員で成り立っている。八年に一度、自分たちの郷の持ち芸を披露する以外の年は見物人として他の郷の持ち芸を楽しみ、自分たちの順番が巡ってくれば、これも楽しみに演じる。詳細は後述するが、これらの民俗芸能はその成り立ちを歴史的にみた場合、神事としての奉納芸というよりも、祝賀会のようなイベントの際に提供される、地域の余興芸としての成立が先行する。

式見では、各郷が競合して自分たちの民俗芸能を伝えていこうとする傾向が強いように感じる。その根底には各個人の「演じたい」「見せたい」という欲求もあるように見受けられる。芸能熱といってよいであろう、その欲求は、式見の外部からもたらされたものによって刺激され、定着したものもあるのではないか、とも考えている。長崎という歴史的都市周辺の一半農半漁村式見の芸能熱に、都市祭礼として有名な「長崎くんち」や、近世以来の都市である長崎やその近郊をめぐった芸能の民が、影響を与えた部分も少なからずあるだろうと考えるのである。芸能に対する式見の都市的な感覚について、次節ではそのアウトラインを描くことを試みた。

式見の民俗芸能の担い手集団の構成として注意をひかれるのは、女性のみで演じられる芸能が下中郷の「おっぴいろいろい」、上中郷の「女陸ペーロン」、上方郷の「藤太の百足退治」、下郷の「女角力」、中尾郷の「女剣舞」と約半数にのぼり、他のものへも演者としての女性の参加が多いという点である。とはいえ、前者の芸能で男性が排除されているわけではない。下郷の女角力で中心となる演者は地区の女性であるが、保存会の役員や囃子方は男性がつとめているし、「おっぴいろいろい」に男性の踊り手が面をつけて紛れている例もある。地区住民が男女の隔てなく芸能に参加しているといった方が実情に近いのだろう。ただし、演じ手の中心が女性である点は注目してよく、女性演者が前面に出てくる芸能が地区の民俗芸能として伝えられていることに、筆者は興味をおぼえる。

女性演者を前面に出す民俗芸能のほとんどは、式見のなかでも「浜《はま》」とよばれる漁村部に伝承されている。宮田登はかつて女性が関与する祭りを取り上げ、「女の霊力」信仰の名残を指摘したことがあった（宮田　一九八三　五〇–五八頁）。式見の場合はそれに当てはまるのか、越境的な女相撲を受け入れる側の受容の基準とともに、地域社会における女性の社会的な役割を意識してこれを考えてみたい。

一　式見の芸能熱の高まり

ここでは今日の式見の芸能熱のはじまりともいえる明治期以降の各郷の余興芸について概観する。また、外部からの刺激として、隣接する都市部の状況についても簡単にふれる。

明治四年頃、式見では、土地の者が演じる素人芝居が流行したという。「式見年代記」にその記述があるとのことであるが、「式見年代記」は現在所在が不明であり、これを引用した小倉幸義『式見郷土史』（一九八六）を参考に、当時の様子をおさえておくことにする。

式見は沿岸部の漁村部を「浜《はま》」、農村部を「岡《おか》」と呼んで区別している。浜の下中郷では三根謙吾、松本実操らが太夫元師匠となって地元の中流以上の子女に芝居を教えた。岡では渡辺家に隠居する直太という老翁が、芝居を里郷の子女に教えたという。直太翁は式見の人ではなく、西彼杵郡時津村（当時）の人で、若いころから遊興を好み、京阪に数年間逗留していた時には大阪道頓堀の劇場に出入りし、所作を学んだことがあるという。

岡の素人芝居は浜と張り合い、自分たちの郷や放生原、相川浜などで芝居を催し、近隣の手熊、福田、畝刈、伊王島などからも招かれ、「式見座」として興行を行っていたという。式見の素人芝居は里郷の芝居を牽引していた直太翁が明治六年に亡くなると自然と廃れ、また浜の芝居もだんだんと衰えていったという。ただ、このときの芝居熱は、その後の式見各部落の余興に対する知識技能を啓蒙し、明治二十八年の日清戦争の凱旋祝いに各部落対抗の余興の競演に引き継がれていったものと言われている。

明治二十八年四月、前年の宣戦布告ではじまった日清戦争の講和条約が締結されると、その凱旋祝賀会が各地で催された。式見村（当時）を含む西彼杵郡地方では、夏季にコレラが流行したため、その流行が落ち着いたころ、郡内の各村で凱旋祝賀会の準備に精だす様子が地元紙の『鎮西日報』に報じられている。式見に関していえば、式見の一三郷が二日間にわかれて俄手踊りを披露し、そのうち一〇郷に関してはそれぞれの余興芸に対する記者の寸評まで報じられている。ちなみにこのときの下郷の余興芸は「三国夢物語」で、旅順砲台を日本の艦隊が打ち破る様子を、仕掛けをつかって演じたもののようである。なお、『鎮西日報』の記事によると、各郷の余興芸も今日に続く民俗芸能とは異なり、素人芝居の流れをくむものであったようだ(5)。

その後は明治三十八年の日露戦争の凱旋祝、大正四年の日独戦争参加の本村出征軍人の凱旋祝賀式、昭和三年の淡島神社社殿改築遷宮式、昭和九年式見港防波堤落成祝賀式、昭和三十年水道落成式、そして冒頭であげた昭和四十年の淡島神社造営遷座式と、式見のおもな祝賀式には一三の郷がそれぞれの出し物を披露し、華を添えている（小倉 一九八六 二五一―二五四頁）。現在では乙宮神社の式見くんちに八年に一度、踊町となった各郷が自分たちの持ち芸を順番で奉納するほか、長崎市の文化祭等イベントに出演することもある。

以上のように式見では明治初年に素人芝居熱の高まりがあり、その後、凱旋祝賀会のような機会のあるごとに自分たちの持ち芸を披露し、その持ち芸が定着して今日の民俗芸能に至っている。

式見の芸能熱の高まりは、隣接する都市部の芸能に対する意識の高まり、そして都市部に集まり、移動する芸能の民と無関係ではないと思われる。

元亀元年（一五七〇）の開港以来、ポルトガル人とキリシタンの町として発達した長崎は、禁教と鎖国の江戸時代に入ってもなお、出島と唐人町を擁する異国の文化窓口として栄えた。長崎や平戸に滞在した南蛮人の残した見聞記、滞在日記等には、巡業にやってきた歌舞伎の一座のことが記されている。たとえばイギリスの通商親善大使ジョン・セリースの日本渡航記には、慶長十八年（一六一三）に入港した平戸で接待の折、女歌舞伎一座を見物した旨が記されている。これによれば歌舞伎の一座は島から島へと巡業をしていたようだ(6)。時代は下がって天明八年（一七八八）、長崎地方を訪れた司馬江漢は、長崎や生月島で歌舞伎や義太夫浄瑠璃、力持・曲持の芸能を観たことを『江漢西遊日記』に記している(7)。

江戸時代に入ると、長崎ではキリシタン弾圧の政策もからんではじめられた諏訪神社の長崎くんちが、住民の芸能熱を高める契機となった(8)。歌舞伎芝居や手踊り等の芸能者がそのまま居着き、地域住民に芸を伝授するということもあったようだ。

元禄十四年（一七〇一）十二月、藩政時代の式見村を含む大村藩では「一　隣村祭見物もの、并人寄せ之場ニ罷越申間敷候(9)」と他村の祭り見物や人の多く集まる所への出入りを注意する法令を出している。また、寛政元年（一七八九）

十二月には「農民江之御示」に農民の心得が詳しく示されている。これは農民の日常生活の細かな部分にまでおよぶものであり、当時の農民生活を知る興味深い史料である。この史料のうち、人々の娯楽生活に関係しては「一　他領ニ而、芝居、其外致群集候儀有之節、猥不可罷越、若無據罷越候節、他所ニ而放逸之儀無之、大酒等致間敷事」[10]と他領への芝居見物をいさめ、放逸な行動を慎むこととある。この法令は大村藩が藩政刷新の一環として制定したもので、当時の農村の種々相が知られる。この一件についても、慎むよういさめた内容の裏を返せば、農民層でも、ある程度は他領へ芝居見物に出かけていたということが分かる。芸能の民が集まりやすく、地元住民の芸能の知識や演じる欲求（芸能熱）の都市部での高まりは、周辺に位置する式見にも、外部からの刺激として影響をおよぼしたことであろう。

二　下郷の女性の生活と社会的つながり

女性演者を中心とする式見の民俗芸能のうち、本節では下郷（下浜・下向自治会）の女角力を取り上げたい。下郷の女角力は、地域で戦前から親しまれた芸能であり、中断の一時期はあったが、戦後復活して今日に至る。ここでは伝承の母体となる地域社会の女性の生活に焦点をあて、地域女性の緊密な関係を示唆する「ちくわカマボコ」作りと女子消防、若者宿を例に取り上げ、下郷で女性を前面に出す女角力が出し物となった社会背景を考えたい。

なお、ここで取り上げる事例は、戦後に当地で女角力が復活される前夜にあたる時期――聞き取り調査のおよぶ時期――のものである。

1 「ちくわカマボコ」作り

戦後、式見では戦前にはみられなかったほどイワシ漁が盛んになった。最盛期にあたる昭和二十五年前後には、式見だけで網主が二四戸もあったという。盛況なイワシ漁を背景に、浜の女性たちはちくわカマボコ、割干し（煮干し）を自家製造し、長崎に売りに出た。売りに出るのは比較的若い女性であった。二十歳前後の時期、ちくわカマボコを長崎に売りに行った経験のある下浜のWさん（大正十五年生まれ）によると、製造と商売の流れは次のようなものだった。

式見と長崎（大波止）を結ぶ定期船の始発（六時半発）に合わせて式見を出立する。商いを許可された場所は長久橋周辺や漆喰町にあった闇市場で、商売相手は個人ではなく、ここで得た品物をよそで売る、長崎や諫早の商売人であったようだ。時化で船が出ないときや船よりも早く着きたい者は、三里はあるとされる長崎まで徒歩で山を越え、大橋（停車場）から電車に乗って長崎へ向かう。(11)

Wさんが売りに行った当時は、兵隊の後家さんだったトシガシラ（年頭）のねえさんたちを頼りにして商売を覚えていったものという。ねえさんたちは子どもに食べさせるためにカマボコ売りをしていた。当時、金働きの場所といったら、にぼし製造所に行くか自分で作ったカマボコとか割干しを売りに行くかしかなかった。

大体の相場はあったが、ちくわカマボコの値段はその時の商売人との交渉で決まる。年増の女性は売るのがうまい。Wさんはまだ若い娘だったので交渉はうまくないが、売れ残してはいけないので一円でも二円でも他より値を下げて、とにかく売りさばいたという。ちくわカマボコは一度にだいたい一〇〇本弱を大風呂敷に二手に分けて包み、オオコ（天秤棒）で背負っていく。十二時前には売り切って式見に戻る。

ところで、イワシ漁の漁師は前日夕方から海に出て、翌日の午前九時ごろには戻ってきたものだという。女たちは漁から帰ってきた漁師（家族や親せきであることが多い）に「おかず」といってイワシをわけてもらったり、安く買って、家族や親せきの女たちで集まり、ちくわカマボコ作りをはじめる。[12] 昼前に戻った売り手の女性たちもこの製造作業に加わる。

式見で戦前からの慣習である通い婚は昭和二十年代初頭のベビーブームのころまで残っていた。夫婦の入籍は子の出産と一緒で、婚家に入るのはそれ以降になる。Wさんが長崎に売りに行っていたのは娘時代だったが、昭和二十五年に結婚、出産後もたまには売りに出かけたという。いずれも実家の労働の手伝いとしてである。通い婚が残った理由として「昔はどの家も子だくさんで嫁が来ても家に入りきれない。小姑とのもめごとをさけたのでは」（下浜のIさん　女性　昭和七年生まれ）との意見もある。だが、入籍後分家して婚家に入らない場合にもこの慣行は残っていた形跡があり、さらにイワシ漁が盛んで家内でちくわカマボコ作りに励んでいたこの時期は、むしろ実家の労働力として女性を欲していた側面もあるのではないかと思われる。

2　女子消防

下浜は地形上、集落が海のある西を向いて形成されていて、背後は山である。万一、浜側で火が上がると西風にあおられ集落全体に火がおよび、逃げ場を失う可能性がある。そして先述したように漁師は夕方に海に出て、翌日の昼まえに式見に戻ってくるため、夜間、地域にいるのは漁に出ない年寄りと子ども、女性ばかりである。男たちが漁で留守の間、地域を守るのは女性であるとして、昭和二十二年ごろからは、女性による自警消防団結成の動きがはじまった。全国で初めての女子消防団だという。

当初のメンバーは女子青年団のなかから未婚の女性によって結成された。既婚女性だと家事にとらわれて動きがとれないため、未婚の女性としたが、次第に既婚女性が増え、メンバーの主体は既婚女性へと移っていった。つまり下郷の地域女性全員がメンバーであったわけではない。有志で結成された消防団であるが、村に働きかけ、村費で購入した消火ポンプの訓練、ホースの延水の訓練といったものを日ごろ行い、災害にそなえたという[13]。

女角力が復活されたころの下郷の女性は、イワシ漁全盛の時代を背景に、家族や親戚の女たちが常時寄り集まってはちくわカマボコや割干しの製造、販売を行っており、家内の賃かせぎ労働の担い手でもあった。

また、男手が極端に少なくなる夜間に災害から地域を守るため、自警消防団を結成する動きには村人としての、社会的責任の担い手としての堂々たる自覚がみてとれる。

当時の通婚圏を詳細に示す資料は手元にはないが、聞き取りの範囲で知られる通婚圏は下郷内、もしくは式見村内婚が多く、親戚同士の婚姻も多かった。そこで地域の結束はおのずと強いものになり、青年団の運動会や祭りともなると、「派手に、楽しく」と力が入ったものという。

下郷の女角力の復活に、女性の経済的基盤、社会的紐帯や男手の不足といった社会的背景が作用しただろう。そして、村人としての自覚といった背景もまた、大いに作用したものと思われる。

三　下郷の女角力を伝承していくということ

1　女角力の由来伝承

下郷の持ち芸として女角力のことが記録にあらわれるのは大正四年の日独戦争参加の本村出征軍人の凱旋祝賀式以降のことである。また、昭和三年の淡島神社社殿改築遷宮式出演の際の記録と思われるが、神社近くの浜辺で撮影されたとおぼしき写真も残されている（『式見郷土史』掲載）。演者自身はもちろん、見物の人を楽しませる意図のもと、

写真 12　昭和 40 年、淡島神社造営遷座式の際に披露されたと思われる下郷の女角力（情報と写真提供　堀啓次郎氏）

写真 13　下郷の百面相と女角力（『式見郷土史』より）

下郷の余興芸はあったようである。

昭和三十年、簡易水道の落成祝でも下郷では女角力を出したのだが、その時、しばらく途絶えていた女角力を復活するにあたって、女角力踊りを指導した率先者（釜本イシさん　明治二十二年生まれ　当時六十六歳）が、下郷の女角力の由来を次のように残している。

自分が十六歳（明治三十八年）の娘盛りの時、たまたま式見に体格のよい女性五、六〇人で大相撲を編成し、巡業してこられ、その女力士たちは、化粧廻しをつけて、土俵を囲んで、唄ったり踊ったり、二派にわかれて取り組んで勝負を争ったり、或いは女力士の腹の上に、木臼を乗せて、三人、四人で紅白の餅を搗いて観客にばらまいてサービスをした。

このときの団体は式見での興行のあと、佐世保、平戸、唐津、三角などの九州地方を巡業した、ともいう。そして巡業してきた女力士のてほどきをうけ、明治三十八年の日露戦争凱旋祝に下郷では女角力踊りを出演させたという⑭。この記事のもととなった資料が乏しく、後付けが困難なため仮説でしかないのだが、この団体というのは相撲甚句踊りや腹櫓などの力芸をみせる興行女相撲のようである。

明治中ごろには山形の石山定治が率いる興行女相撲、「高玉女相撲」が大阪から九州地方を巡業していたと伝えられており、明治三十八年の時点で式見かその近辺で興行することは不可能ではない⑮。日露戦争の凱旋祝についての記録が他になく、下郷でその時に女角力を出したかどうかのはっきりした証拠はないのだが、釜本さんの残した言葉に従うこととする。すると、下郷の女角力のそもそものはじまりに、外部からの刺激である興行女相撲が関与していたというのは興味深い。

ただ、今日の女角力関係者が明治期のはじまりを意識することは乏しく、より近い過去つまり釜本さんが下郷の女角力を復活させたとの認識の方がはっきりと意識されている。今日の女角力関係者は釜本さんに関係する由来をもとに、自分たちの持ち芸である女角力のはじまりと意識しているようである。

写真 14　昭和 30 年の簡易水道落成祝か昭和 37 年の長崎市編入の祝いで披露された際の撮影と思われる女角力（最前列の子どもを入れて右から５人目の力士が釜本イシさん）（情報と写真提供　堀啓次郎氏）

2　女角力の具体的内容

下郷の女角力がいつから乙宮神社の例祭「式見くんち」に奉納す

写真 15　女角力甚句の歌い出し（写真 15 ～ 19 は平成 19 年 10 月 29 日の乙宮神社祭礼〈式見くんち〉奉納時のもの）（筆者撮影）

写真 16　女角力甚句踊り

るようになったのかは、昭和三十年後半から四十年ごろのことなのではないかと記憶する人もいるが、はっきりとはしていない。戦後のことであろう、という大まかな認識にとどまる。それまでは各時代の祝賀会に、余興芸として出演していた。つまり下郷の女角力という民俗芸能は、神事とは無縁の余興芸としてはじまり、演じる自分たちや周りの人の目を楽しませながら、伝承されたものということである。

余興芸であるから出演の時々で付けくわえられたり省かれたりするものもある。[16] そこで、平成十九年に乙宮神社の式見くんちで奉納された下郷の女角力を基準にして、その概略を述べておこう。

先にもふれたように下郷とは式見町の下浜、下向自治会を合わせた地域名である。式見くんちの当日、保存会の関係者や囃子方（笛、大太鼓の舞打ち）と女力士は下郷の範囲を練り歩き、乙宮神社へと向かう。練り歩く一行を見物に集まるのは近隣の住民で、そのなかには式見女角力の経験者の姿も多い。一行の通過を待ってかれらも乙宮神社へと向かう。神社境内ではまず神事が執り行われ、その後一同が境内に入場整列し、長崎市長代理、保存会役員らのあいさつが済むといったん退場し、囃子方の大太鼓が境内の土俵のまわりを舞い打ち、先触れを行ったあと、女角力踊りがはじまる。

土俵中央で式見女相撲甚句（イッチャナ節）が唄われ、土俵のまわりを色とりどりの化粧廻しをつけた下郷の約五〇人の女力士が囲み、相撲甚句踊りを披露する（写真15、16）。

写真 17　横綱土俵入り

写真 18　女角力三役揃い踏み

下郷は下浜自治会と下向自治会からなるため、その後は二つの自治会が東西にわかれ、両者の代表力士が「横綱土俵入り」「三役揃い踏み」を披露する（写真17、18）。呼出、行司、四本柱もすべて女性である。四本柱は女角力のＯＢがつとめる。「相撲取組」は横綱同士の一番だけ。それも勝敗はつけない。必ず物言いが入り、「行司預かり」とするのが決まりである（写真19）。最後は「弓取り式」で終了となる。境内での奉納のあとはお旅所（運動公園）へ神輿とともに向かい、お旅所でも同様の次第となる。

写真19　東西両横綱取組の際には四本柱が物言いを入れ、「行事預かり」とする

奉納年によって参加者数に異動はあるが、囃子方が一八人で、中学生の男子が中心となる。だが昨今は子どもの数が減り、女子の参加もある。女角力の関係は四本柱、行司、呼出、唄手に女力士で、最近では三〇人から四〇人の参加となっている。参加者の年齢は中学生女子から七十歳近い女性までと幅広い。力士は各自手作りの化粧廻しをつける。保存会の役員は自治会長も含め男性である。

女力士の化粧廻しや四股名は、自分の名をとって四股名をつけたり、新しく化粧廻しを作ることもあるが、母から娘へ、姑から嫁へ、あるいは顔見知りの女性から、伝承されることも多い。

たとえば「一力」の化粧廻しは、現在八十三歳の姑が二四年前に女角力に出た時のものを四股名とともに嫁が継承したものだ。母親の名の一字を含む「浜千鶴」の四股名は娘が継承し、化粧廻しは元気だったころの父親が作ったものだという。今回も、その化粧廻しを締めて参加した。舅の形見になるのは「蝶ヶ峯」の化粧廻しである。「司天龍」は八十歳後半の近所の女性の母親の名からとられた四股名である。いったいいつのころからの四股名の継承なのかと思う。前回までの横綱「西乃海」の四股名と化粧廻しを継承した女力士は、恰幅がよく、名横綱だった前横綱に〝恥じないように〟と「三役揃い踏み」の稽古に励んだという。

つまり、八年に一度の女角力は、化粧廻しと四股名を介して「伝えた者」と「伝えられた者」とが向き合う契機でもあるのだ。八年ぶりだからこそ、見物の人々にも思いがつのる。その間に故人になった人がいれば、その人の締めた、あるいは作った化粧廻しを再び目にすることは、地元住民の感慨をより深くさせることなのだろう。

まとめ――つながる意識

下郷の女角力を取り上げるに際して筆者が注目したのは、それが式見で行われるようになった経緯と受け入れ側の住民意識にあった。外部からの刺激を受け、選択する地域社会のありかたに興味の中心があった。本章では式見の芸能熱の下地を、都市部に集い、定着していく芸能の民と都市住民の芸能熱を外部からの刺激と想定し、概況を描くことを試みた。その状況と下郷の女角力の受容との関係は、明治期の興行女相撲と外部からもたらされる都市文化（女相撲）を受容する地域社会の関係に映してみることができよう。

式見は郷ごとに持ち芸を持つ。民俗芸能として保存会を組織しているものもあり、式見くんちの踊町にあたるときには、神社へ奉納もする。しかし、歴史的にみたときにはこれらの持ち芸は祝賀会等、地元地域のイベント時に、余興芸として出したものからなる。であるから、宮田登が祭りに関与する女性の例をあげ、女の霊力をその関与にみたような解釈は、式見の女の芸能からは見いだしにくい。

女性演者を中心とする芸能は、式見においては漁村部に多い。本章は下郷を中心にしたが、戦後のイワシ漁の盛況と漁業の衰退、長崎市への編入と陸路の整備等は他の浜地区でも下郷と同様の社会的変容をもたらしたものと考えられ、本章での考察はおおむね他地区でも当てはまるものと考える。つまり、男手の不足からくる女性主体の芸能の成立が予想される。

ただし課題は残る。越境性を持つ女相撲を受容した、そもそもの「はじまり」に向かう意識である。下郷では女相撲の興行女力士から習い覚えた女相撲甚句を自分たちの持ち芸として後世に伝えた。伝承では、日露戦争の凱旋祝賀会で下郷では女角力を式見の人々に披露していた。「はじまり」の時、女相撲の越境性は人々にどのように受け取られていたのだろうか。第三章で取り上げた雨乞女相撲は、その越境性が、降雨をもたらす象徴的逆転行為として地域社会に受容されていた。式見の女角力において、女相撲の越境性は、外部からの刺激として、あるいは祝賀会や祭りといった特別な日の非日常性に通じるものとして、象徴的逆転を期待されていたものと思われる。

平成十九年に下浜の横綱をつとめた「百合の花」は、このときがはじめての参加だった。四股名は自分の名前からつけた。ふだんは地元のケアハウスに勤めている。そのケアハウスに通うおばあさんには、下郷出身の女角力経験者が幾人かおり、「百合の花の横綱姿が観たい」と言われ、「おばあさんたちに観てもらおうと」横綱としての参加を決めたという。

また、前回（平成十一年）、下郷が踊町に当たった年には女力士が集まらず、保存会役員は高齢の経験者にも無理をいって参加を呼びかけたらしいが、今回は「地元の伝統だから」と考え、参加する若い人が出てきたという。「地元の伝統」という意識が高まってきているのではないか、と保存会ではこれをよい傾向だとして受け止めている。

女力士の四股名、化粧廻しは娘や嫁が受け継ぐことのほか、近所の顔見知りの知人からという例もあった。これらの継承について、本章では指摘にとどまったが、より具体的に調べていく必要があると思う。というのも、八年に一度の下郷の女角力は、各力士が締める化粧廻しを軸にして「伝える者」と「伝えられた者」とが向き合い、かつての女力士の姿を、化粧廻しや四股名を通して他の住民が想起する機会を提供する。今日における式見女角力の「受容の基準」は、伝承の象徴のようなものとなっている四股名や化粧廻しを通して、あるいは「地元の伝統」という意識を通して明らかにされるように思われるからである。

註

（1）これは「へらへら踊り」のことで、笛太鼓の音色が「おっぴいろいろい」と聞こえることから通称が「おっぴいろいろい」になったという。ここでいう「郷」はかつての地域名で、今日は複数の自治会からなる。

（2）下郷の女角力に関しては地域の表記に従い「女角力」とする。他地区のもの、一般名称として用いる場合は本書では「女相撲」とした。

（3）式見町が長崎市に編入して三五周年を記念して発行された『長崎市編入三五年のあゆみ』によれば当時各自治会の伝える郷土芸能には次のようなものがあった。里郷は「コッコデショ」、木場郷は「浮立」、田舎郷は「浮立」、中通郷は「鍬踊り・獅子舞」、松崎郷は「安珍清姫」、鼻埼郷は「ガタ荷い」、相川郷は「月の輪太鼓」、下中郷は「へらへら踊り」、中尾郷は「剣舞・銭太鼓」、上郷は「俵藤太の百足退治・松づくし」、上中郷は「陸上女ペーロン」、下郷は「女角力」。

（4）木場郷の「浮立」、里郷の「コッコデショ」、下郷の「女角力」、上郷の「藤太の百足退治」、上中郷の「陸上女ペーロン」、下中郷の「へらへら踊り（おっぴいろいろい）」、松崎郷の「安珍清姫」は保存会も存在する（長崎市教育委員会 一九九九 六八–一三九頁）。これらの保存会の正式名称には郷名でなく「式見女角力保存会」のように「式見」が付される。また今日では活動をやめたものもある。

（5）『鎮西日報』明治二十八年十月八日付「凱旋の祝ひ踊」

（6）皆川三郎『平戸英国商館日記』一五七–一六五頁

（7）司馬江漢『江漢西遊日記』天明八年十月十六日、十一月二日、十二月九日、十四日の条。力持・曲持の一行は四国阿波からの旅芸人である。

（8）興行が終わったら滞在せず、すぐに立ち退くことを命じる明治二年の布達（『府県史料』）からは、それを制御しようとする動きのあったことも知られる。

（9）「寛永以東御制度之事（見聞集）」『長崎県史』資料編　第二巻

（10）「四民江之御教諭」のうち「農民江之御示」『長崎県史』資料編　第二巻

（11）大波止につくとすでに商売人が近くまで来ていてそこで商いがはじまってしまうこともあった。大波止で商いをするのは違法なので抜き打ちの取り締まりがあった。運が悪ければ捕まって商売ものを没収されてしまうのだが、そこで売り切ってしまえばすぐに式見に戻れるので警察とのイタチごっこだったという。

(12) 竹串（メダケ）にすり身をつけて炭火で焼く。長さは二〇センチ、径は五センチほどの大きさで、レンガを使って焼き専用のかまどを作った。焼き具合を見るため一人二本あて、一度に四、五本ずつ焼いた。火を見る人、作る人と、ちくわカマボコ作りには三、四人の人手が必要で、みな女性の仕事である。人手が足りない時は子どもも手伝った。Wさんの時代は長崎へ売りに行くことが多かったようだが、一世代前だと時津町方面への行商、それも柿や米との物々交換だったという話が聞かれる。

(13) 長崎市では女性による自警消防団を認めていなかったため、昭和三十七年に式見村が長崎市へ編入する際には市民によるクラブとしてその機能を継続させ（三十八年より）、今日に至っている。女子消防クラブの動きは式見にはじまったものだが、長崎市内に啓蒙が広がり、今日では式見町内で一五クラブ（一二〇〇人）、長崎市内には三四〇クラブ（四八〇〇人）の大規模な市民クラブに成長した。防火の講習等の活動がある。

(14) 式見在住の堀啓次郎氏提供の「女角力の由来について」を参考資料とする。また同様の由来は『長崎市の民俗芸能』（一九九九）にも掲載されている。

(15) 明治三十六年頃から石山定治は四国・九州地方を巡業でまわり、明治四十四年に山形で大火のあった時も定治は九州にいて山形には不在であったと伝えられている（第一章参照）。なお、その他の巡業先とされる佐世保、平戸、唐津では土地の女性たちによる女相撲が伝承されている。とはいえ、それらが興行女相撲の直接の影響によってはじめられたものであるかは不明である。たとえば佐世保の宮津町では大村藩主二一代純長公の時代（一六五二―一六八七）、大凶作にみまわれた領民に穀物の救済を行った純長公への感謝に女相撲踊りを踊るようになったというし、平戸の薄香は昭和初期に、佐世保の東浜町はその平戸の影響で女相撲がはじめられたという（第五章参照）。

(16) 大正四年、昭和三年の頃、下郷の出し物は女角力のほか、百面相もあったようである。百面相はその後行われなくなった。下郷の百面相は今も年配の人々の記憶には残っているが、消滅した正確な年代については不明である。

第五章　各地に伝承される女相撲の諸相

はじめに

本章では女相撲と呼ばれるものの内容について、これまで報告されてきているものを整理し、人々の目に提供される女相撲の内容、また女相撲が行われる状況についての整理も行う。

女相撲に関する事例報告はけっして多くはない。また、女相撲と称され伝承される内容についても各地でさまざまである。そこで現在分かっている女相撲について整理し、その内容を把握することは必要と思われる。

一　各地で行われる女相撲

ここでは、各地で伝承されている女相撲について整理しておきたい。本章で取り上げる女相撲は、第一章で取り上げた職業としての女相撲ではなく、地域社会に生活する女性たちが何かの機会に行う相撲である。ムラの若い衆が日ごろの娯楽のため、または神社奉納のために行う相撲を草相撲といって職業集団による興行相撲と区別するように、本章で扱う女相撲は「女の草相撲」といってよいかと思われる。よって、アマチュア競技相撲（新相撲）の大会は除いた。

各地で伝承される女相撲をまとめる際、報告書等からの引用が長くなる場合は要約するが、可能な限りそのままとする。また、自らの調査によって得られた事例についても女相撲の状況が分かる程度にまとめることとする。以下、とくに参考文献の記されていないものは筆者の調査に基づく。なお、地名については参考文献または調査時の地名を用いた。

1　北海道

松前郡福島町

母の日のイベントとして行われる。トーナメント式の競技相撲。道内のみならず、全国から出場者が集まる（NHK　二〇〇五）。

2　岩手県

九戸郡大野村（現　洋野町）

戦後まもなく巡業に訪れた相撲一行を模してはじめられた。現在は村商工会女性部が、産業まつりの余興で東西六人ずつ登場し、取組はないが踊りや餅搗きで会場をにぎわす。演芸会や敬老会にも出張している（岩手日報　二〇〇三）。

宮古市津軽石荷竹

昭和十一年頃、岩手県下閉伊郡津軽石村で村の青年団主催の敬老会を館山会館で開催した際、各部落で余興を出し合うことになり、荷竹部落の余興の出し物として、女相撲を披露することになった。幸いにして当部落には草相撲の行司をしている方がいたので、その方から指導をうけ、敬老会に参加した。また、津軽石には時に女相撲興行の来ることがあり、それを参考にしたという人がいる。

荷竹の女相撲は評判がよく、その後は当部落の米山神社、近隣地区藤畑の駒形神社の祭りにと、三味線、踊り等と一緒に女相撲が招かれて出かけて行ったことがある。また、その時の神社の参拝者がこれをみて喜び、彼らの地元下閉伊郡川井村、箱石等の祭りに呼ばれ、披露したこともある。

女力士になったのは、だいたい十三、四歳から十五、六歳の、娘前の女の子だった。だから色気なんてものはなく、威勢がよくて、それがここの女相撲の評判をあげた。元気のよい女の子は喜ばれたのだという。戦中のことでもあり、「女の子はおしとやかに」の風潮よりも、威勢のよい女の子が褒められたものだ。女相撲を取る時は、肌着にパンツを着し、廻しではなく帯を締めた。娘になれば女相撲に出ることはない。また、嫁した嫁も女相撲をする暇はないから出ない。

荷竹の女相撲がはじめられるより前、「平井女相撲」という女相撲の見世物が二年に一回津軽石にやってきていた。(1)娯楽のない時代でもあり、見世物の評判はよかった。

かつて女相撲に参加していた女性によると、十四歳の時、高等小学校二年を終わってから女相撲に参加したという。参加しはじめた当時、女相撲を取る人は二〇人くらいいた。女相撲は相撲を取るだけでなく、手踊りとか相撲甚句に合わせて踊ったりもした。いつごろからやらなくなったかははっきりしないが、相撲をやっていた人も嫁にいくと婚家の仕事が忙しくなって抜ける。そんなふうにして女力士が一人減り、二人減りして消滅していったのだろうという（亀井　二〇〇四）。

大船渡市大船渡町野々田

野々田地区の川原部落の「ほがらか会」と称する仲よし会で行う。「ほがらか会」は昭和五十五年に結成され、今日メンバーの年齢は七十歳前後である。ただ、川原の女相撲は「ほがらか会」よりも一世代まえの女性たち（現メンバーの母親、姑たち）からはじめられた。相撲甚句に合わせた踊りが中心となる。現在でも、頼まれれば結婚式や落成式などでの余興に参じる（亀井　二〇〇四）。

陸前高田市小友町只出

昭和八年、上方の女相撲の地方巡業が小友町只出浜で興行された。もともと江戸時代から只出は相撲の盛んな地域で、草相撲や地方相撲で強い力士を輩出している土地柄である。この地方巡業のとき、地元有志が直接女相撲から教授され、その後、ときどき非公式にこれが行われていた。昭和三十年頃、宮城県本吉地方で行われている女相撲に刺激を受けたこともあって正式に発足したものという（陸前高田市　一九九二）。

構成は土俵入り甚句、相撲甚句、取組、餅搗き甚句と餅搗き、その後に餅撒きが行われる。興行の女相撲が来て、地元の相撲好きな者が甚句を興行の女力士から教えてもらい、敬老会の出し物として女相撲をはじめた。女相撲をするときの服装は、半そでシャツ、パンツ、鉢巻、黒い廻し。只出の女相撲は室内芸なので、土俵はテープを貼って土俵とした（筆者調査　二〇〇一　第三章で詳述）。

3　秋　田　県

北秋田郡

社前で女が裸相撲を取れば雨が降る（東北更新会　一九三九）。

北秋田郡比内町（現　大館市）

雨乞の際に女相撲をする。雨乞の際には藁で雌雄の龍を作り、川の神様がいるとされている沼へこれを持って行き、祈る。その後、村端の庚申さまの前でまた祈り、酒を飲んで酔い、女相撲を取る。土俵も廻しもなく、全裸でするのが旧俗だが、近ごろは前掛けで隠す（今井・明石　一九三二、筆者調査　二〇〇四　第三章で詳述）。

鹿角郡毛馬内町（現　鹿角市）

一組二四、五人の女たちが、腰巻きの旗をたて藁で龍を作り、女等も藁の廻しをつけて半纏に半ズボン、赤ハッピ・島田髷に鬼面等を被って、夜は笛太鼓で踊り歩いた。またこの仮装でオヤマ（旗守月山神社）の御テン（山の頂上）に登って、襦をだして洗足で女相撲を取った。女が御テンに上がっただけでも神様の御怒りで雨が降るというのに、女相撲までしたので、八月十日から大雨が降った（瀬川　一九四三）。

4　山　形　県

西田川郡温海町（現　鶴岡市）

女ながらに相撲に熱狂的なファンで、大相撲のイキなふんいきにあこがれ、「自分達も化粧廻しを締めて相撲甚句でもうなったらどんなに楽しいだろう」と八年前（昭和三十年ごろか）に「女相撲あつみ浜部屋」を作った。化粧廻し、行司衣装、締め込み等も一通りそろえて、ときどき砂浜でハッケヨイ、と相撲を取り、まれには観光旅行をかねて各地の神社仏閣にて土俵入り、揃い踏みを披露している。女相撲歴四三年というベテランの柿崎仲代さん（七十一歳）が女相撲をはじめたのは二十七、八歳のころ。農家出身で若い時から体が大きく力が強かったが、旅館に嫁にきてからメキメキ太った。三〇数年前に亡くなった夫から「まるで相撲取だ」と冗談を言われ、関取きどりで化粧廻しを締めて得意になったのが女相撲になった動機。近郊から同好者を集め、女相撲の団体を組んであちこちの神社や仏閣をまわった。奉納相撲は取っても興行はない。シャツ、モモヒキの上から廻しを締める（山形新聞 一九六二）。

温海町の女相撲は昭和五十年頃を最後に中止となった。元来、例祭とは無関係で、文化祭等の仮装大会に出ていたもの。力士の高齢化と後継者のなかったことが中止となった理由である（花筏健氏提供）。

西村山郡大江町左沢

大江町婦人演芸会で、左沢女相撲が相撲甚句と相撲踊りを披露。結婚式の、嫁を迎える時に披露される。左沢の女相撲甚句は興行女相撲の石山女相撲の女相撲甚句とよく似ている（佐藤宏一氏提供）。

左沢八区の伝える女相撲甚句はかつて商家の奥さんたちが、興行の人から習ったのを伝えてきたものだという(2)（筆者調査 二〇〇九）。

5　岡山県

苫田郡鏡野町上齊原

氏神である上齊原神社の祭礼（五月一日）に奉納される奉納女相撲大会は、二〇〇九年で第一一回目の開催となる、比較的最近の女相撲の例である。

年々廃れていく神社の祭りの活性化を図って、上齊原の地域おこし集団「猪八戒」では、かつて行われていた祭礼時の奉納相撲を復活させた。当初は子ども相撲であったが、模索を繰り返し、一〇年前より女相撲大会とした。トーナメント形式の草相撲だが、勝ち残りの優勝者とは別にパフォーマンス賞を設けるなど、娯楽色豊かな女の草相撲大会である。前年度優勝者の土俵入り後、取組が行われる。

北海道松前郡福島町の女相撲大会（前述）との選手交流がある（筆者調査 二〇〇六）。

6　福　岡　県

早良郡早良町（現 福岡市）

一月二十七日から二十八日の圓珠院本尊冬祭（無難祭）厄除け祈願の日、約六〇年前までは三十三歳の厄年の女性による女相撲が寺内で行われていた。

厄年および厄払いは部落によって違いがある。広瀬では女三十三歳で正月二十七日の御不動様祭のとき、「女力」といって厄年の女が押し相撲をする（北九州大学民俗研究会 一九七〇）。

朝倉郡杷木町穂坂（現 朝倉市）

雨乞のため、阿蘇神社の池の堤で女たちが集まって相撲を取り、あるいは堤にある妙見さんという名の石を水中に投げ込んだ（高谷 一九八二）。

糸島郡二丈町（現 糸島市）

目隠し女相撲。二丈町の松末五郎稲荷神社のふいご祭（十二月八日）の際に行われる。当初は男性による草相撲が行われていたが、真剣に相撲を取るうちにケガ人の出ることが増え問題となり、男性の草相撲は中止になった。その代りに女性が目隠しをして膝をついた状態から取る目隠し相撲がはじまった。両者は目隠しをした状態で土俵中央に呼ばれる。一度体を回転させてから試合開始となる。手探りで相手を探し、土俵上に手をつかせたり、押し出し、転がしたりしたら勝つというルール。戦後まもなくは男性の草相撲、目隠し女相撲となったのはその後のことである。

四本柱、女年寄りが四隅に座す。試合に先立つ横綱土俵入りも膝をついたまま行う（筆者調査二〇〇一）。

7　佐　賀　県

神埼郡東脊振村（現　吉野ヶ里町）
杵島・東松浦郡地方には所々に女相撲があり、娯楽行事のように思われているけれども、なかには神埼郡東脊振村小川内の例に、かんばつの際に海童社に集まって女相撲をしておこもりをし、降雨を祈ったという伝承もある（市場一九七二）。

神埼郡東脊振村横田
脊振山頂にある福岡県と佐賀県の県境で行われる。脊振山には自力で登ることのできる女は皆登り、登った女は皆相撲を取らなければならない。女相撲をする理由は、女は不浄のもので相撲をして自分の土地を荒らしたといって神様が怒って雨を降らすと言われているからである（北九州大学民俗研究会一九七一）。

神埼郡東脊振村大曲
氏神である乙宮さんに一軒に一人の割合で主婦が集まって、女相撲をする。その時、男たちは家にいて相撲を見物したりしない。この雨乞は、雨が降るまで幾度と繰り返して行われ、降った時は乙宮さんにお礼参りをする（北九州大学民俗研究会一九七一）。

神埼郡東脊振村松葉

氏神である乙宮さんに一軒から一人主婦が集まって、夜または昼に女相撲を行う。その時、男や相撲を取らない女たちは、おにぎりなどを持って見物した。女相撲を行うときは、区長が世話人となって色々な雑用を行う。この雨乞は雨が降るまで行われ、降った時はお礼として区長と相撲を取った女たちがお神酒を持ってお参りした。雨乞に女相撲をするのは、神様は女を嫌うという理由からである（北九州大学民俗研究会　一九七一）。

神埼郡東脊振村上石動

この部落の氏神である天神様で行われた。区長が日取りなどを決定する。二、三十代の若妻が皆集まって、相撲を取る。その時、村の人々はおつまみ程度の軽いものを食べながら、相撲見物をした。女相撲は珍しいので雨乞に使ったそうだ（北九州大学民俗研究会　一九七一）。

神埼郡東脊振村下石動

区長またはシュウジの組頭が雨乞の日取りなどを決める。もし区長などが言いださない時は、村の常会で決定する。子ども相撲のためのお宮の土俵を使って、三〜四、五十代の年増の嫁が相撲を取る。一戸に必ず一人出さなければいけない。村の人たちは、飲み食いしながら見物する。雨が降ればお宮にお神酒と米一升、それに果物等を持って村の代表がお礼参りに行く（北九州大学民俗研究会　一九七一）。

神埼郡東脊振村小川内

海童神社で行った。四十歳以上、五十歳までの部落内の主婦が裸で廻しを締め、相撲を取った。土俵は、直径八尺の円形を男たちが作り、注連を飾ったりした。このときの行司は心得のある部落の老女が行った。部落内の老若男女全部の見物は許され、握り飯などを持ち寄って応援した。女相撲をする理由は、古くから女は不浄とされていた。そしてその不浄者が裸になり、神前で相撲を取ることは神に対して言語道断のものであり、神の怒りをかうことは当然で、その結果雨が降るとされているからである（北九州大学民俗研究会　一九七一）。

神埼郡仁比山村（現　神埼市）

氏神「八龍宮」の神様が非常に女相撲がお好きだという神話が残っているので、好きなものを奉納して雨を降らせてもらうことになった。筋骨隆々たる娘、寡婦婦人四〇名を選抜し、行事には同村教育家の夫人を仕立て、四本柱に女年寄りを座らせ、東京相撲そのままの古式女相撲を行い、雨乞祈願をした（伊藤　一九三四）。

伊万里市波多津町

伊万里市波多津町浜部落には、藩政時代から大豊漁の時や村の大きな祝いの折には女連中が相撲を演じ、余興とするしきたりであったが、久しい間途絶えていた。昭和二十九年、町村合併の気運が熱し、市制を施行しようとする直前に波多津中学校が新築されたので、その落成式の余興として浜部落に途絶えていた女相撲を復活することになり、草相撲の老力士を指導者として熱心な稽古をつみ、落成式の当日、これを実演して好評を博した。当日は二十歳前後から四十四、五歳までの女力士と行司審判役、呼出しの一行が大坪小学校校庭で相撲を披露した。取組と相撲甚句を披露した（伊万里市史編纂委員会編　一九六三）。

杵島郡中通村地方（現　武雄市）

雨乞のため、天神林のなかに土俵を作り、村の若い娘や嫁が面白おかしく女相撲を取る（新郷土　一九五三）。

杵島郡江北町

大正中期にはじまった。当時、武富文蔵という棟梁の娘たちが、地鎮祭やお祝いのために踊ったのがはじまりであるという（金井 一九九三）。

8 長崎県

平戸市薄香

薄香の女相撲は踊りだけで取組はしない。長いシャツとモモヒキ（パッチ）をはいて、廻しをつけ、自分らで作った化粧廻しをする。それで舞台で踊る。その時は化粧もピシッとして、ちょんまげの鬘を被る。女相撲は何かの落成式があるというとき、頼まれて出かけていく。

薄香の女相撲のはじまりは、かつて東京相撲の力士だった二人の人の指導のもとで行われるようになった。薄香に帰ってきた彼らは、地元で何かの際の奉納をというときに女相撲のことを思い出し、指導をはじめた。踊りは相撲甚句に合わせて踊る。薄香で女相撲が行われていたのは、大正から昭和にかけてのころだったという（筆者調査 一九八八）。

近年になり、薄香から佐世保市東浜町に嫁いできた女性があり、その女性を通して佐世保市東浜町から薄香へ女相撲の指導に出かけた（伝えた）と東浜町では伝えている（筆者調査 二〇〇四）。

佐世保市東浜町

昭和初期（六年ごろの資料あり）、東浜町の人（男性）が他所から女相撲を導入した。戦争中は中断していたが、戦後に復活した。落成式であるとか大漁の際、または私的な催し事でも招待されて披露する。西蓮寺の先代住職は相撲好きな人だったので、四年に一度、奉納していたこともある。

現在は保存会が結成されて一三名のメンバーがある。佐世保市の市制百周年（二〇〇三年）の記念に招待されて披露してからは、若い世代のメンバーが増えた。

相撲甚句に合わせた踊り、餅搗き踊り、相撲取組（三番）、最後は用意しておいた餅を撒く。かつては弓取り式、三味線や太鼓の囃子もあったというが、現在は行われていない（筆者調査二〇〇四）。

佐世保市宮津町

大村藩二一代藩主のころ、飢饉にみまわれた百姓に救済の手をさしのべてくれた藩主の前で感謝と健康をあらわす意味で踊ったのがはじまりとも、かつて捕鯨が盛んであったころ、捕鯨漁師の夫を出迎えるときに歌い踊ったのがはじまりとも言われている。

「宮津女相撲踊り」は歌い手、行司、弓取り、踊り子からなり、相撲甚句、キリカエ節、相撲クズシ、イチャナイ節を宮津独特の形で歌い踊る（浦　年代不詳）。

一度途絶えたが、一五年ほど前（平成六年ごろか）に復活した。地区の運動会があり、応援のため、かつて女相撲踊りをしていた人から習う。最近、「横綱土俵入り」、餅搗き踊りと最後の餅撒きが加わる。運動会の応援、敬老会やイベントで依頼があると披露する（筆者調査二〇〇九）。

長崎市式見町

女相撲を伝えていたのは旧式見村下郷（現在の下浜、下向の二地区が相当する）。式見の乙宮神社の奉納舞として演じられる。乙宮神社は十月二十九日が祭日で、式見くんちと呼ばれる。式見くんちでは、現在一六地区ある式見の地区が二地区ごとに組んで当番町（八年に一度）となり、その当番町がそれぞれの地区に伝わる舞を披露することになっている。

式見の女相撲は力士はもちろん、弓取り、行事、呼出しすべて女性が行う。乙宮神社の境内に土俵を作ってそのまわりで相撲甚句に合わせて踊り、土俵入りや三役の取組を行う。盛んに行われるようになったのは日露戦争の凱旋祝賀式が契機である。大正四年二月、日独戦争の凱旋祝賀式にも旧式見村一三郷の余興踊りが奉納されたという。

女力士のいでたちは、半そでシャツに白のデカパン、そのうえから廻しを締め、化粧廻しをつける。化粧廻しは各自で作る。四股名は母親や親せきからもらったり、自分の名前、家の名前、地名などからつけられる（筆者調査　一九八八、二〇〇四以降　第四章で詳述）。

写真 20　池坂観音のヒゴモリで行われた女の草相撲（昭和 51 年ごろ）（的野圭志氏提供）

福江市上大津町池坂（現　五島市）

池坂観音は女ばかりの祭事である。祭日は旧暦の三月十八日で、昔は夜を徹して祭りが行われた。女性ばかりがここの祭場に集まって、農耕の祭りをしたあとに飲めや歌えの大騒ぎをし、そのあと、女相撲があり、五島独特の相撲甚句の土俵入りもある。現在は未亡人で一家を背負っている女たちが中心となっているので、若い年齢の人は少ない（郡家　一九八〇）。

池坂観音の祭りの際に女相撲を取るのは年寄りばかりである。旧暦三月十八日前後の三日間、家の姑たちは池坂観音に集まってヒゴモリ（宴会）をする。日頃の生活は忙しく、年に一度の女のヒゴモリは盛大だった。嫁の立場の者は弁当を届けたりで参加はしない。その際に行われる女相撲は、昭和五十一年ごろの写真記録があるが、その後は自然消滅した（写真20）（筆者調査二〇〇四、二〇〇五）。

9　熊　本　県

八代市鼠蔵町

鼠蔵町の氏神、加藤神社の祭りの奉納として行われる。行司、呼出し、世話人は男性がする。横綱土俵入り、弓取り式、相撲甚句もある。

鼠蔵町の女相撲は約一五〇年前にはじまったとされている。きっかけは、新地干拓にある。干拓の時は潮が引いた時をねらってケドと呼ばれる堤防を作ることからはじまる。ケド作りは難しく、人柱をたてることもあったという。しかし、人柱ばかりでは問題もあり、何かを奉納しようと地域の者が相談した。舞を奉納する組もあったが、鼠蔵組では力強い女相撲の方が元気はあるしよいだろうと、女相撲を奉納することになった。

その後も女相撲はイズキ（石突き）や棟上げの際、ニワカ（芸）として行われていた。きつい仕事をする大工に、女相撲は目のなぐさみになるだろうとの思いだった。

一五〇年前にはじまったとされる女相撲は二世代で途絶えた。昭和六十三年の調査時点で横綱である宮川ハツエさんは三代目横綱である。二代目と三代目の時代には期間が空いているが、三代目横綱は二代目横綱の顔を見知っているとのことなので、鼠蔵町の女相撲は一度途絶えてから復活するまでの期間はそう長くはないことが分かる。

女相撲の復活は昭和四十四年。鼠蔵町の氏神である加藤神社に電灯がついて一〇〇年目にあたるこの年に、百年祭の催しで鼠蔵町前平の上組が女相撲を復活させた。一説には、加藤神社の近くにある尾張宮の祭り（三月十五日）で、町内で一つの芸を出そうということになったのをきっかけとする説もある。

復活当時、女力士は三十から四十歳代で、一一名いた。その後、日奈比温泉の温泉神社で八代市植柳下町にもあるという女相撲の組と対戦したことをきっかけに、鼠蔵町の女相撲は近在で有名になり、テレビ出演をするようにもなった。鼠蔵町では姑から嫁へと二代にわたって女相撲にかかわる者もあったが、二〇〇四年現在は後継者がおらず、メンバー高齢化のため行われていない（筆者調査 一九八八、二〇〇四）。

以上にあげた各地の女相撲を、行われる目的によって分類し、表にまとめた（表3）。雨乞のための女相撲は秋田、佐賀に特徴的だが、その他の地区では余興性の強い芸能、奉納芸のひとつとしてとらえられていることが分かる。さらに、分布にも偏りがある。すなわち、東北と九州地方に多く分布し、関東から西日本にかけてはほとんど報告がない。また、余興性の強い芸として女相撲を伝える地域に、半農半漁または漁村が比較的多いのも留意したい点である。

二　女相撲の内容

一口に「女相撲」と称しても、各地で伝承されている内容はさまざまである。そこで、①提供される内容、②女相撲を行う目的の二点から分類して整理することにした。

1　提供される内容

i　相撲取組

表3　女相撲の行われる目的

場所		目的	備考
北海道			
	松前郡福島町	余興	取組
岩手県			
	九戸郡大野町	余興	踊り、餅搗き
	宮古市津軽石荷竹	余興	取組、歯力
	大船渡市大船渡町野々田	余興	踊り
	陸前高田市小友町只出	余興	踊り、餅搗き、取組
秋田県			
	北秋田郡	雨乞	
	北秋田郡扇田町	雨乞	取組、仮装
	鹿角郡毛馬内町	雨乞	取組、仮装
山形県			
	西田川郡温海町	余興	土俵入り
	西村山郡大江町左沢	余興	踊り
岡山県			
	苫田郡鏡野町上齊原	余興	取組、神社祭
福岡県			
	早良郡早良町	余興	取組、厄払い
	朝倉郡杷木町	雨乞	取組
	糸島郡二丈町	余興	目隠し相撲、神社祭
佐賀県			
	神埼郡東脊振村	雨乞	
	神埼郡東脊振村横田	雨乞	取組
	神埼郡東脊振村大曲	雨乞	見物人なし
	神埼郡東脊振村松葉	雨乞	見物人あり余興的
	神埼郡東脊振村上石動	雨乞	見物人あり余興的
	神埼郡東脊振村下石動	雨乞	見物人あり余興的
	神埼郡東脊振村小川内	雨乞	見物人あり余興的
	神埼郡仁比山村	雨乞	取組
	伊万里市波多津町	余興	取組、踊り
	杵島郡中通村地方	雨乞	取組
長崎県			
	平戸市薄香	余興	踊り、祝い事の席で
	佐世保市東浜町	余興	踊り、餅搗き、取組
	佐世保市宮津町	余興	踊り
	長崎市式見町	余興	踊り、取組、神社祭
	福江市上大津町池坂	余興	取組、踊り、観音祭
熊本県			
	八代市鼠蔵町	余興	取組、神社祭

第五章で取り上げた例をもとに筆者作成。出典は本文参照のこと

真剣勝負をする例と、形だけの取組を残す例とがある。

真剣勝負が見物人を楽しませた例として、岩手県宮古市津軽石荷竹がある。荷竹では草相撲の行司をしている人がいたので、口上のうまいその人に女相撲の時も口上を教えてもらった。高等小学校を終えて、十四歳の時に女相撲に誘われ参加した人によると、参加者はだいたい十四歳から上の女の子で、元気のよい人たちだったという。

威勢のよさはまわりの客にも好まれたのであろう。相撲取組では三人抜き、五人抜きがあり、時には飛び入りの男の人とも相撲を取った。元女力士だった人に当時のこの勝負の話を聞くと、十四、五歳の自分の相手が大男だったので、「負けるかも」と思いつつ思いきりやったら勝てた。その時のまわりの盛り上がりがすごかったという。対戦の際は、太鼓を叩いて場を盛り上げようとする。この勝負の時は、叩く方も興奮して強く叩きすぎ、太鼓の皮を破いてしまったほどだった。

写真 21　花代わりの半纏をはおる女力士たち（昭和 11 年ごろ。宮古市津軽石荷竹）（宮古市教育委員会提供）

宮古のあたりでは、山仕事をする人は、盆・正月には雇い主から半纏をもらったものだが、よい勝負だと土俵にこの半纏が投げ込まれる。それが花代わりであった（写真21）。

陸前高田市只出では、相撲を取るのがカアサン連中であることもあって、あらかじめ対戦相手同士で勝ち負けの打ち合わせをしたという。しかし、実際に組み合うと予定通りにはいかないもので、真剣味を帯びてくる。相撲を取る側も打ち合わせと違ってしまうことが本気を誘い、それにつられる見物人にもこの勝負は面白い見物だったのではないか、ということだ。

福江市上大津町の池坂観音の祭りでは、相撲を取るのは老女である。
佐世保市東浜では東西にわかれて三番勝負を行う。真剣勝負だが、二番まで一勝一敗、三番目は引き分けとするのが習わしとなっている。同じく、長崎市式見町でも、かつては三番中一番は土俵脇の四本柱が必ず物言いをつけて、「行司預かり」にするものだったという。

ⅱ土俵入り

土俵入りを披露する例は多い。佐世保市東浜ではかつては弓取り式もあったというが、習う人がいなかったため、今日は伝わっていない。長崎市式見町では横綱土俵入り、三役そろい踏み、弓取り式が伝えられている。興行女相撲では最高位は大関だが、民間の女相撲では横綱を置くこともあり、横綱土俵入りは見せ場として定着しているようだ。
福岡県二丈町の目隠し女相撲の土俵入りは、相撲を取るときと同じく、膝をついたまま行う（写真22）。

ⅲ女相撲甚句

女相撲甚句（「イッチャナ節」ともいう）に合わせて踊ることは、多くの事例で確認されている。土俵のまわりを甚句に合わせて踊るものと、餅搗き甚句を歌いつつ、餅搗きをする餅搗き踊りがある。相撲甚句に合わせて踊る甚句踊りはメンバー全員が土俵のまわりに集まって踊るので華やかさが増す（写真23）。
甚句の歌詞は土地の名所を読み込んだ内容が多い。また、こうした歌詞は仲間内で作ることが多いようだ。(3)

ⅳ力　芸

写真 22　目隠し女相撲の土俵入り（平成 13 年。福岡県糸島郡二丈町）（筆者撮影）

写真 23　三味線に合わせて手踊り（昭和 51 年ごろ。福江市上大津町池坂）（的野圭志氏提供）

宮古市津軽石荷竹では、歯の力で俵を持ち上げる、興行女相撲でいう歯力の出し物もあった。俵の中には何も入っていないので重くはないが、これを見せると見物人が湧いたという。

2　目的による分類

i　雨　乞

秋田県比内町扇田や周辺地域では仮装した女たちがわら製の龍を持って練り歩き、女相撲を取って雨を請うという。佐賀県下でも数例、雨乞女相撲は報告されている。比内町扇田ではこの女相撲は男性の見るものではないとされ、女性だけで雨乞祈願の女相撲が行われていたが、佐賀県下の例では地域住民の見物することがあり、娯楽行事のようであったとの報告もある。

雨乞の際に女性が相撲を取ることに関して、女相撲の内容を詳細に報告した例は少ない。仮装し、踊り歩く（秋田県毛馬内町）、雨乞のために山に登る（佐賀県東脊振村横田）ことはあるが、次項でふれる、余興として演じられる女相撲に見るような、相撲取組以外の相撲甚句踊り、土俵入りといった芸能的要素についてはふれられていない。

ただ、相撲を取ること（取組）は間違いないようだ。扇田町では相手がひるむまで取るといい、佐賀県東脊振村大曲、松葉では雨が降るまで幾度となく女相撲をするという。

女相撲によって降雨を願うとする例は、東北、九州の一部に集中的に報告されている（雨乞と女相撲の関係については第三章を参照）。

ii 余　興

女相撲を余興のために行ったとする例は多い。当該地域で女相撲を行うようになったいきさつがはっきりしている例には、敬老会（岩手県宮古市津軽石荷竹、同陸前高田市小友町只出）、大漁等の祝い（佐賀県伊万里市波多津町、長崎県長崎市式見町）を機に土地の女たちがはじめたとする例が数例ある。

余興性の高い女相撲では、演じる場所は選ばず、建造物の落成式や結婚式に呼ばれて披露することもある。岩手県大船渡市大船渡町野々田や長崎県佐世保市東浜町では「お呼びがかかればいつでも出かける」と当事者らは言う。

相撲取組ばかりではなく、相撲甚句に合わせた女相撲甚句踊り、餅搗き踊りといった、見物人の目を楽しませる要素があるのが、余興の女相撲の特色だろう。なお、余興性の強い女相撲は、敬老会や記念式典のようなイベントのみならず、寺社の祭りの奉納芸という形で行われることもある。宮古市津軽石荷竹や山形県温海町は、前者は敬老会のための余興、後者は相撲愛好者が集まっての娯楽に端を発したものであったが、近隣の神社の祭りに呼ばれ（荷竹）、または仲間内の観光旅行をかねて各地の神社仏閣で、相撲を取ったりそろい踏みの奉納も行う（温海町）。

結婚式に招かれ、相撲甚句踊りを披露するときは、甚句の歌詞を新郎新婦に縁のある文句に代え、興を添えること（岩手県大船渡市大船渡町野々田）もあるという。

長崎県福江市上大津町では池坂観音のヒゴモリ（宴会）で女相撲を取るのが老女たちの楽しみであった。

iii奉　納

長崎市式見町の女相撲は、明治期の日清・日露戦争凱旋祝賀会に余興踊りとしてはじめられたものだったが、今日では式見くんち（十月二十九日）で下浜・下向の二組が当番町を務める年には氏神の乙宮神社への奉納舞として女相撲が奉納される。

福岡県早良町では三十三歳の女の厄年に押し相撲をする例があり、糸島郡二丈町の松末五郎稲荷神社のふいご祭りでは目隠し女相撲が奉納されている。

熊本県八代市鼠蔵町の女相撲のように、地域の神社の祭りへの奉納が先にあり、それをきっかけにして各地のイベントに余興として出張するようになった例もある。

雨乞のための女相撲も、神社境内で行われる報告のあることからすると奉納に相当するかもしれない。

岡山県苫田郡鏡野町上齊原神社の祭礼に行われる女相撲大会はトーナメント式の女の草相撲大会で、競技色が強い。だが、競技性ばかりにとらわれず、パフォーマンス賞を設けるなど見る側の興味をひく工夫もある。

一般に、奉納を目的とした女相撲も、余興の場合と同じように、土俵入りや女相撲甚句踊りなど楽しみの要素は大きい。また、奉納といっても、女相撲は厳密な宗教的儀式ではなく、付祭であり、前項の余興との区別はあいまいである。

三　分布の傾向と若干の考察

各地に残る女相撲（女の草相撲）の内容を分類してみると、女相撲は信仰的な儀礼といった捉えられ方は非常に薄く、むしろ余興としての側面が強い。そして、とくに女相撲甚句に合わせ、土俵のまわりを踊る、女相撲甚句踊りは多くの地域ではこれを継承、または復活する動きがみられる。

分布の傾向であるが、北海道福島町、岡山県鏡野町を除き、東北と九州地方に集中している。これは何を意味しているのであろうか。余興芸としての女相撲を伝える東北地方の伝承地域では、巡業に訪れた興行女相撲に影響されてはじめたと語られることが少なくない。第一章で述べたように、興行女相撲の本拠地は山形県天童市、山形市、岩手県水沢市（現 奥州市）にあり、昭和三十年代後半にそれぞれの団体が廃業するまでは、東北地方を中心に巡業していたいきさつがある。興行女相撲の巡業地にあたる、または近在で興行が行われていたという事実は、土地の女性たちの余興芸として女相撲が根づく理由としてはあんがい有力な要因なのではないか、と筆者は考えている。前節で述べたように、土地に伝承される女相撲は女相撲甚句に合わせた手踊りを中心としたものである。女相撲甚句で自慢ののどを観客に聞かせ、力士然と踊る手踊りは、舞台に大掛かりな仕掛けは必要ない。また、手作りの化粧廻しはそれこそ女衆が楽しみで作成できる。つまり準備にさほど手間がかからない。それに横綱土俵入り、弓取り式、餅撒きなどと派手なパフォーマンスもある。男性による相撲興行では単なる観客でしかない女性でも、華やかさ、艶やかさが売りの興行女相撲に親しむうちに見る側から演じる側へと気持ちがゆらぐ一瞬があったとして不思議ではないだろうと思うのである。

それでは九州地方での分布はどのように考えればよいか。今日女相撲を伝承している九州地方の複数個所での調査からは、当地の女相撲の由来伝承に興行女相撲の巡業のことをふれているのは長崎県長崎市式見町のみであるという結果になった。それも地元の余興芸として伝えられてきた女相撲を昭和三十年代初頭に復活させるにあたり、活動の中心となった女性の語ったものがたまたま活字に記録されてあったから、そのように知られるだけで、この記録がなければ「昔から伝えられてきたものだから」の一言か、昭和四十二年に亡くなったこの女性は現在も年配の人たちにはよく知られた地元の人だから、彼女の功績と伝えられるのみのものとなったであろう。

九州地方によく分布している理由として、筆者は、これも少なからず興行女相撲の影響があるのではないかと考えている。山形県天童市を本拠地とする興行女相撲の高玉女相撲は明治三十年代後半から大正初期にかけて、石山兵四郎（石山女相撲の荷主）の養子で高玉女相撲の代貸をしていた石山定治が九州地方を巡業していた。石山家に入った定治が高玉女相撲の荷物をもって巡業するのは奇異なことのようであるが、定治は高玉女相撲の荷主である本間半三郎の二男であり、半三郎の跡目を継いだ勘十郎の実弟でもあったので問題はなかったのだろう（第一章参照）。

定治の九州での足跡は、約一〇〇年前という時間的な隔たりと、東北から空間的にも遠く離れた九州でのことでもあり、巡業した具体的な興行地などは不明である。今日、石山興行の関係者が伝えるところによると、定治は明治三十六年ごろから四国、九州方面に巡業に出た(4)。そして定治には異名がいくつかあったという。ボロを着ていたから「ボロ定」、これはわかりやすい異名だ。網元をしていたから「網定」。しかし、内陸の天童市、山形市で網元になるのは難しい。これは定治が九州に居着いた時の異名だという。明治三十六年ごろ巡業に出た定治は、明治四十四年に山形の大火で養父の石山兵四郎の自宅が罹災、全焼したときもまだ九州にいたという。さらに山形には妻（石山兵四郎の姪）がいたのにもかかわらず、九州で土地の女性と結婚したため、勘当。養子縁組を解消されている。定治の没年は大正五年だが、このときは勘当が解かれ、石山家の者として葬儀を出したという(5)。山形を出てから勘当が解かれるまでの一〇数年間、定治は女相撲の巡業だけでなく、九州のどこかの地に居着いて「網定」として生活していたことになる。おそらく網元の娘に入り婿したものだろう。定治が網元をしていたという場所はわからない。

ただ、一〇数年の巡業のうちにはおおまかな巡業のルートの開拓も可能であったのではないか。まして定治が土地の女性と一緒になって網元としても活動していたとすれば、巡業先との密接な関係を構築するほどの定期的な興行が行われていたのではないかと推測される。東北地方の巡業ルートの先々で、興行女相撲の女力士姿に影響された土地の女性らが女相撲をはじめ、伝承しているように、九州地方でも興行の女力士が地元の女性に与えた影響は、あるのではないか。

しかし、今日女相撲を伝承する地で、興行女相撲の影響を伝えるものはほとんどない。昭和三十年代後半まで興行を直接見ることのできた東北地方に比べ、定治が歩いたのは明治後半から大正初期にかけての短い期間である。一過性の興行の民の記憶をとどめておくには時間が経ち過ぎているようである。かつて興行女相撲を観た者が、すぐにではなく、間をおいて何かの機会にこれを参考に手を加え、余興として出したものだとしたら、今日の由来伝承に興行女相撲のことは残らない可能性も出てくる。長崎市式見町の例は、例外だろう。

女相撲の由来を語る言説には、「（藩政時代の）昔から行われていたものが一度廃れ、復活した」というパターンがみられる（伊万里市波多津町、佐世保市宮津町、八代市鼠蔵町）。由来伝承を聖なる存在に結びつけて語り、自らの伝承する民俗を正当化することはよく聞かれることであるが（和崎　一九九六　三二六頁）、その存在に興行の民が選ばれて語られることはないようだ。ここでは自らの伝承する女相撲の価値意識は、現時点から時間的隔たりをもつ歴史的価値あるものとして正当化されている。

各地で伝承される女相撲の多くが信仰的な儀礼としてではなく、余興的な芸能として行われていることから考えられるのは、先行する芸能の模倣である。先に何か、地域の人たちが周知しているもの（芸能でも所作でも）があって、それをなぞらえて行うならば余興芸の趣旨は観客に伝わりやすい。このことから考えて、東北、九州地方に女相撲の伝承が集中して分布するのは、模倣の対象である興行女相撲が定期的に巡業を行っていたためであることも、可能性としてはけっして低くないのではないかと考えるのである。

註

（1）　津軽石が「平井女相撲」の巡業ルートになったのは、昭和二十八年以降である。戦前津軽石に来た興行女相撲は「石山女相撲」

であろう。興行女相撲については第一章を参照のこと。

（2）左沢では平成二十年十一月に女相撲甚句保存会が発足した。保存会々長の伊藤宗三氏によると、左沢の女相撲甚句はこれまでは漠然と「左沢八区のもっている芸能」という意識しかなかった。保存会を発足しようとなったのは、漠然とではなく、積極的に「地域の芸能として」後世に伝えていきたい気運が高まったからだという。平成二十一年八月には、明治以降の興行女相撲の発祥地であり、女相撲絵馬を残す清池八幡神社で、左沢女相撲甚句保存会の奉納女相撲が行われた。筆者調査続行中。

（3）地名を読みこんだ代表的な例をあげる。

[長崎県佐世保市東浜　女相撲甚句]

えーえーえー
佐世保名所を甚句に問えばよ（ドスコイ、ドスコイ）
佐世保良いとこ、良い町で
高いお山に囲まれて
東を眺めりゃ烏帽子岳　ホイ
北を眺むれば国見岳
西は石岳うどごえと
九十九島を見下ろして　ホイ
南を眺むれば一里島
入船出船数知れず
かすかに見えるは針尾島　ホイ
西海橋には針尾瀬戸
永久で栄える　よほほい
えーえ、大佐世保よぉ（ドスコイ、ドスコイ）

甚句の歌詞に近在の地名を読み込む例は各地に多い。変わったところでは岩手県大船渡市大船渡町野々田の川原女相撲を伝承する「ほがらか会」が、「ほがらか会」の活動内容を読み込む歌詞を用いて、自分たちの会の自己紹介も兼ねて披露することがあるという（亀井二〇〇四）。

（4）高玉女相撲は明治三十四年に大阪で「女角力曲芸高玉大力一座」として興行をしているが、これも定治の率いる高玉二部であったかもしれない。註（5）参照。

（5）堀岡清行、石山国彦氏より聞き取り。天童市在住の女相撲研究家佐藤宏一氏によると、定治が初代兵四郎の養子になったのは明治二十九年で、養子縁組解消は明治三十五年であったことが判明した。養子縁組解消の理由が九州巡業中の重婚にあるとすれば、堀岡、石山両氏の教示による、四国・九州地方巡業へ出かけた時期も明治三十五年以前となる。

第六章　「隠れた」女の大力信仰
――江戸期見世物文化と女相撲

はじめに

前章までは明治以降の興行女相撲、各地に伝わる女相撲（女の草相撲）について、その受容のあり方を考察してきた。本章では江戸期の見世物女相撲[1]について書かれた史料をもとに、近世の都市民（近世都市的主体）が見世物女相撲をどのように受容していたかを考察する。

江戸期の見世物女相撲に関する史料は、大正から昭和初期にかけての「煽情的見世物」観形成の際の拠り所とされることが多かった。では近世都市的主体にとって見世物女相撲は、近代以降のブルジョア的主体と同様に嫌悪と魅惑の対象であったか。これが一点目の問いである。

宮田登は、「力は信仰である」と看破した柳田國男の説を女の大力説話で展開し、女の物理的力の発現を女の霊力への信仰にむすびつけて考察している。その際、宮田は中世の説話にあって、その後失われていった女の大力信仰の例として、近世の見世物女相撲を取り上げた（宮田　一九八七）。二点目の問いにあげるのは、宮田のいう女の大力信仰は江戸期の見世物女相撲において本当に零落したのだろうかという点である。この二つの問いは近世都市的主体における越境性の受容のあり方に結びつく問いであり、女の大力信仰もまた越境性の受容につながる意識であったことを本章では検討したい。

なお、本章で用いる「信仰」とは女の大力に価値を置く思考という意味合いで用いている。

一　非日常の力としての女の大力

女の大力説話が従来どのように解釈されてきたかをはじめに概観したい。平安期の『日本霊異記』には、大力女についての次のような二編が記されている。

①　聖武天皇の御世のこと、三野の国方縣の郡小川の市に大女の三野狐がいた。三野の狐を母とする家筋の三野狐は百人力の強力で、往来の商人を襲い、物を取るのをなりわいとしていた。一方、尾張の国愛智の郡片輪の里には元興寺の道場法師の孫という小柄ながらも強力の女がいた。この小柄な力女が大女の三野狐を力でこらしめる。三野狐は、自分に対してなめた対応をするこの小女を打とうとすると「すなわち二つの手に持ち捉りし葛の鞭もちて一遍打つ。打つ鞭肉に著く」。三野狐はこの一打で相手の力を悟り、負けを認める。(2)

②　尾張の国中島の郡の大領、尾張宿禰久玖利の妻はふだんは「夫のまにまに柔儒なること、練り糸綿の如し」、たおやかな妻である。ところが、ある日、夫の大領のために織った衣を国主に奪われたことを知ると、その衣を奪い返すため、国府に出向いた。返却を拒もうとする国主を、妻はその指二本で国府の外まで引きずり出した。国主は彼女の大力に恐れおののき、その衣を返したという。この妻もまた、尾張の国愛智の郡片輪の里の出で、元興寺の道場法師の孫という。(3)

前者は近辺の人に恐れられていた大力の大女を、小女の力女がたった一打で打ち負かしたというもので、後者は夫のために織った衣を奪われた怒りで、ふだんは柔和な妻が大力を発揮するというものである。どちらも日常的、外見的にはその大力は隠されている。いいかえれば、外見と中身の逆転という「逆さ事」が現われている。またこの大力は、彼女らがどちらも「道場法師の孫」であるとされているように、ある家筋に伝わるものと考えられていたことが留意される。

鎌倉期の『古今著聞集』には大井子と遊女金、二人の大力女の話が載っている。近江国高島郡の大井子の大力話は一編にまとめられているが、内容的には二話に分かれる。ひとつは、越前国から来た力士の佐伯氏長にその大力を伝授する話（③）で、もうひとつは大井子が村人と田の水争いをした際に発揮された大力話（④）である。

③佐伯氏長は朝廷で催される相撲節会に初めて出席するため、京にのぼる途中、川で汲んだ水を頭上運搬していた大井子を見かけた。大井子をからかおうと、彼女の脇に手を入れくすぐろうとした。ところが、大井子は氏長の手を脇に挟んだまま、氏長を自分の家まで引きずってきた。氏長は大井子の大力に驚く。氏長は、自分はこれから相撲節会に出席しようとする力士であることを告げると、「あぶなき事こそ侍なれ。王城はひろければ世にすぐれたらん大力も侍らん。御身もいたくのかいなしにてはなけれども、さ程の大事に逢べき器にはあらず」といって、自分のもとに二一日間逗留し、修行を積むことを勧める。

その夜から大井子は自分の握った握り飯を氏長に食べさせた。最初の七日間は大井子の握り飯が固くて、食い割ることもできない氏長であったが、次の七日間でようやく食い割れるようになり、最後の七日間になると見事に食べられるようになった。ここにおいて大井子は、彼女の大力が氏長に伝授されたことを認め、彼を京に送った。

④大井子はあるとき、村人との間で田に引き入れる水のことで争いを起こした。自分の田へ水がいかないよう、村人たちに嫌がらせをされた大井子は、夜陰にまぎれて大力を出し、大きな石を彼らの田の水口に置いて塞ぎ、仕返しをした。この石は「おもてのひろさ六七尺ばかりなる石の四方なる」もので、村人たちが動かそうと

しても百人がかりでなお動かない。驚いた村人が詫びを入れると、大井子はまた夜の間に大力を出して石を元通りにした。(4)

⑤　近江国海津の遊女金は、夫である法師が他の遊女にうつつをぬかし、通いつめていることを知ると、その法師の胴を締めあげ、失神させた。またあるとき金は、ものに驚いて暴れだした馬に遭遇する。人々は馬を落ち着かせるため手綱を引きよせようにも、暴れる馬を前にして何もできないありさまであった。大騒ぎの現場に通りかかった金は「すこしもおどろきたる事もなくて、たかき足太をはきたりけるに、前をはしる馬のさし縄のさきをむずとふまえ」た。金に手綱を踏まれ、馬はよろけて止まった。金の足元は、馬の綱を踏みしめた時の勢いで足首まで埋まっていたという。(5)

これらは平安、鎌倉期の書物のなかでも有名な大力女の説話である。宮田登は上記の説話とその後に伝えられている女の大力説話にふれ、そこにあらわされた、女の霊力に価値を置く社会、隠れた文化の存在と、後世それが見世物の世界に押しとどめられていった背景について考察している（宮田　一九八七）。次に要約を述べる。

小女であるにもかかわらず、大力の大女三野狐を打ち負かす、世俗的な外見を逆転するかのような①の説話は、大力を発揮するのは巨大な肉体を持っているからとは限らない、小女でも不思議な大力を持ちえるという考えを示している。これは②の説話にも同様の考えが見いだせる。②の説話は、ふだんはおとなしい妻が、怒りという日常とは異なった感情状態に置かれたとき、日常では考えられない大力を発揮するというものだった。怒り（や嫉妬心）によって大力が発現されるのは④⑤の説話にもみられる。ここでも女の大力が噴出するのは、日常性を逸脱した場面である。しかしながら②の説話において、大領の妻はこの一件が原因で、国主の仕返しを恐れた夫の両親にうとまれ、離縁されてしまう。女の大力は、日常生活の場面では違和感のあるものなのであった。女の大力は通常の生活には無縁のものとしてとらえられていたといえよう。

③の説話で大井子の大力は、自分の隠れた大力を朝廷の相撲節会に出席する力士、佐伯氏長に与えて、氏長を出世させる際に発揮された。ここでの大井子の大力は、表の世界（相撲節会というハレの場）での活躍を蔭から支える形をとっている。また、④の夜陰にまぎれて大石で水をせきとめ、水争いをする村人の度肝をぬき、和解のあとも再び夜陰にまぎれて大石を除けるという話も、けっして表立った大力の発現ではない。つまり「異常な大力の発現は、日常空間には存在しえない現象と信じられてい」て、昼＝日常と夜＝非日常の対立構造がみられる。そこで、これらの説話からは、女の大力は非日常に属すると考えられていたことがうかがわれる。

宮田は以上のような考察にもとづき、女の大力はひとつの隠れた信仰である、とする。

女の精神的な霊力について取り上げる研究は多い。[6]だがここで宮田の指摘に注目するのは、女の精神的な霊力への信仰に加えて、女の物理的な大力の発現、大力への信仰もまた、日常生活を蔭で支える非日常の隠れた信仰であったことを、大力説話をもとに説いたことにある。あるいは、女の霊力を語るために、説話世界では女の大力の世俗的な発現の形を取ったというようにも考えられようが。

ところで宮田は、女性によって潜在的に伝承されていく大力の系譜が、後世、興行女相撲という形で変容していく点にも言及している。そこでは宮田の考察はどのように展開されるかを次にみていきたい。

二　女の大力の見世物・興行女相撲と大力信仰の零落

興行女相撲が近世の文献にあらわれたのは、浮世草紙の類をのぞいては延享二年（一七四五）刊の『俳諧時津風』

図6　女角力（天明5年『鎌倉山女相撲濫觴』より）

が最初であるといわれている。[7] そこには女角力と題して「男より勝色ありや女郎花」の句があり、この時期の女相撲が、男相撲に勝るとして俳書に取り上げられるほど、民間で評判になっていたことがうかがわれる。また同書には座頭角力として「のばす手はなでるやうなる柳かな」もあると、女相撲に関する近代以降の文献には記されている。そこでこの二つの記述は、当時の女相撲の観られ方、つまり好奇な視線にさらされた女と盲人の相撲という、本章で取り上げようとする女の大力の系譜とは別の位相で語られる契機にもなった。[8]

女相撲史家の雄松比良彦によれば、座頭角力の句は延享二年（一七四五）刊の『俳諧時津風』にはなく、その増補版として明和八年（一七七一）に出されたもののなかに見出せるとのことである。そこで少なくとも延享の頃、女相撲が「男より勝色ありや」と評判になった当時の女相撲は女力士同士の相撲で、後年に卑猥な見世物と評されたような女と座頭の相撲はなかったと雄松は指摘している。

雄松はまた、『續淡海』の延享元年（一七四四）の記事にある「一、曲淵越前守を見て女の角力じゃといふ　其心は両国ではほめれど一圓力がない」を取り上げ、両国界隈で当時は評判のよかった曲淵越前守と、両国の見世物興行で評判がよかった女相撲が並置されていることから、先の『俳諧時津風』の評判（「男より勝色ありや」）もあながち誇張でなかった可能性を指摘している。[9]

朝倉無声の『見世物研究』（一九七七）では、江戸時代の女相撲は珍相撲の項に分類され、その項では女相撲、座頭相撲、女と座頭の相撲が紹介されている。座頭相撲は手探りで相手を探る有様がおかしく、女と座頭の相撲も評判はよかったが、寺社奉行から興行停止を命ぜられたという。無声も引用し、宮田も参考にしたと思われる『芸界きくま、の記』から女と座頭の相撲の様子を引いてみる。

明和年間に女相撲行はれ、みだりがましきことも多かりしが、中にも甚しかりしハ女と座頭との相撲なり、女ハいづれも三平二満の代呂物なれど、その中にたゞ一人りおくらといふハ、人の目を惹く程の尤者也し、或る時十数名の鼻下長連、このおくらの宝庫を窺ひみんとの鄙しきかんがへより、興行主に金二両、世話人二人に三分ヅツ撮ませしが、世話人は兼ておくらに心を寄せしも応ぜざるを啣みたる折柄なれば、一人り娘に聟八人と称して、たゞ一人に座頭八人を取組ましめ、手取足取りに言ふべからざる醜態をあらわさしめたり（後略）（三田村 一九七七）

相撲という名の下に、娘一人に座頭の聟八人が寄ってたかって醜態をあらわにする、そのみだりがましきさまが寺社奉行の知るところとなり、この興行は禁止された。女と座頭の相撲は明和以降の記録には散見される。[10] 江戸時代の興行女相撲をわいせつで、好色的な見世物だとする後世の説は、『芸界きくま、の記』やこれと大同小異な記録に影響されてのものと思われる。[11]

また、宮田はふれていないが、女相撲の濫觴として引き合いにだされることの多い『日本書紀』雄略天皇十三年九月の条も、大正から昭和初期にかけて流布した、好色趣味による裸女鑑賞の解釈の拠り所となった。その雄略天皇十三年九月の条は、次のような内容のものだ（黒板編 一九三一）。

木工の猪名部真根は終日石を削っていても誤まることはないと自分の技術に絶対の自負をもっていた。ある日天皇が真根のもとに遊詣し、真根に手元の狂うことはないのかと問うと、真根は「ない」と答える。そこで天皇は「采女を喚し集めて、衣裙を脱ぎて、著犢鼻、露なる所に相撲とらしむ」。「著犢鼻」は犢鼻褌を著けるということだろう。采女が裸体に近いふんどし姿で相撲をとるさまをみていた真根は、思わず手元を誤ってしまう。

宮田は先の論考で「すでに見世物となっている女相撲には、隠れた女の大力に一つの価値を置く思考が欠けている」、「聖なる女の大力のあり方が否定されている」と近世の興行女相撲には女の大力に対する信仰が零落していると批判している（宮田　一九八七）。江戸時代の見世物女相撲を好色趣味的に矮小化して紹介する大正から昭和初期の文献資料の影響下にある宮田にとって、中世以来の女の大力説話と江戸時代の見世物女相撲には、女の大力に対する「隠れた信仰」の系譜の断絶が導き出されるのは仕方のないことと思われる。

だが、次にあげる史料をみると、江戸時代の見世物女相撲が、宮田が参考にした従来流布している「煽情的見世物」説のように、わいせつで、人々の好色な視線にさらされるだけの煽情的見世物、すなわちブルジョア的主体によって嫌悪と性的欲望（魅惑）の対象とされたグロテスクな見世物であったのかどうかは疑わしい。

三　大力に感嘆する

川添裕は、近世後期の興行内容別の件数を割り出す試みを通して、見世物興行界の傾向を明らかにしている。それによると、近世後期の見世物興行というのは、今日のわれわれが「見世物興行」、「見世物小屋」という言葉とともに想起する興行内容とはずいぶん異なる世界であったということが分かる。近世後期の見世物の全体構成のうち四六％と約半数を占めていたのは籠細工やからくり、人形といった細工物ジャンルであった。次いで軽業、曲持ち等の曲芸・

演芸が三一%、舶来の動物の見世物が一四%であり、われわれが見世物小屋と聞いて「親の因果が子に報い……」と、呼びこみのフレーズを想起するような、いわゆる因果ものの見世物（川添は「人物」とジャンル分けしている）は九%にすぎない。女相撲はこの「人物」ジャンルに分類されている（川添 二〇〇〇a）。

つまり江戸時代に発展した見世物文化全体のなかで、女相撲が占めた割合は小さなものであったということだ。そのためもあろうが、女相撲に関する当時の記録は管見によれば少なく、参照できる史料は限られている。しかし、少ない参考史料ながら、後世に強調されるような、グロテスクな見世物観とは別の一面を提供する史料もある。本節と次節では江戸時代の興行女相撲の別の一面について取り上げ、宮田が指摘した「女の大力信仰の零落」の問題を考えてみたい。

図7　座頭と女の相撲（寛政２年『玉磨青砥銭』より）

見世物女相撲が両国で評判にのぼってしばらくたった宝暦二年（一七五二）刊の『世間母親容氣』には、「両国橋にての女の相撲も。相変らぬ孔雀程にはなし。世界の繁昌江戸にまさる地なく」（南圭 一八九五）とあり、女の相撲は孔雀の見世物と比べられ、江戸の代表名物のように扱われている。この孔雀が今日の孔雀と同じものであるかどうかは不明だが、舶来動物が見世物興行の目玉商品になっていたことは川添も指摘しているところである。『世間母親容氣』の一文をそのまま受け取るならば、舶来動物の孔雀の見世物を上回るほどではないが、孔雀と名を並べても許されるほどには、女力士の相撲は世間の評判を得ていたと考えてよいだろう。ここには「女の相撲」とあるだけなので、座頭との相撲ではないと、文字通り理解したい。

では、どのような女性が女力士になったのか、を考えたい。「女と座頭の相撲」が興行界にあらわれたころになると、女力士の四股名は「目無川に瘡の海、杖が竹に鮫が橋、向ふ見ずに骨がらみ」といったような、ふざけた四股名があらわれる（山東京伝『玉磨青砥銭』）。座頭の四股名は想像にたやすい。三田村鳶魚は女と盲人の相撲にふれた「黄表紙の趣向の中にも」のなかで『玉磨青砥銭』を引き合いに出し、女力士もその四股名から推して「盲人の相手になるような女は、いずれも切見世というようなひどいところの者で、瘡かきなどが多かったとみえる」（三田村　一九九六）と想像している。だが、次の史料をみると、初期の女力士は、堂々とした力士然としたものであったらしいことがうかがわれるのだ。

明和六年（一七六九）に京都の菅大臣神社の社内で行われた興行女相撲を実見した螺女散人はその興行の様子を次のように記している。

（近頃、大坂の難波新地で女相撲の興行が評判を得ているというが、その女相撲が京都でも興行されることになった）たとへよもや相撲はとるとも、女子がはだかには成まじとおもひ居たりしに、（中略）いかさま珍らしき事なればいで見んと行しに、土俵のかゝりすべて例のすまふにことならず拵へ、扨ひゃうし木を打て土俵いりはじまる。真先に行司、是も女子也。（中略）其跡角力取、いずれも女也。本より丸はだかにふんどしして出る。東西ともに同じ。（中略）扨此すまふ取、いまだ見ざる以前ニ思ひしハ、女をはだかにしたらバ、ふんどしもふつごう成べし、ことにぜんたいいやらしく、くにゃゝゝとして、おかしきものならんとおもひしに、扨も案ニ相違して、各其骨がらたくましく、まして男よりも尻大きくて、ふんどし四ツ結のあふり至て見事也。（中略）扨すまふの手合は何れも手練無事故、双方立あふと其まゝいだき付て、押たをそゝゝ、とする斗り。されども女子同士の事なれば、よいかげんにして突出られて仕舞ひ、相対事ニ成てハけうすくなしとて、勧進元工夫して、勝たる者にハ褒美遣しけると也。依てほうびの銭をとらんとて、たがひに力を出しねぢあふハ、至っておかしくぞ見えし（後略）（螺女散人『つれゞ、飛日記』）（井口他編　一九八二）。

明和六年六月六日より京都の菅大臣神社社内で女が相撲を取る見世物があると聞き、物見遊山で出かけた螺女散人の目にうつった女力士は、丸はだかに褌姿であるにもかかわらず、観る前に想像していたような女体のいやらしい感じ、くにゃくにゃした感じはなく、骨格もしっかりしていて尻が大きいため、褌もよく似合っていた。しかし、技術的には劣っているし（「すまふの手合は何れも手練無事故」）、女同士の取組だと中途半端なところで勝負を投げてしまうので興は少ない（「けうすくなし」）。そのため勧進元が勝者に褒美を用意したところ、各々の力士は真剣になって相撲を取るので興をそそった（「おかしくぞ見えし」）という。

螺女散人はさらに、菅大臣神社社内での興行が評判を呼んだため、寺町の和泉式部の寺内でも柳の下のどじょうを狙った女相撲の興行があったことを記している。それによると寺内での興行もおおかた菅大臣神社の興行と同じであった。だが、菅大臣神社の方の女力士は小家の出の者なので骨格もがっしりとしていて裸になってもむさくるしくないのだが、寺町の方の女力士は惣嫁で、「身うちに瘡などの跡あって、むざむざ見苦敷」いと人はみな噂をしたという。

さらに、四条河原でも女相撲興行がはじまった。こちらの女力士は四条河原あたりの新地の芸妓で、気丈なものが出ている。このごろはどこでも女相撲ばかりなので、そのうちこの噂はひろまって、大力の女どもが諸国から集まってくるのでは、と螺女散人は女の相撲興行を肯定的に受け取っていることがこの史料からはうかがえる。(12)

螺女散人の残した日記からは、京都で興行がはじまった当初の女相撲は「例のすまふにことならず」とことわっているように、男の相撲と同様の形式をもっていたことが分かる。また、褒美めあてであるとはいえ、女力士が真剣勝負をする姿は、興味をもって見物人に受け入れられていたことも分かる。女力士の体格にしても、小家の出の者のほうが日常から体を動かし働く機会も多く、発達した肉体をもっているので好ましくみえたようだ。

当時の女力士は丸裸に褌という姿であったが、螺女散人や他の観客にとって、女相撲や女力士は煽情的な女体鑑賞といった、後世みられるグロテスク観とは無縁のもののようである。そもそも性的身体といったとらえかた自体が近代以降の思考バイアスである。(13) むしろ、女相撲の越境性、女の物理的力の発現を見ることに興をそそられる観客の姿が、『つれゞ、飛日記』の記述からは浮き上がってくる。

四　女力士と「きゃん」な女

『つれゞ、飛日記』によると、大坂の女相撲には高津新地の遊女「はんがく」という強力の者がいて、観客の評判を得ていた。その「はんがく」は、髪を「男のごとくに先を切て、半元服して角前髪と成、桔梗の大しまの帷子ニ黒ちりめんの羽織を、其儘むかしの濡髪長五郎」のようだともてはやされた（井口他編 一九八二）。濡髪長五郎は浄瑠璃『双蝶々曲輪日記』の主人公の力士で、そのヒーローに同視されんばかりの力士っぷりだというのだ。

別の史料（明和八年刊『世間化物気質』「酒にみだる、易者の間に合ひ」）には、このはんがく（坂額）が遊女から女力士に転身するきっかけが記されている（増谷 一八九五）。本文は長いので要約すると、次のような内容である。

京都の易者赤井白山人はふだんから酒に酔って易をするが、これがめっぽう当たる。白山人があるとき、祇園でいつものように深酒をしているところ、侍と町人、女郎が一緒にやってきて、「一生の中に名をあげる事が易の表に見へませうか」とたずねる。白山人は泥酔したまま、侍には富の札を買ってみよ、町人には馬の稽古をせよ、そして女郎には力業を習うとよい、と見立てた。

さっそくその通りに三者三様実行にうつした。侍はあちこちの富札を買っては損をし、町人は習わなくともよい馬の稽古をはじめたため、散財もはなはだしい。女郎は力業の稽古をはじめたために、気に入らない客は投げ飛ばすの暴挙に出る。そのような恐ろしい女郎に客は当然つかなくなる。三者三様のこの顚末に困った侍、町人の親父、女郎を抱えている亭主が白山人に詰め寄ると、白山人は実は酔った勢いでそれぞれの見立てを取り違えて言ったのだと打ち明ける。だが易は変易、すべて悪いというわけでもない、年を越せばどうにかなると、これも半分眠り目でかわされてしまう。

取り違えられたこの見立ては、その後ピシャリと当たる。侍は富札でぼろ儲けをし、町人は曲馬興行の太夫に抱えられて人気者となり、気に入らない客の前で大力を発揮していた女郎も大坂難波新地の女子の角力興行に抱えられ、三〇日で百五十両を稼ぐ関取となった。この関取が坂額である。

易は変易、言ったことは一年や二年、はたまた一生のうちには当たるもの、というのがこの話の落ちなのだが、この女郎あがりの坂額は、『つれ〴〵、飛日記』で「其儘むかしの濡髪長五郎」ともてはやされた女力士の「はんがく」と同一人物だろう。(14)

坂額は当時の有名な女力士だったようで、『浪花見聞雑話』(森編　一九八〇)にも出ている。

明和五年の頃、道頓堀に女の角力あり。東西に大関関脇小結を分って、一ツの大関ははんがくと言大女なり。其頃、町々より素人の女、此角力場に飛入に来りて、望にまかせて角力をとらせたり。ある時、天満天神の前に小山屋と言内の下女、大力にして、此角力の場へ飛入に行たりしが、彼大関はんがくを此女が投付つけたり。此女廿二才にして、常に四斗俵を我歯に引きくわへて振回して肩へ上持行し強力の女なりしと也。

『浪花見聞雑話』の奥書には文化十四年（一八一七）とあり、明和五年は五〇年ほど前の話である。先の二著に比べ、はんがく（坂額）の活躍した時代と刊行年の差が大きいため、同時代のルポルタージュとしての価値は低いとの評価もあろうが、明和の頃に「はんがく」と呼ばれた女力士がいて、その力士が評判の力士であったことを伝える史料としての価値はあろうと思われる。

さて、その評判の大関「はんがく」が飛び入りの下女（素人の女）に投げ飛ばされた。しかもその下女は、ふだんから四斗俵を歯力で振り回すような大力女であった。興味をひかれるのは、「はんがく」と下女が、大女と「小」山屋の者というように、大と小の対比を匂わせる記述だ。『日本霊異記』の「力女、力捔シ試みる縁」（前述①の説話）にみた三野狐と小女の対決を彷彿とさせる。五〇年前のことを記した『浪花見聞雑話』では、大関「はんがく」の活躍と評判はすでに説話の部類になっていたものかと思う。

それにしても、「小」女が「大」女を力でねじふせ投げ飛ばすことの、象徴的意味を考えたい。「逆さ事」とまでは言わないけれど、常識をくつがえす、「越境性」がこの話から浮かび上がってこないか。女が大力を発現する、普段は隠されている力を露わにする、女の大力説話には、通常とは逆の出来事に人々が驚嘆する有様が描かれている、と考えてよいのではないだろうか。宮田登は江戸時代の見世物女相撲には、「隠された女の大力」に価値を置く信仰が薄れた、零落したというが、筆者はそうは思わない。人気力士の四股名に大女を意味する「坂額」をつける感覚もそうだが、女が大力を発現するという越境的な状況に人々は興をそそられ、札銭を払ってでも見に行こうとしているではないか。

明和の頃の上方の興行女相撲は、女力士がたがいに大力をぶつけ合って取る相撲であったようだということが、大関「はんがく」のことを記す三編の史料から分かる。また、坂額のような人気力士は三〇日で百五十両も稼ぎ、しかも坂額が「名をあげるため」に力業を習ったというくだりからは、女力士になることは遊女が上昇するための方途の一つとされていたらしいことである。くりかえしになるが、落ちぶれた遊女が見物人の目慰みにその裸体をさらすという、昭和初期に語られた見世物女相撲のありようとは、ニュアンスの違うものであったことが分かる。

ところで、女の相撲や女の大力がもてはやされた背景として、これとほぼ同時期に「きゃん」な女を愛でる風潮が、遊郭や歌舞伎の演目を通して江戸の市井に広がっていったことを指摘しておきたい。

十八世紀の後半の田沼時代には、江戸で「きゃん」な娘が話題となっていた。西山松之助は江戸に「きゃん」とか「おきゃん」な娘があらわれてくるのには、歌舞伎の『女暫』がモデルになっていたことを指摘する（西山 一九八五）。だが、文献上はそれ以前にも「きゃん」の言葉があることから、ある種の女性に対し「きゃん」だと形容する意識は、この時期にはじめてあらわれたわけではない。「きゃん」な娘を好ましく思い、町娘の評判にまで広がりをみせたのが十八世紀後半であったということだ。

「きゃん」とは辞書的な意味では「若くて美しい女であること、やさしくしとやかではなくて男っぽい女であること、そして侠気があること」とされる。西山は、五人女のつらねから、「きゃん」な女とは「女だてら」の気構え、浮名も覚悟の自意識ある女のことだという。『女大学』が武家の女子教育の一般論として流通する時代、市井の人々は『女大学』の規範からはみ出し、自意識を持った女性をもてはやした。だから「きゃん」な女は、はじめは遊郭や歌舞伎の世界での、いうならば日常生活とは異なる世界に存在する女性像だったという。だが、茶屋の素人娘が大スターとしてもてはやされる明和期ともなると、市井にも「きゃん」な女が出現する。

なぜ「きゃん」な女は市井に受け入れられたのか。西山はその理由として『女大学』が一般的である時代に、それから外れる対象（つまり越境的な存在）であるがゆえ、「きゃん」な女は男たちの強烈な思慕の対象になったという。

また、森下みさ子は「きゃん」と同様にはみだし娘をあらわす「おちゃっぴい（お茶挽き）」の語に焦点をあて、評判の町娘の魅力をさぐる。「口達者でお転婆で生意気だけれど憎めない町娘の魅力」をさす「おちゃっぴい」という言葉は、森下によると、制度からはみ出す「茶」の流れ（闘茶からかぶき茶）を受け継ぐ言葉である（森下　一九九六）。そして、「遊女のなまめかしさとも武家の女房の慎み深さとも異なる、町人層が要請し、その要請に応えてちかちかと輝きはじける新しい魅力」を人々は評判の娘に見出し、その魅力をあらわす言葉として「おちゃっぴい」という言葉を選んだのだというのだ。

つまり、「きゃん」にせよ、「おちゃっぴい」にせよ、江戸の市井には、かくあれかしの女性ジェンダー、制度からはみ出す越境的な若い女が顕在し、それが女の新たな魅力として近世の都市民に受け入れられる素地があったということだろう。もちろん、評判娘の魅力のありかたと女相撲の評判、女の物理的力への称賛が直接つながる保証はない。しかし、『女大学』に代表されるような、「女としてのあるべき姿」の一般常識からはみ出すもの、つまり越境的なジェンダー・アイデンティティを持つ「きゃん」・「おちゃっぴい」な娘を排除せず、それを娘の魅力として受け入れる素地を、近世都市的主体は有していたのだということは留意してよいと思う。

螺女散人は、土俵をおりた女力士の行いについて次のように記している。数か所で興行する女相撲のうち、螺女散人が好意的に感じているのは菅大臣神社社内で興行する女相撲であるが、そこの女力士は朝夕の往来に籠をつかう。それを無駄だという人もあるのを聞いているが、螺女散人はそうは思わない。というのも、「すもうハとれども根が女の事なれば、道すがらも人にミられ、あれハすまふ取の女じゃといはれんことをはぢての事」であり、「それ程はづかしきをも、やむことを得ずして裸と成、ことさらふんどしまでして相撲をと」る、だからこそ見物は群れをなすのだというのだ。しかし、後発の興行の女力士は朝夕の往来も恥じるところをみせない。ともすれば我がもの顔で往来をのし歩く。がさつな態度で往来する女力士に対し、螺女散人は「少も女にハあらずして其いやしさいわんかたなし」、「賞すべきものにハあらずして女のすたれもの也」と批判的である（井口他編 一九八二 三四〇―三四一頁）。男勝りの力相撲を取っても、女の心情は失わない、そこに螺女散人は女力士の魅力を感じたのだろう。これは「女だてら」の心意気は持っていても、女であることから完全には逸脱していない越境的な「きゃん」や「おちゃっぴい」に通じる、近世都市的主体の受容の観点といってよいと思う。(15) それに対して、我がもの顔で往来する女力士には手厳しい。螺女散人にとって、そのような女は、「越境性」の許容の範囲を逸脱し、領域を侵犯する存在であると判断されるのだ。

しとやかな外見に隠された大力女、小女が大女を上回る大力でねじ伏せる逆転劇、遊女のなまめかしさや武家の女房の慎み深さと無縁な「きゃん」「おちゃぴい」――このような女たちに共通するのは、存在がかもしだす越境性である。近世都市的主体にとって、越境的な大力女相撲、「きゃん」な女に「おちゃっぴい」娘は、魅惑の対象になり得たということだ。

まとめ

評判のよい女力士の立ち居振る舞いや「きゃん」な女、「おちゃっぴい」娘は、世俗的規範において是とされる女性ジェンダーを越境する女たちである。これは宮田が女の大力説話を取り上げた論考で指摘した、「女の大力は非日常の、隠れた文化価値を示す」とするところにつながっているのではないかと思われる。つまり、第一節で取り上げた中世の女の大力説話には、「しとやかな外見と隠された大力（外見と中身の逆転）」、「『小』女が『大』女を上回る大力でねじ伏せる」、「夜間に発現される女の大力（非日常性）」というように、逆さ事とまでは言えないけれど、日常ではまれな「越境性」が示されている。通常とは異なる状況で発現されるから「女」の大力なのであって、その越境性に、通常の価値や規範がひっくりかえされるから人々は驚嘆するのである。これはバランディエが「秩序の逆転は、秩序の転覆と同じではなく、むしろ秩序のひとつの構成部分であり、秩序の強化に使われさえする」（バランディエ　一九八二　九七頁）と指摘した裏返しの文化的価値であり、宮田登のいう「隠れた文化価値」である。

近世になって女の大力が見世物化（見世物女相撲）していくことについて、宮田は「隠れた女の大力に一つの価値を置く思考が欠けている」、「聖なる女の大力のあり方が否定されて」いると評した。だが、江戸の見世物女相撲は、女の越境的な大力を見せるものなのであって、札銭を払ってまでこれを見に来る人々にとって、女相撲で示される女の大力は、やはりひとつの文化価値を有したものであったのだ。

近世後期の見世物文化には仏教信仰をも意識的・計画的に本来の文脈からずらして見世物の対象にしていくような、パロディ化への貪欲な指向性が認められるという（川添　二〇〇〇ｂ）。江戸時代の見世物文化の発展傾向に照らし合わせるならば、女の大力は、零落し否定されたのではない。江戸期の見世物女相撲は、越境的な女の大力を、興行という「境界的な場」で、日常生活の価値や規範を逆転し活性化するため（裏返しの文化的価値）に、見物の対象として見せたものなのである。

宮田登は『江戸歳時記』のなかで、江戸町人の生活文化の特色として西山松之助の指摘した「行動文化」にふれている。江戸の町人は神社・仏閣・名所巡り、縁日開帳、物見遊山に見世物見物、遊芸への参加、と貪欲に行動する。この「行動文化」を支えるものは、①現実を遮断する変身の論理によって別世界を組織し、身分階層をさえ逆転させる自己解放、②行動の中に埋没し、現実的存在を消すことにより人間本来の自己に回帰するという意味での自己解放、であるという（宮田　一九八一　一九〇—一九一頁）。この「行動文化」とは、停滞する日常生活に新しい規範を取り入れる、逆転することによって制約から解放されていく象徴的逆転の重視のことを指しているのではないか（バブコック編　二〇〇〇　一二頁）。だとすれば、見世物やパロディ化された聖なるものを積極的に取り入れることは、まさに江戸の都市文化のあらわれなのである。

規範的な女性ジェンダーからはみ出す越境的な「きゃん」な女、「おちゃっぴい」娘を江戸の町衆はもてはやした。見世物といい、はみ出し娘といい、越境的なるものによって文化の刷新をはかる江戸町人文化の都市性もまた、本章の考察からうかがわれたことであった。

最後に、宮田が『ヒメの力』のなかで「隠れた女の大力」を論じる上で強く批判していた、「わいせつで好色趣味の珍相撲」のことにもふれておかねばなるまい。宮田の引用した「女と座頭の相撲」は、昭和初期になって「変態性欲」の対象と結びつけられたものであった。(16) 宮田は、娘一人に聟八人の女と座頭の相撲が男性の「変態性欲」の対象とされることで、「聖なる女の大力の価値」が賤しめられたと解釈したのだと思われる。第二章で考察したように、近代のブルジョア的主体にとって、女相撲の境界侵犯性はグロテスクであり、嫌悪と同時に魅惑の対象となる。娘一人に聟八人の「女と座頭の相撲」ならば、その「みだりがましき」さまがブルジョア的主体の性的欲望をかきたてる対象ともなるだろう。では近世の都市民の主体にとって、女と座頭の相撲のグロテスク性は、どのように受け止められていたのだろうか。この点について説明できる力は筆者にはないので、今後の課題としたい。

さて、女力士や「きゃん」な女、「おちゃっぴい」娘は、日常的秩序によって是とされる規範的な女のあり方への象徴的逆転が、社会にとって価値あるものとされてはじめて、その越境的な存在が容認される。それでは女の越境性を自分たちの領域を侵犯するものとして許さないときにはどうなるのであろうか。

註

（1）　大正から昭和にかけ、江戸時代の興行女相撲を指して見世物女相撲と称することがあり、本章では近代以降の興行女相撲と区別するため見世物女相撲と表記する。

(2)『日本霊異記』第四「力女、力捔シ試みる縁」(角川文庫 一九五七)

(3)『日本霊異記』第二七「力女、強力を示す縁」(角川文庫 一九五七)

(4)『古今著聞集』三七七「佐伯氏長強力の女大井子に遭ふ事幷びに大井子水論して力を顕す事」(『日本古典文学大系』八四 岩波書店 一九六六)。出典では一話だが、本文では二つのエピソードととらえ、③④の二話に分けた。

(5)『古今著聞集』三八一「近江国遊女金が大力の事」(『日本古典文学大系』八四 岩波書店 一九六六)

(6)柳田國男「巫女考」(一九九九)に続く柳田の巫女論に触発され、信仰儀礼における女性の役割を取り上げたものには宮田(一九七九、一九八三)、牧田(一九八一)などがある。

(7)興行女相撲の文献初出といわれる『俳諧時津風』の刊行は平井蒼太「見世物女角力のかんがへ」、三田村鳶魚『相撲の話』では延享三年となっている。だが、その後雄松比良彦(一九九三)の調べで延享二年とされた。本書では雄松の説をとり、延享二年とする。

(8)第二章を参照のこと。このことは雄松比良彦も江戸時代の興行女相撲を誤解させることとして指摘している(雄松 一九九三)。

(9)ここで取り上げた『續淡海』の引用箇所は、朝倉無声『見世物研究』(一九七七)によれば『流言記』延享二年落首、柳営役人評判謎の条の記事となっているが、ここでは雄松説をとる。なお、雄松によれば『續淡海』は同時代のルポルタージュではなく、後世の人(複数の可能性あり)による記事であるため、情報の質については疑問、という。

(10)雄松(一九九三)「江戸時代女相撲史年表」参照。

(11)たとえば岡田甫「好色のぞきからくり」、耽好洞人「見世物女角力誌」(以上は『風俗資料』第三冊)、平井蒼太「見世物女角力のかんがへ」(『歴史公論』五巻五号)、古河三樹『江戸時代大相撲』(古河 一九六八)等々、昭和期に出版された江戸時代の興行女相撲に関する書物には、女相撲は好色趣味を満足させる見世物であったという論調がつよい。第二章参照。

(12)螺女散人はまた、同時期の大坂で女と盲人の相撲が興行されていたことにもふれている。しかし京都では女と盲人の相撲興行は許可が下りなかったので、盲人のみ(男)の相撲の興行がかけられ、これはもてはやされたとも記している。女力士の相撲興行と、女と盲人の相撲興行が、ほぼ同時期に流行った興行であったらしいことが分かる。

(13)第二章を参照。

(14)『世間化物気質』は明和八年刊、『つれゞ、飛日記』の女相撲は明和六年の興行の見聞記であり、ほぼ同時期のことを記した点、ともに大坂の女力士という点から同一人物の可能性があると判断した。

(15)　浅野美和子（一九九五）は江戸時代に盛んとなった女の芸能の考察で、女の芸能者の両性具有性に注目している。女相撲、宝塚の男役にみられる両性具有的魅力（アンドロジェニー的魅力）の受容については、第九章でふれる。

(16)　女と座頭の相撲に関する史料には大田南畝「半日閑話」として明和六年二月十八日からの浅草寺開帳の折、「盲と女相撲」と「盲の相撲」が別々に奥山の見世物に出たことが記されている。また、『つれゞ、飛日記』にも明和六年、大坂で女と座頭の相撲があったことは本文中にも述べた。

第七章　女子プロレス抑圧者としての力道山

はじめに

「プロレス」と言うとき、たいていの人は男性レスラーの行うプロレスを想像するだろう。女性レスラーの行うプロレスは、「女子プロレス」と称される。男子プロレスという言い方は、よほど性差を強調しようとする意図がないかぎり、されない。「プロレス」は本来男性レスラーの行うもので、そのジャンルにあとから女性も参加してきたから、差異化をはかって「女子」プロレスとすることにしよう、となったのであろう。このようなことはプロレスに限ったことではない。女子野球、女子サッカー、女子バレーボールなど、女子〇〇と称されるものは、もともとは男性中心の世界だったところに、あとから女性が参入したことを示している。もちろんこのことはスポーツの分野に限らない話である。

とはいえ、日本のプロレス興行においては、女子プロレス興行は男子プロレス興行に先行している。しかし、男性レスラーの行うプロレスが「男子プロレス」と通常呼ばれているわけではない。やはり「プロレス」というとき想起されるのは、男性レスラーによるプロレスなのである。

本章では、日本のプロレス興行の創成期において、男子プロレスの立役者である力道山が女子プロレスに対して持っていた感情によって、女子プロレスがプロレス報道から抑圧されていった状況を描き出そうと試みる。力道山やその後のプロレス報道が女子プロレス報道を抑制していった動きは、力道山が身を置く場の秩序、いいかえれば男性主体のアイデンティティを脅かし、境界侵犯してくる存在（女子プロレス）に対して取るアクションの一例となる。また、女子プロレスは力道山らの目指すプロレス側に近づきつつも、プロレスの秩序と完全に同化することはなかったが、女子プロレスのもつ越境性が、より大きな世間に受け入れられている状況も考えたい。このことは、男子プロレスにとっては領域を侵犯する嫌悪観をもたれたまま、女子プロレスの境界侵犯性が一般には受容されている状況であると考えるからだ。

一　ハイヒールと女子プロレス

『日本プロレス全史』（一九九五）には、力道山が女子プロレスを快く思っていなかったことを示す記述が二か所ある。まずは昭和二十九年（一九五四）十一月の項に、「力道山は女子プロレスをプロレスとは認めず、同等に見られることを嫌った。プロレス・マスコミも最初は女子プロレスを紹介したが、力道山の圧力でまもなく掲載を取りやめる。プロレス業界内の女子プロレス差別のはじまりである」とある（同書　三七頁）。

女子プロレスの興行が行われるようになったのは、昭和二十三年（一九四八）ごろで、力道山によるプロレス興行の開始（昭和二十九年）に先行するのだが、当初の女子プロレス（女子レスリングと称していた。本文中の呼称は女子プロレスとする）は、レスリングというよりもコミックショーだった。コミックショーの時代の女子プロレスについては、『日本プロレス全史』ではまったくふれられていない。昭和二十九年十一月の時点でプロレス・マスコミに紹介された女子プロレスは、力道山のプロレス人気が急上昇するにつれて、女子プロレスの興行団体があちこちに誕生した、そのころのものである。では、そのころ女子プロレス界ではどのような動きがあったのか。

女子プロレスに、興行としての〝うまみ〟があると思わせたのは、昭和二十九年（一九五四）十一月のミルドレッド・バーグら六人のアメリカ人女子レスラーの来日だったと思われる。「女子プロレス国際大会」と銘打たれた興行では、来日した女子レスラーの試合のほかに、日本人女子レスラーとして猪狩定子、田山勝美、法城寺宏衣らが前座試合をしている。

もちろん、アメリカ人女子レスラーを招聘して興行を打とうという発想からして、力道山のプロレス人気にあやかった動きだったはずだ。すでに女子レスリングの興行はあったし、女性にプロレスをさせたら面白いだろう、ましてや金髪女性なら、力道山のプロレスとはひと味違う興奮をもたらしてくれるはずだという、目先の利く興行師の計算があったにちがいない。興行のグロテスク性がもたらす象徴的逆転の文化的価値を思い出してもらいたい。

アメリカ人女子レスラー来日の模様をつづった『週刊サンケイ』(1)では、女優然とした「オトギの国の女王様」（同誌）のようないでたちのレスラーが、ガウンを脱いだとたんに野性的な豹や山猫のように変貌し、ガウンを脱ぐ前と後のあまりのギャップに見物の男衆は度肝を抜かれたようだと伝えている。

この出来事に前後して、おりからの力道山プロレス・ブームとアメリカ人女子レスラーの来日という追い風に乗って、興行としての〝うまみ〟に気づいた興行師たちにより、日本各地に女子プロレス団体が次々と誕生していくことになる（亀井二〇〇〇）。

ミルドレッド・バーグらの来日は新規のメディアであるテレビでも放映され、女子レスラーたちは力道山の道場にも表敬訪問をした。女子レスラーを迎えた力道山は、プロレス・ブームの立役者として、笑顔で彼女らと接していたと『週刊サンケイ』の記事にはあるが、先にあげた『日本プロレス全史』の記述によれば、力道山は女子プロレスと自分らの行うプロレスとを同等に見られることを、すでにこの時期には嫌っていたことになる。

『週刊サンケイ』の記事を見ていてあらためて気がついたのだが、試合の模様を紹介するために掲載された写真に、

②

①

図8　女子プロレスの試合の模様（『週刊サンケイ』1954年11月28日号より）

一方のレスラーが他方を羽交い絞めしているところの写真が切り抜かれ、見物の客がその周りに描かれているというカットがある（図8—①）。驚くべきことに、二人の女子レスラーの足元を見ると、彼女らは〝レスリングシューズ〟ではなく、〝ハイヒール〟を履いている。

同じ試合の模様を描いたと思われる挿絵では、相手レスラーの頭をヘッドシザースで自分の太ももに挟んでいる様子が描かれている（図8—②）。技をかけているレスラーは、鼻からフンッと音が聞こえてくるような書き込みがなされ、呼吸の荒くなっているのをあらわしている。見ようによっては悩ましいポーズに描かれているとみていいのだが、ここではきちんとリングシューズが描かれている。

カットを描いた作者には、プロレスの試合ではレスリングシューズを履くものだという見解はあったのだろう。なのに、当日の模様を伝えているはずの、たった一枚の掲載写真で〝ハイヒール〟を履いている女子レスラーを選ぶとはどういうことなのだろう。それがミルドレッド・バーグらのエキシビジョン・マッチの真実だったのか（リングシューズを描かせたのは挿絵作者の創作か）。それとも金髪女子レスラーの境界侵犯性を強調しようという掲載誌の意図なのであろうか。

このときの試合の模様ではないが、のちに『プロレス&ボクシング』(2)に掲載されたアメリカの女子レスラーの写真にはハイヒールで練習している女子レスラーはいない。

「男子のそれ（プロレス）におとらないほど、ファイトがあって、すさまじい」と形容されているように、同誌の記者には〝リングシューズを履いて〟試合する女子レスラーが当然のように受け止められている。やはり〝ハイヒール〟は、来日女子レスラーの宣伝用に、何者かが意図したパフォーマンスであろうか。

しかし、ハイヒールを履いて羽交い絞めする女子レスラーの姿が、もしも来日時の真実だったというのなら、いや、例え真実でなく女子プロレスのイメージとして喧伝されたパフォーマンスだったとしても、そのような〝女子プロレス〟に、力道山でなくとも「それは、女子プロレスというよりキャトファイトだ」と違和感を覚えることだろう。

あの日のエキシビジョン・マッチで、来日した女子レスラーが履いていたのはなんであったか、本当のところを確かめる手立ては、今のところない。けれども、ハイヒールを履いていたのが真実か否かよりも、そのような姿がプロレス専門誌ではなく、『週刊サンケイ』という一般誌に掲載されたということに、筆者は重きを置きたい。普通の人々が持つ女子プロレスのイメージ形成に、あるいは「女子プロレス」と聞いて人々が期待するだろうイメージに、彼女らの足元はどういう作用をもたらしたのだろうかということを考えたいのである。

結論を先にいえば、〝ハイヒール〟こそ、女子プロレスの境界侵犯性を象徴するアイテムなのである。創成期のアメリカの女子プロレスの試合映像と女子プロレスラーへのインタビューで構成された『Lipstick & Dynamite』には、ハイヒールを履いてプロレスをする試合が、数秒ではあるが一か所に収録されている。(3) 収録された他の試合ではハイヒールを履いたものはないから企画ものの試合（〝ハイヒール・マッチ（試合）〟）であるかと思われる。筆者には、この〝ハイヒール・マッチ〟の展開が読める。ハイヒールを履いて美人レスラーがリングに登場するとき、その強調された女性性は観客を大いに魅了するだろう。しかし、ハイヒールを履いたままでは思うように動けないのは自明なので途中で脱ぐ、または劣勢を挽回しようとして脱がれたハイヒールは、次の段階で〝凶器〟として使用されることになるだろう。間違いなく、ハイヒールは〝凶器〟となる。男性主体のアイデンティティにとって、〝ハイヒール〟はグロテスク性を象徴する嫌悪と魅惑の対象である。(4) 嫌悪と魅惑を象徴する対象（ハイヒール）をアイテムとする発想は、女子プロレスのグロテスク性、境界侵犯性をより強調した形で観客に呈示することになるだろう。

ハイヒールレスラーの掲載写真が力道山の女子プロレス差別に直接の影響を与えたかどうかは分からない。現実に〝ハイヒール・マッチ〟が行われたかどうかも定かではないし、掲載写真を力道山が見たかどうかも不明である。ただ、たゆまぬ鍛錬によって鍛え上げられた肉体（それは見事にビルドアップされた力道山らレスラーのマッチョな肉体を見れば一目瞭然だ）、技と技とが激しくぶつかり合う「プロレス」と、〝ハイヒール〟はあまりに不釣合いだ。のちに国民的英雄とまで言われた力道山が、空手チョップで勝負にうってでたプロレス興行、その旗揚げから九か月後にはハイヒールを履いてリングに上がる金髪女子レスラーが、誌面掲載の写真とはいえ世間にもてはやされようとしているのだ。

「力道山は女子プロレスをプロレスとは認めず、同等に見られることを嫌った」。第二章で女相撲興行について考察したように、一般誌に取り上げられることは、世間で認知される際のイメージの形成に少なからぬ影響を与える。〝ハイヒール〟に象徴される「女子」プロレスのカーニヴァル性、グロテスク性、そして境界侵犯性を、力道山は認めたくなかったに違いない。力道山が圧力をかけ、プロレスの業界から女子プロレスを排除していくのは、世間にとって魅惑の対象であった女子プロレスでも、力道山の男性主体のアイデンティティにとってはグロテスクで、ただ嫌悪すべきものであったためなのだ。

二　抑圧される以前の女子プロレスの報道

『日本プロレス全史』には、もう一か所、力道山が女子プロレスを好ましく思っていなかったことを示す記述がある。それは女子プロレス興行が一時期の隆盛のあと、急激に落ち込んでいった理由として記された。平成七年（一九九五）九月の項に「全日本女子プロ・レスリング王座決定トーナメント」を終えたあと、「女子プロレスは興行の乱発や力道山の圧力などによって窮地に追い込まれる」とある。これは力道山の圧力が女子プロレス興行に影響していたことを示唆している。

とはいえ、力道山の女子プロレス差別を当時のインタビュー記事等で直接あらわす言説は、筆者の管見では探し出せずにいる。だが、連日接するプロレス・マスコミや弟子たちに直接または暗に女子プロレスはプロレスではないという内容のことを語っていただろうことは、徐々に女子プロレス報道がプロレス・マスコミから排除されていっていることからも想像される。

では、力道山による女子プロレス報道の抑圧が浸透する以前、プロレス・マスコミの女子プロレス報道はどのようなスタンスを取っていたのか。

ミルドレッド・バーグらの来日と、女性がプロレスをすることに対する世間の反響に目をつけた興行師が、力道山の思惑などをよそに、国内で女子プロレス団体を次々に設立していったということは先にふれた。その様子は乱立といってもいいような状況だった。力道山のプロレスが定期的にテレビ放送をされるようになってから一年半後の昭和三十年（一九五五）八月に、女子プロレス団体を統一するための全日本女子プロレスリング連盟が設立されている。このことからも、当時の団体乱立の状況はよくあらわれているだろう。また翌月には連盟加盟団体による第一回全日本選手権者決定戦（『日本プロレス全史』では「全日本女子プロ・レスリング王座決定トーナメント」と記される）が、一週間にわたり各都市で開催されている（亀井 二〇〇〇　三五－三六頁）。

力道山の圧力によってしだいに掲載を見合すようになったプロレス・マスコミではあるが、その初期には女子プロレスを好意的に取り上げていたこともあった。たとえば、『プロレス』の創刊号では、「女子プロの出羽ノ海部屋」と同誌に命名された、世田谷区上馬の全日本女子プロ・レスリング協会所属のレスラー紹介がある。どのような感じで紹介されていたか、創刊当時の記者らが女子プロレスに好意的に接している様子がうかがえるので、次にあげよう。(5)

全日本重量級選手権者 山本芳子さん

全日本ライト・ヘビー級のナンバー・ワン五尺七寸五分、二二貫、見上げるばかりの大女性だ。両国国技館の王座決定戦にポテヤンこと香取由美子（一九貫）との肉弾戦は、男性ファンをして——ああ、日本の女もついに、ここまでデカくなったか、と見とれたもの。一一分三〇秒体固めで山本二二貫嬢が香取一九貫嬢を討取った時のタメイキは女子レス時代来るの感が充満していた。芳子さん芳紀正に一九才、磯節で名高い水戸ッポ、いや水戸高出身、同地の旅館の娘さんで「ピョンピョン」という異名があり、文学少女、いたってお優しい方とある。（略）

山本芳子は当時のトップレスラーである。以下、所属選手のうちの一六人が取り上げられている。あとに紹介される選手になると、記者の筆も少し柔らかくなって選手のほほえましいエピソードの加わることもあるが、おおむね身長・体重や特徴がごくありきたりに記されている。

今日の目で右の記事を読むと、アスリートの紹介にしては砕けた文章のように感じられるが、プロレスラーの紹介文としてはさほど違和感はない。今日のレスラー紹介でも、微笑ましいちょっとしたエピソードはつきものであるからだ。また、当時の男子レスラーの紹介文と照らしても、女子レスラーをきわもの扱いはしているようには思えない。ごくごく当たり前の紹介なのに、長めに引用したのは、力道山が抑圧したことの影響はこの記事の時点ではまだ感じ取れないと思われること、を確認したかったためだ。

また、同号では九月に開催された第一回全日本選手権者決定戦の模様（九月十、十一日、国際スタジアム大会）が一八葉の写真で伝えられている。この選手権者決定戦は団体対抗戦であり、体重別に試合が組まれていた。ページの見出しには「荒わざに男顔負け」とあり、写真の構図も、先に取り上げた『週刊サンケイ』の挿絵のように、読者に、レスリング以外の、たとえば悩ましき状況といった意識を引き起こさせるような構図にはなっていない。

プロレス専門誌なのだからそれは当然といえば当然だが、逆にいえばプロレス専門誌として、当然のように女子プロレスを掲載していたということになる。

同誌昭和三十一年（一九五六）一月号では、女子プロレス・チャンピオンの猪狩定子・田山勝美とショパン猪狩の新春対談が企画されている。昭和三十年（一九五五）十一月開幕の日本プロレス（男子プロレス）の「アジア・プロレス選手権シリーズ」に来日したキング・コング、ダラ・シンの試合ぶりを振り返り、今後の女子プロレス発展のための抱負を語るという内容で、掲載は四ページにわたる。発言者の記名がないので誰の発言かは不明だが、ダラ・シンの機敏さ、技のかけようのきれいなこと、彼らの来日によって観客のプロレスを見る目が肥えただろうということが指摘され、女子プロレスに対しても、

――ショウとして、力のいれどころがかんじんよ、技がはいってもいないのに、キャーってなんか悲鳴をあげたって通じないワ、それをあたしは、〝手が死んでる〟と注意するのですけど

――一つの例として悪玉、善玉でやるでしょう、投げられる方は金高もきまっている、あたしは投げられ通しだわナンテ考えで芸を投げてしまう……こいつが一番いけないね、お客が見ていて一向沸かないのも、これがためだ

と、所々で当時の女子プロレスがまだまだ発展段階だったことを示唆する発言もある。けれど、こちらもおおむねノーマルな印象の残る記事構成だ。

同誌同年三月号では、第二回女子プロレス王座争奪戦の出場レスラーの紹介も兼ねた試合結果報告が三ページ分掲載されている。

三月号発行の時点では、同年六月にふたたび王座争奪戦が行われる予定だったようだ。記事も「次回は六月頃に、またまた王座争奪戦が花のお江戸に展開されるという。ではまた元気で美しい姿にお目にかかろう」（同誌）と結ばれる。しかし、団体対抗戦である第三回王座争奪戦は開催されなかった。乱立する団体相互の統制がとれなくなったために、全日本女子プロレスリング連盟自体が解散してしまったからだ。

華やかに活動していた昭和二十九年（一九五四）、三十年が嘘のように、女子プロレス興行はこのあと、約一〇年間の低迷期を迎えることになる。女子プロレス興行が低迷していったのは、ほかでも書いたことだが、興行としての魅力や芸としての魅力が乏しかったからだろう。力道山が女子プロレスを認めず、その報道にも圧力をかけたという動きと、女子プロレス興行側の自滅が直接かかわるかどうかははっきりしない。この記事のあとも、日米の女子プロレスの記事が『プロレス』や『プロレス&ボクシング』誌には散見する。だが、あとにも述べるが、力道山の女子プロレス批判の圧力によって、とりわけプロレス・マスコミが、業界内女子プロレス差別を形成していったのは、この女子プロレス低迷期ではないだろうかと筆者は考える。

三　女闘美としての女子プロレス

女子プロレスが男子プロレスのように定着していかなかったことについて、一つには女子プロレスがスポーツとしても、エンターテインメントとしても、未発達だったことが指摘される。新奇な見世物として興行師が目をつけたことで、乱立していた女子レスリングの団体や所属レスラーは、付け焼き刃的な「プロレス」をするのがせいぜいだっただろう。少なくとも、力道山やそのほかの日本プロレス所属レスラーのように、相撲や柔道をバックボーンにプロレスに転向していく女子レスラーは少数派である。

『プロレス』昭和三十年（一九五五）十一月号に掲載された全日本プロ・レスリング協会所属レスラーのなかには、柔道経験者は一人、重量挙げ選手が一人、文面から推察するに野球経験者は二人いた。別の団体には女相撲興行の女力士から転向したレスラーもいる。活発な性格の者が多いだろうことはうなずけるが、十分な修練を経ずに未熟な技術のまま「プロレス」として観客に提示されることを力道山が嫌ったということは十分に考えられる。

プロレス自体、ジャンルの鬼っ子と言われるようにスポーツとショーのあわいに成立しているジャンルである。あるときは鍛え上げられたアスリート同士の技の攻防に、競技（者）としての美しさや感動を覚え、またあるときは見ている側の感情を逆なでするような反則攻撃や、リングを離れたところでなされる舌戦に、人々はドラマを見いだし、心を揺さぶられる。揺籃期の女子プロレスはこの微妙な観客心理の操作にまでは到達していなかったのだろう。女子プロレスの芸としての未熟さは、『プロレス』昭和三十一年（一九五六）一月号の対談記事で、関係者である猪狩ら自らが指摘していたことにも通じる。当事者にとっても、改善したいと願っていた課題であった。

またそれは、プロレス専門誌以外の媒体で女子プロレスがどのように紹介されていたのかを一瞥すれば、概要をつかむことができる。新奇な興行である女子プロレス、女性でありながら力道山のようにプロレスをしようとする女子レスラーの姿を面白がって取り上げながらも、他方では女だてらに闘う女子レスラーや女子プロレスを、好奇の対象としてみていた報道・観客側のありようが浮かび上がってくるからだ（亀井 二〇〇〇 三一―五〇頁）。

女子プロレスは、女闘美とも呼ばれていたという。女闘美とは読んで字のごとく闘う女性に美を見いだす、動的美を指していた。戦後発行の『奇譚クラブ』には、女性の動的美を賛美する女闘美マニアの小説などがときおり誌面にみいだせる。『奇譚クラブ』に掲載された女闘美小説はおもに女相撲についてのものだった。しかし、ここでの女相撲は、明治期以降各地で興行をしていた興行女相撲というよりも、素人娘の行う相撲で、同書の読者は素人女相撲に強い興味を示していたようだ（第二章参照）。

『奇譚クラブ』という雑誌の性格上、女闘美という言葉はけっしてポピュラーな名称ではなかったと思われる。女闘美小説の多くが、男性の廻し姿にあこがれる女性が秘めやかな楽しみとして廻しを締め、相撲を取る姿を描いている。女闘美マニアと称する賛美者もいたが、しょせん一部の好き者のひそやかな性指向のようである。そのような、いわく付きの「女闘美」の呼称で呼ばれる女子プロレスには、どうしても日陰者イメージがつきまとってしまうのではないだろうか。宮崎学『不逞者』（一九九八）によれば、女子プロレスを女闘美と呼ぶとき、きわものとして見下した感情が付随していたという。

ついでだが、当の女闘美マニアからは「女子プロレスは女闘美にあらず」という意見が出ている（『奇譚クラブ』昭和三十八年十二月号）。この投書が掲載されたのは女子プロレス低迷期にあたる時期ではあるが、女闘美マニアが愛でる女性の動的美（多くは読者の〝想像〟のなかの女闘美だが）からも、女子プロレスは除外されていたことが分かる。この時期の女子プロレスの境界侵犯性が、女闘美マニアの琴線にふれなかった理由も気になる点ではある。筆者が子どものころに観た女子プロレスは、今日と比べると間合いが空いていて、スピード感の薄いものだったと記憶している。

相撲のもつテンポ、密着感と女子プロレスのそれとの相違が、女闘美マニアには受け入れられなかったのだろうか。

話を戻すと、力道山は、女子プロレスを「プロレス」とは認めたくなかった。なぜなら、力道山がめざした「プロレス」は、マッチョな男たちの闘う現場であり、観客との対応で言うなら、観客心理を巧みに操作して成り立つジャンルである。女性がいくら鍛えてもマッチョな男になることは不可能で、しかも力道山生存中の女子プロレスでは女子レスラーが観客心理を操作するという次元まで、芸として到達することはできなかった。

さらに、女子プロレスを指して「女闘美」と称する時に付随する、きわもの的なイメージとの混合も、力道山は避けたかったにちがいない。きわもの的呼称で呼ばれる女子プロレスと「プロレス」を同等のものと認めたら、次は「プロレス」まできわもの扱いされかねない。女子プロレスは、「プロレス」で身を立てようとする者たちの男性的アイデンティティを脅かす存在だったに違いない。

だが当の男子プロレスも、プロレスを他のスポーツ競技の論理にあてはめ、プロレスは「真剣勝負」ではないと批判する「プロレス八百長論」が、プロレス・マスコミ以外のメディアでは早い時期から指摘されていた（岡村 一九九〇）。

力道山のプロレスにグロテスク性はないのか。答えは否である。プロレスが日本人対アメリカ人の対立構造をリング上で繰り広げたことはよく知られている。〈ウチ〉の民族レスラーと〈ソト〉の民族レスラーとの対戦が、〈善〉と〈悪〉に対比され、対立構図として使いまわされていたことも、知られている。力道山のはじめた「ワールドシリーズ」に招へいされた外人レスラーが、さまざまな民族性を付されたねつ造外人レスラーであったことも、今では知られるところとなった。力道山は、プロレスの観客にとって「他者」である存在（他民族レスラー）を意識的に操作することで、プロレスのカーニヴァル性、グロテスク性を演出していったのだ[6]。

プロレスに本質的なグロテスク性を巧みに利用しておきながら、力道山が女子プロレスを嫌悪したというのは、彼の個人的な好み、男性的アイデンティティの側からする単純な排除の論理だけではなかっただろう。男性社会にとって、女性の存在が常に排除されるべき「他者」であったこと、グロテスク性、境界侵犯性という点で、「男子」プロレスでは「女子」プロレスに到底及ばないであろうことを、無意識に感じ取っていたからに違いない。

四　世間の認知と業界内の排除と

昭和三十一年（一九五六）以降、女子プロレス低迷期に女子プロレスに関する記事がないのは、女子プロレス自体の問題も多々あると思う。ところが、プロレス業界内部の女子プロレス差別は、社会的に女子プロレスが認知されてからも、つまり力道山没後も引き続く。少し前の話からはじめよう。

昨今では女子プロレスの試合は『週刊プロレス』『週刊ゴング』『週刊ファイト』といった週刊のプロレス専門誌で取り上げられることがあるが（『週刊ゴング』と『週刊ファイト』は現在休刊）、女子プロレス興行では空前の盛り上がりをみせた昭和六十年ごろに活躍したクラッシュギャルズが当時の週刊プロレス誌に取り上げられることは、ほとんどなかった。当時、女子プロレスの情報を知るためには、月刊誌の『デラックスプロレス』か『ファイトスペシャル』によるしかなかった。

これらの月刊誌は『週刊プロレス』と『週刊ファイト』から派生したものである。両誌とも、本家に対する分家格といった位置にある。女子プロレスの記事は分家でどうぞ、本家では扱いませんよ、ということなのだろう。本家の敷居は、女子プロレスにはとても高かった時代だった。

社会的現象だったと今でも語られる、女子プロレス史上に残るクラッシュギャルズの勢いをもってしても、プロレス雑誌の本編では掲載の対象にはならない。当然表紙を飾ることも不可能な話だった。

ちなみに平成十四年（二〇〇二）当時でも、日刊紙『東京スポーツ』では、プロレス欄で女子プロレスを扱うことはあるが、戦譜（対戦結果）は掲載されない。いや、まったく掲載されないわけではない。確認できる範囲だと平成七年（一九九五）十二月四日両国国技館大会。この大会のメインイベントの、ＷＷＷＡ世界シングル選手権試合でＪＷＰのダイナマイト関西から全女の豊田真奈美がベルトを奪った試合の記事とともに全試合の結果が載っている。長谷川咲恵の引退した平成八年（一九九六）四月二日横浜アリーナ大会は後半三試合の試合結果。同年五月十八日大田区体育館で行われた第一回ジュニア・オールスター戦は全試合。同年八月十二、十三日に日本武道館で行われた女子プロレスオールスター戦・真夏の夜の武道館大会の全試合といったように、女子プロレスのビッグイベントになると記事とともに戦譜の掲載されることは、ある。

しかし、日常的には、紙面に女子プロレス団体の戦譜は掲載されない。プロレスとの関係が深く、男子プロレスならばどんなインディー団体でも試合の翌日（または翌々日）には戦譜を載せている『東京スポーツ』であるにもかかわらずである。戦譜が掲載されないということは、女子プロレスの勝敗は重要視されていないということだ。

『東京スポーツ』とプロレスは、創刊一年目からプロレス報道と切っても切れない関係にあった。『プロレス全書』（東京スポーツ新聞社　一九九五）によると、『東京スポーツ』が創刊された昭和三十五年（一九六〇）四月は、世界の強豪レスラーを集めて競う興行スタイル、「ワールド・リーグ」を日本プロレスが打ち出した二年目に当たり、まさにプロレス黄金時代の真っただ中にあった。その勢いを借りて、『東京スポーツ』では翌年五月一日から連日一面でプロレスを報道し続けることになる。

昭和三十八年（一九六三）に力道山が不帰の人となってからも、『東京スポーツ』はプロレス報道を追いつづけた。昭和四〇年以降、力道山が引っ張ってきた日本プロレスが分裂し、三団体になるが、特定の団体の報道に縛られず、公平にプロレスを報道することを社の方針として今日に至っているということだ。

創刊のころの『東京スポーツ』は、「連日プロレス一面」というよりも、「連日力道山一面」という状況だったという。ここから､力道山のプロレスに対する考え方が､報道内容に陰に陽に影響していたことは否めない。たとえば､「女子プロレス」は「プロレス」なのかどうか、も含めてである。そのことを念頭に置けば、すべてのプロレス団体を公平に扱う方針の『東京スポーツ』が女子プロレスの戦譜の掲載に向かわないのは､「女子プロレスはプロレスにあらず」の方針にあることを、いまでも示しているのではと想像させる。

東京12チャンネル（現 テレビ東京）で昭和四十九年（一九七四）六月から放送された「国際プロレス・アワー」では、国際プロレス女子部として、女子プロレスの試合も放送された。もとより国際プロレスに女子部はない。しかし、放送する局側としては、東京12チャンネルでは昭和四十三年（一九六八）十一月二十一日に放送を開始し、開局以来の高視聴率を上げたこともある女子プロレスの存在を無視できなかった。また、これ以前に国際プロレスの試合放送をしていたのはＴＢＳだったが、ＴＢＳが放送を打ち切った国際プロレスの中継をあらたに東京12チャンネルで開始するにあたり、まったく同じ形式で引き継ぐということに抵抗もあった。そのため、国際プロレスの放送を開始するにあたり、女子の試合を組み込むことが決定されたという。視聴率を上げるのと、ＴＢＳとの違いを引き出すためには女子の試合が必要との判断だったと思われる。

しかし、女子の試合と一緒に試合をすることに、国際プロレスの選手たちの反発はかなり強かったともいう。プロレスに興味のない人々からすれば、ミクスドマッチならいざしらず、同じプロレスの看板を掲げているのだから男子の試合の合間に女子の試合が入ってもさほど気にならないかもしれない。だが、「国際プロレス・アワー」放送開始のいきさつに関してふれている竹内宏介『金曜日夜八時伝説』によると、当の選手たちはもちろん、女子の試合を解説する解説者でさえも、拒絶していたことが分かる。「中でも特に女子プロレスに対して拒否反応の強かった東スポは門馬氏（当時、東スポ記者）に対して『国際プロレスの解説はかまわないが、女子に関しては男子の団体への配慮からも自粛して欲しい』と、いう事を遠回し要請」（竹内　一九九七　一一八−一一九頁）し、結局男子の試合解説は「東スポ」記者だった門馬忠雄が、女子の試合は日本テレビの「11PM」の企画の一つ「女相撲」[7]の解説をしていた作家の小島貞二が担当することになる。

プロレス・マスコミの女子プロレス嫌いはかなりの徹底ぶりであった。そして、プロレス関係者が女子プロレスを拒絶、排除していった根底には、力道山の女子プロレス嫌いがあった、と言われているのだ。ただ、「国際プロレス・アワー」放送時、力道山はすでになく、なにより、女子プロレスで視聴率が取れる実績があったのだから、プロレス界と世間との女子プロレス認知の温度差は、はっきりしている[8]。

まとめ

大相撲の土俵に女性を上げないことはいまや多くの人の知るところである。角界出身の力道山はその大相撲的女嫌いをプロレス転向後も引きずっていたために、女子プロレスを嫌ったのだろうか。だが、大相撲的女嫌いという理由一つでは、この場合納得できない。なぜなら、大相撲と違い、プロレスのリングは女性を一切上げさせないということはないからだ。

リングに上がる女性として代表的なのは花束嬢だろう。リングに花を添えてくれる存在として、花束嬢はけっして排除されることはない。むしろ必要ならば、積極的にリングに上がってもらう。ショービジネスとしてアメリカでプロレスを学んだ力道山なら、プロレス興行での花束嬢の役割は熟知していよう。そこに大相撲的女嫌いをプロレスに持ち込むことはないと想像される。そして実際、力道山は花束嬢をリングに上げることに躊躇はなかった。

ついでにいえば、男子と女子の試合が一興行に収まっているアメリカのプロレスを見ていただろう力道山が、その形式を取らなかったのはなぜか、ということも興味深い。力道山がプロレス興行を日本の大衆に広めたことにまちがいはない。興行師として、力道山は成功している。だから、そこで女子プロレスを排除したということは、力道山個人の好き嫌いではなく、力道山が「プロレス」をどのようなものとして観客に観せようとしたのか、「プロレス」を通じてどのようなメッセージを人々に発信しようとしていたのか、に関係してくる。

そこで、「プロレスはショー的スポーツだ」という力道山の発言は大きいと思う（岡村 一九九〇）。観客に楽しんでもらうための演出（たとえば善玉対悪玉の抗争など）はあっても、根底にあるのはスポーツ精神であるというのだ。スポーツ精神が根底にあるから、プロレスのスポーツ的真剣勝負幻想なども派生してくる。

女子プロレスは、力道山がプロレスを日本に紹介する前に、すでに興行として存在していた。けれども、そのころの女子プロレスは、コミックショーであり、ときにはガーター争奪戦といった、スポーツの衣をまとった演芸の域を出るものではなかったと想像される。女子プロレスが当時、女相撲を意味する「女闘美」と一部で呼ばれていたことは前述した。力道山がコミックショー当時の女子プロレスの存在を知っていたかどうかは分からないが、女闘美――女相撲――きわもの的な見世物、の連想は可能であったと思う。この場合の女闘美は、客の興味をそそることはあっても、力道山の目指すショー的スポーツとは相容れない。

それに「プロレス」には、当時のアメリカ的大衆文化の匂いがする。戦前の女相撲興行の匂いをまだ残していただろう女子プロレスは、この点でも力道山を納得させることはなかったのではないだろうか。

それともう一つ、女子プロレスの持つ危なっかしさも、指摘しておきたい。時代は下がるが、村松友視の言葉を引用しよう。彼は、女子プロレスは見ていられない、という。なぜなら「プロレスの技ほど、下手にやると軽々しく見え、受身の謎が見破られてしまうものはない。下手な受身ならまだいいが、インチキな頭突きやインチキなパンチ、下手な凶器使用、下手な流血というのは断じて許せない気がする」（村松 一九八二 一三四頁）からだという。「すごみ」と「殺気」をキーワードにプロレスを論じる村松にとって、大前提となる技の正確さを欠いた女子プロレスは見るに堪えないばかりか、「プロレスの足を引っぱっている」としか思えないというのだ。村松は続けて言う。「これは、プロレスが引きずってきた〝やらせ〟とかの汚名を考えると、女だから許せるというものではない」(同書)。女子プロレスの越境性は、世間の人々にとっては魅惑の対象となりえても、プロレスに「すごみ」や「殺気」を求める熱心なファンやメディアの側にとっては、自身の男性的アイデンティティを破壊する可能性をもつ、排除すべき存在だったのだ。

プロレス・マスコミは、昭和三十年(一九五五)ごろ以前には、のちのように女子プロレスを排除せず、記事を掲載していた。それがしだいになくなったのは、力道山からの要請もあっただろう。だが、それだけでは、その後も女子プロレスを排除しつづけていく理由としては弱い。

岡村正史は「日本のプロレス・ジャーナリズム」で、プロレス・マスコミが、プロレスはスポーツであるという力道山以来の建前に固持しつづける限り、プロレスのショーとしての魅力を論じることができないと指摘した(岡村 一九九〇 二〇八-二一六頁)。プロレスはショーであると開き直ってその魅力を論じることは、プロレス＝スポーツを標榜する者にとっては難しい。

プロレス・マスコミが女子プロレスを排除しつづけたのも、プロレス＝スポーツ論者であるプロレス・マスコミにとって、下手をしたらプロレス八百長説につながってしまうかもしれないプロレス＝ショー論を受け入れるのと同じくらい、女子プロレスを受け入れることは危険なこととの認識があったのだろう。

力道山は「男子」プロレスをとおして多くの日本人の心をつかんだ。だからといって、彼が「男子」プロレスをプロデュースするさいに排除した「女子」プロレスが、日本人に受け入れられないものだったかというとそうではない。プロレスのカーニヴァル的魅力に関して言えば、「女子」プロレスに軍配が上がるだろう。社会の規範、秩序を破壊する象徴的な革新力は、女がブルジョア的社会にとって本質的にネガティブな存在であるだけに、「女子」プロレスの方がより境界侵犯的であるからだ。

註

（1）『週刊サンケイ』一九五四年十一月二十八日号
（2）『プロレス&ボクシング』一九五七年三月号
（3）このDVDは山本孝一氏の教示による。
（4）ハイヒールが日常の凶器となることは想像にたやすい。また、ハイヒールが凶器となるのはハイヒール女性のまわりにいる者だけではない。当の女性にとっても履きなれないうちは自身を傷つける凶器となる。ハイヒールは両刃の剣なのである。だから、ハイヒール（とりわけピン・ヒールとよばれるもの）の獰猛性を飼いならし、自在に履きこなすことのできた女は最強である。彼女は男性主体にとって、最強の魅惑の対象となるのだ。
（5）『プロレス』一九五五年十一月号
（6）プロレスのもつ本質的ないかがわしさ（グロテスク性）にふれた書物は多い。プロレスのいかがわしさとはカーニヴァレスクな魅力でもあるからだ。力道山が行った仕掛けに関しては岡村正史『力道山』に詳しい（二〇〇八）。力道山以降も引き継がれた虚実ないまぜのプロレス的世界に関しては岡村の他の著書や川村卓『必殺技の方程式』（一九九四）やミスター高橋『流血の魔術最強の演技―すべてのプロレスはショーである』（二〇〇一）を上げておこう。アメリカのプロレス界で「他者」を表象する日本人レスラーの活躍に焦点をあてたものでは森達也『悪役レスラーは笑う――「卑劣なジャップ」グレート東郷――』（二〇〇五）。
（7）このとき、番組で取り上げられた女相撲は、熊本県八代市鼠蔵町の女相撲である。
（8）このあとのことになるが、昭和五十二年十一月一日、日本武道館で行われたジャッキー佐藤VSマキ上田の試合は翌週フジテレビで放送され、二二・六%の視聴率を記録している。当時、三テレビ局がプロレスの定期番組を持っていたが、同週二〇%の視聴率に達した局はなかったという。男子プロレスに、視聴率では上回ることもあったということだ。視聴率がすべてとは言わないが、世間認知の目安にはなるだろう（『デラックスプロレス』一九八二年二月号）。

第八章 「観客論覚書」再考

はじめに

女子プロレスは守屋毅が分類した「所作的表現方法により、舞踏・演劇的な形態の舞台芸能」（守屋 一九九二 三―五五頁）の範疇に含まれ、筆者はリングという舞台で行われる芸能として、女子プロレスをとらえてきた。(1) しかしながら、台本をもとにして行われる舞台芸能とは異なり、女子プロレスは十六世紀中葉にイタリアで成立したコメディア・デラルテのような即興劇としての要素が強く（ミック 一九八七）、またスポーツ性に富んだ、演劇とスポーツの中間に位置するような存在である。スポーツ性という点では、とりわけ男子プロレスは日本では格闘技としての側面が強調されて今日に至っている。(2)

女子プロレスとその観客を考察の俎上にあげるにあたって、筆者は図9のような関係を両者の間に想定している。そしてこの関係は、民俗芸能における神と演者の関係と同様の関係を持つものとしてとらえ得る。たとえば、神へと奉納される芸能を例にとると、唯一の観客である神のため、演者は舞いをささげる。当然この奉納には神への感謝や祈願といった奉納する側の気持ちがあらわされる。これを総称して「奉納」としよう。神への感謝や祈願の奉納にはその見返り、たとえば豊かな稔りや祈願の達成が期待される。これを神からの「ご利益」とした（図9―a）。この、演者と観客の一対一の関係は、祭りから祭礼へと変容するにしたがい、観客の拡大（見物衆のあらわれ）をみることになる（柳田 一九九八b）。しかし、そのような観客層の拡大が認められるようになってからも、演者と観客の関係は

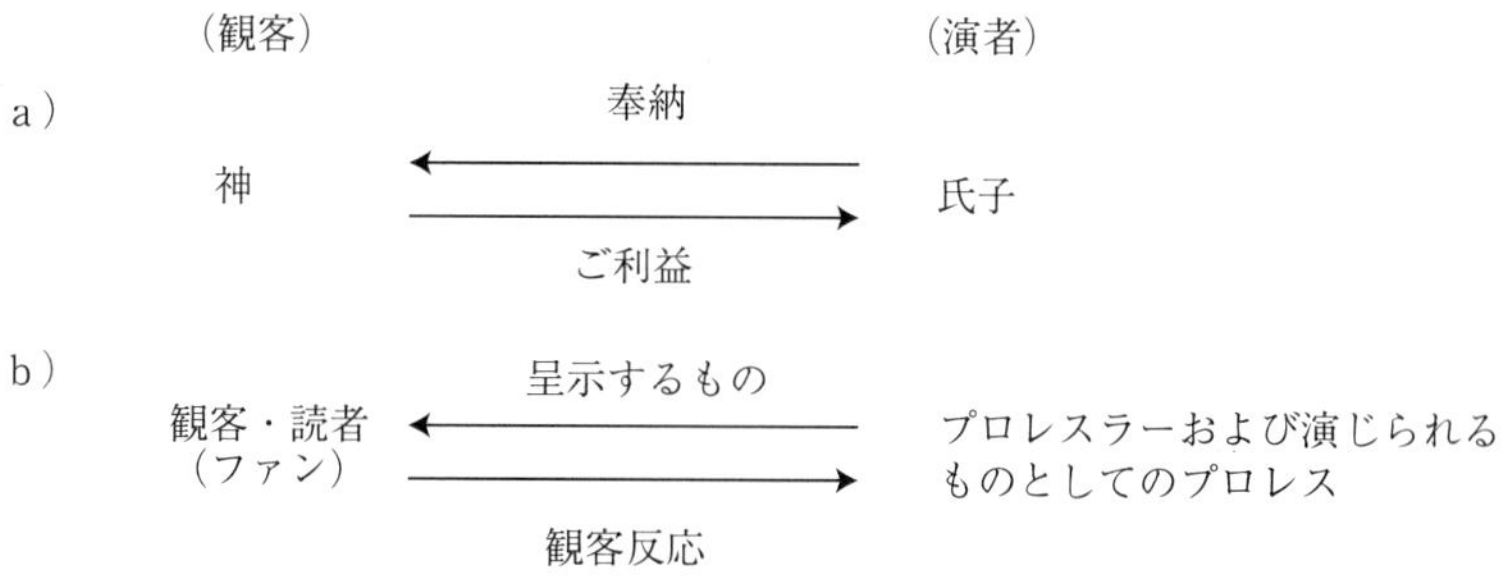

図9 演者／観客の関係

この図で示したものと基本的には同じであろう(3)。

女子プロレスの演者と観客の場合にも、この関係は成り立つ（図9―b）。問題は、そのあらわれ方にある。筆者はかつて「観客側の論理」という語でこの関係をあらわそうとした（亀井 二〇〇〇）。「観客側の論理」とはプロレス会場の状況に即していえばプロレスラーが呈示するものとそれに対する観客の反応、のなかで立ち上ってくるもので、演者と観客の間で、両者のどちらかが一方的に呈示または要求しようとして成り立つものではなく、相互の歩みよりがあってはじめて了解される事柄をさして用いた。そこでは、クラッシュギャルズ以降の女子プロレスに顕著な「世代交代」や「善と悪の抗争」「成長物語」といった例をあげ、プロレスを演じるレスラーとそれを観る観客との間で立ち上るプロレスの「意味」を掬い取ろうとして用いた言葉であった。しかしながら筆者が用いた「観客側の論理」は、厳密には演者と観客の一対一の関係ではない。プロレスが観客に呈示するものには演者がプロレス行為を通して構成し伝えようとするメッセージだけではなく、プロレスラーの所属団体の興行の論理や試合をレポートする雑誌記事等によって構成されたメッセージも抜きがたく存在する。プロレスのメッセージの構成には、複数の者の思惑がからんでいるということを「観客側の論理」は隠ぺいしてしまう。

そこで本章では観客（ファン）が受け取るプロレスのメッセージの構成の段階をより細かく見ることにしたい。そのことで女子プロレスの観客反応、ファン行動の特徴について新たな気づきが得られると思われるからだ。

本章では観客反応を確認するに際し、二つのタイプを取り上げた。一つは演じられるプロレスに対し、はじめてそれを観ることになる観客にも直接アピールしてくると思われるメッセージとそれに対する観客反応について。もう一つは、見巧者といってよい熱心な観客に向けて、プロレスラーが言葉によって伝えるメッセージと観客反応についてである。今日、女子プロレス会場に集まってくる観客の多くはマニアとよばれる熱心な観客である。そのため、前者を確かめるためには国内の観客反応を観察するだけでは確信がもてないと判断し、少なくとも女子プロレスははじめて観るのであろう他国でのプロレス大会を観戦し、その観客反応の観察を試みた。

一　善と悪の表象

女子プロレス興行のはじまりから今日に至る流れについては、すでに他のところで述べているので重複するのだが、簡単にまとめておきたい。

日本での女子プロレス興行は昭和二十三年（一九四八）にはじまる。当初はまだ女性同士のプロレスではなく、ボードビリアンのショパン猪狩と妹の定子が、兄のパン猪狩が演じるレフェリーのもとで、コミカルな動きのプロレス（当時はレスリングと称していた）を観客の前で演じるというものだった。女子プロレスというよりも男女のミクスドマッチである。当初、スポーツショーと銘うって行われたその内容は、ショパンと定子が最初ボクシングをし、定子にコテンパンにやられたショパンが「それならレスリングだ」と種目を変えてみる。しかし勝てると思って選んだレスリングでも妹に投げ飛ばされて、男の面目のなさに落ちを取るというものだったようだ。その後、パンたちは男女のミクスドマッチから女性同士の女レスリングへと内容を変えていった。パンや定子らは女性レスラーにレスリングを一から学ばせなくてはならず、また女性レスラー（演者）の技量の成熟と観客側のニーズがかみ合わず、試行錯誤もあったようである（柴田 二〇〇八 二九―五六頁）。レスリングに対し、予備知識に乏しい観客にわかりやすく観せるため、試合形式にガーター争奪戦を取り入れたのもこの試行錯誤の時代である。

パンたちがレスリングの動きを取り入れたスポーツショーをはじめてから六年後、大相撲の力士出身で、廃業後アメリカでプロレスを学んだ力道山がテレビ放送の開始とともにプロレスを全国に広めた。力道山のプロレス人気にあやかって、女子プロレスの団体も次々に立ち上げられた。それらの団体を統括するため、昭和三十年（一九五五）八月に全日本女子プロレスリング連盟が結成され、九月には「第一回全日本選手権者決定戦」が東京・名古屋・大阪・神戸の各都市で興行された。この興行は好評を得たというが、管見で知る限り八団体あった当時の女子プロレス団体それぞれが健全に団体の経営を維持できるほどの人気の盛り上がりには至らない。一時の人気が過ぎ去るとほとんどの団体は解散した。

その後、しばらくの間、女子プロレス興行は細々と巡業を重ねていった。昭和四十三年（一九六八）には定期的なテレビ放送がはじまり、昭和五十年（一九七五）以降になるとマッハ文朱やビューティペアといったスター選手がテレビ放送を通して全国に知れ渡ることになる。こうして、女子プロレスは、若い女性ファンに下支えされるように社会的に認知されるようになり、今日に至っている(4)。

プロレスは、たとえばプロ野球のようにアマチュアスポーツだったものがプロ化していくという歴史的な発展はない。つまりたいていのスポーツは「する」スポーツからプロの技を「観る」スポーツへといった発展を取るのだが（レイダー 一九八七）、プロレスにこの歴史的発展の流れはあてはまらない。プロレスは、力道山が日本に紹介した時点で「観る」ものであったわけで、子どもたちがプロレスを真似て遊びのなかに組み込むことはあっても「する」スポーツにはならなかった。このことは、プロレスはいわゆるスポーツではない、スポーツショーと言ってもよいような、エン

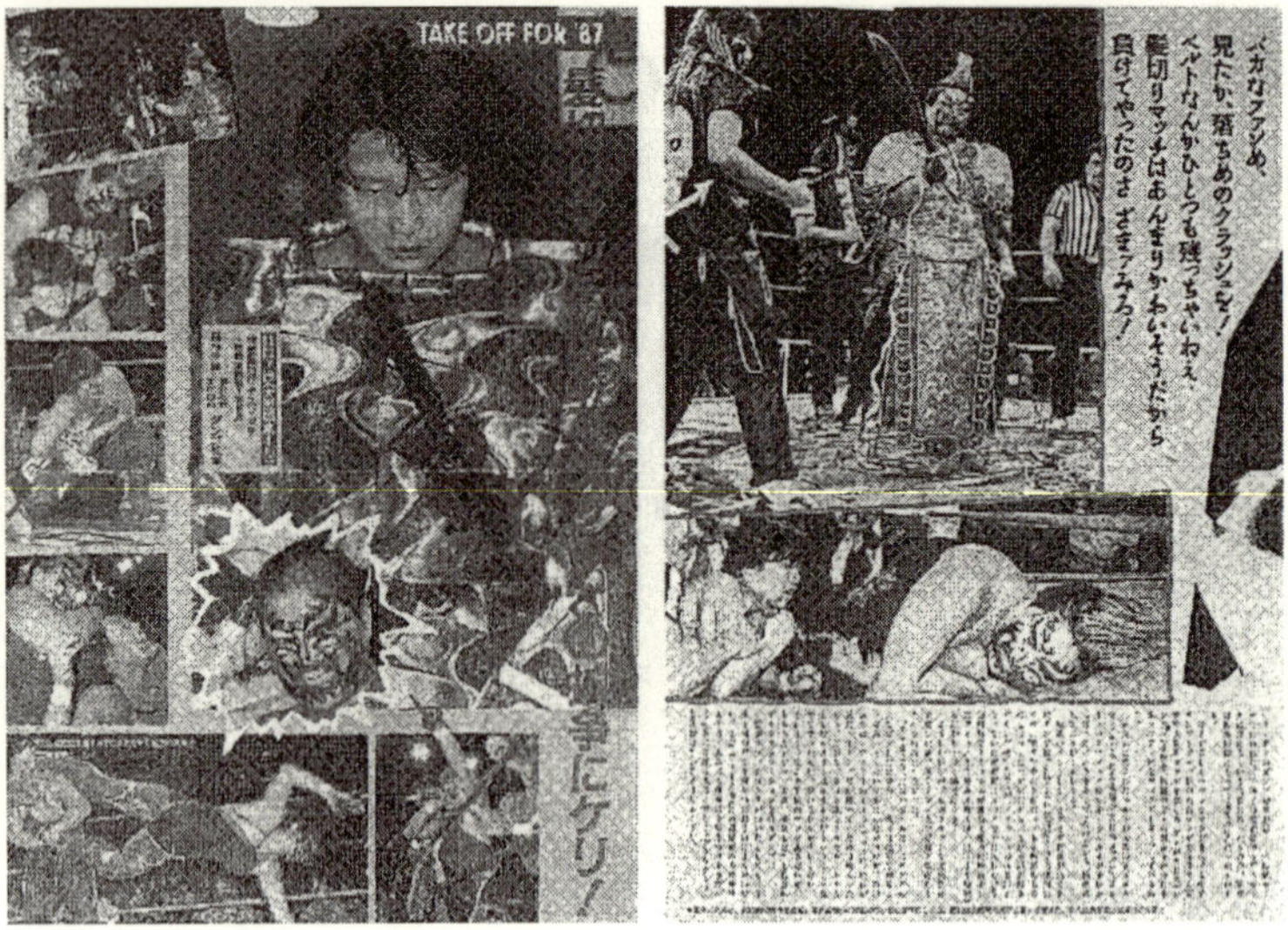

写真 24 レスラーのコスチュームとその身振り（『ファイトスペシャル』PART6 新大阪新聞社 1987 より）

ターテインメントの一ジャンルである証左だろう。

日本に紹介される以前からプロレスは観せるスポーツショーとしてアメリカで認知され、力道山はその観せ方を学んで日本社会に紹介した。そこでは善と悪の抗争といった演劇的構図が日本人レスラー対外国人レスラーというわかりやすい（見分けのしやすい）形で呈示されていた。レスラーの所作ひとつとっても、「正々堂々とした戦い」対「卑怯な反則攻撃」に代表されるような、言葉で語られるべき説明がレスラーの身体やその身ぶりで示される。

女性同士のプロレスにも、この善と悪の抗争の演劇的構図は受け継がれている。興行の際の演出も早くから意識されていた。パン猪狩たちが行ったスポーツショーには笑いをとるための所作が意図的に組み込まれていた。ある時の興行では、アメリカ人の観客相手の試合で、リング上のチャンピオンレスラーが客席を挑発する。するとあらかじめ客席で素人娘を装っていた日本人の女子レスラーがこの挑発に乗ってみせ、そこでタイトル戦がはじまる、といった凝った演出もあったようだ。(5) 場を演出しようとする動きはこのように女子プロレスにも備わっていたが、クラッシュギャルズ以降になるとその演出は善と悪の対立の図式や凶器攻撃のようなわかりやすい所作にとどまらず、レスラーのコスチュームにまでほどこされるようになった。

善玉レスラーと悪玉レスラーの別を外見レベルで演出する例をあげよう。写真24は昭和六十年代はじめごろの、レスラーのコスチュームとその身振りを示すものである。この写真資料からは、たとえ何の予備知識がなくとも善と悪の抗争の図式がひと目見れば分かる。顔に荒々しいペインティングを施し、髪を逆立て周囲を威嚇するたたずまいのヒールレスラー（悪玉レスラー）（写真24右）と、決戦への決意をあらわすかのように若干伏し目がちに精神を集中し、このグラビア写真では全体像がつかみにくいが牛若丸を彷彿とさせるコスチュームで入場するベビーフェイス（善玉レスラー）（写真24左）は好対照である。他のグラビア写真に目をうつせば、見た目の獰猛さを体現するかのようにヒールレスラーによる凶器攻撃の様が提示されている。また、文章で表現するのは難しいのだが、選手入場の際の入場テーマ曲や会場の演出（照明）も「快活で力強いベビーフェイス側のテーマ曲」対「重く不安を呼び起こすようなヒール側のテーマ曲」、「きらびやかな照明」対「おどろおどろしい照明」とこちらもはっきり区分けされている。

顔にペインティングすることはヒールの表象である。歌舞伎の隈取を彷彿とさせるヒールの顔面ペインティングは力強さ、それも悪に魅入られた力強さを表現しているようだ。それに対し、ベビーフェイスは素面である。人間としての力強さが素面のベビーフェイスには要求される。素面とペインティングといった顔面のしつらえは、善と悪といった対立する表象がとても単純な形で示される。もちろんプロレスラーとしてのキャラクター（付された役割）もその表象に従う。そのため観客側は会場に入場してくるレスラーを一目見れば、この後どのように試合が進むか、つまりどちらがベビーフェイスでどちらがヒールか、おおよその見当をつけることができるのである。

ヒールがヒールらしい動き、たとえば卑劣な反則行為をすれば、ベビーフェイスに肩入れする観客は否定的な感情を生じ、ヒールの卑劣な手段に屈せず正当な闘いの末に勝利したベビーフェイスには快哉をおくる。この、定型化されたプロレスラーの身振り（バルト　一九六七　五一一八頁）と観客反応は、顔面ペインティングを導入したことでより顕著に、はじめて女子プロレスを観る観客にも分かりやすいものとして呈示されることになった。

二　善と悪の抗争の図式に対する観客反応

ところで、善と悪の対立の図式は、凶器攻撃のような分かりやすいレスラーの所作等を演出する以前から観客に向けられるメッセージとして存在しえるのではないか、つまり「闘う」様子を見物する観客にとって、どちらに肩入れするかの基準に、（自分にとって）どちらが好ましいか（善）否か（悪）として自然なかたちで生ずるのではないか。プリミティブな「闘い」のメッセージとその観客反応として筆者は上のことを想定し、考察するために、本節では平成七年に朝鮮民主主義人民共和国で行われた女子プロレスの試合とそこでの聞き取りをもとに女子プロレスラーの身振りと観客反応の関係を再構成したい。

平成七年（一九九五）四月二十八、二十九日の二夜にわたり、アントニオ猪木と男子プロレスの団体である新日本プロレスが中心となり、朝鮮民主主義人民共和国の「平和のためのピョンヤン国際スポーツ及び文化祭典」でプロレスの興行が行われた。アントニオ猪木はこの大会以前にもイラクでプロレス興行を行っている。イラクでの興行は、出国禁止命令にあって実質イラクの人質となった在留外国人の解放を同時にイラク側に問うという政治的な思惑のある大会であった。(6) 朝鮮民主主義人民共和国で大会を開催するにあたって政治的な思惑もあったであろうことはうかがわれるが、それについては憶測の域を出ない。

ところで、プロレス興行に対して現地の人がどのように受け止めていたかである。筆者は当地で可能な限りインタビューを試みた。力道山やアントニオ猪木については次のような評価をえた。

ここはプロレスをはじめた力道山の生まれ故郷である。力道山は植民地支配の屈辱に対抗し、宗主国日本で他の日本人を倒し、レスラーの王者となった。祖国の英雄として、今、力道山の人気が高まっている。日本のプロレス放送もやっている。(7) 今回、日本のプロレスがやってくることになり、アントニオ猪木の特集番組も放送された。アントニオ猪木は力道山の弟子。今は国会議員になっている。国会議員になっても師の恩を忘れないで、師の祖国にプロレスを見せにやってきた。えらい人である（女性　五十五歳）。

祖国で英雄視されている力道山の弟子であるアントニオ猪木が、師の恩に報いるため、力道山がはじめたプロレスを披露するためにやってきた。アントニオ猪木は日本の政治にかかわる国会議員であるが、祖国の英雄力道山にとっては弟子である。今回の祭典は、弟子筋の者が師匠の祖国にプロレスを献上するためにやってきた、という認識であった。

この大会には全日本女子プロレスの女子プロレスラーが四人参加し、男子の試合に混じって女子の試合を一試合行う構成となっていた。主催者であるアントニオ猪木はイラクでのプロレス大会同様、この大会の際も新日本プロレスのレスラーだけで現地へ赴く心づもりであったが、開催国側の要望により女子プロレスも一試合、興行に組み込まれるようになったという。(8) この興行は二日間にわたるもので、したがって女子プロレスは都合二試合となる。会場はピョンヤンにあるメーデー・スタジアムで各日一九万人ずつ、計三八万人の観客を動員した。プロレス史上最高の観客動員をえた興行となった。(9)

それでは、女子プロレスの試合をはじめて観ることになる観客の女子プロレス評はどのようなものであったか。次にみていきたい。

プロレスはテレビで観たことはある。プロレスは好きです。スポーツなら何でも好き。ボクシングでもレスリングでも。ピンポンは特に好きだ。（男子の）プロレスは、殴ったり蹴ったり投げたりで面白い。でも、女子のプロレスはちょっと……観たことがないから、よく分からない（男性　三十代）。

プロレスは血を流したり、殴ったり蹴ったりするのでわたしは好きではありません。わたしは女ですから、ああいうのはあんまり……（女性　三十三歳）。嫌いです。女ですから（女性　二十七歳）。

プロレスには段取りがあるんでしょ。あまり好きではない。（と言いつつ、筆者が貸したオペラグラスから目を離さずに）これだと表情がよく見えますね。プロレスには何か決まりがあるようです。（女子プロレスはどう思うかの質問に対し）女性が格闘技をすることはあります。テコンドーには女子選手もいます。女子レスラーがその（テコンドーの）選手と（試合を）やったら、プロレスは負けるでしょう？（猪木の試合を見つつ）でも、この試合だけには段取りはありませんね（女性　五十五歳）。興奮する！（女性　三十代）(10)

以上は日本人観光客のガイドや筆者の宿泊先の関係者といった限られた人からのプロレスおよび女子プロレス評である。プロレスについて問う直接の質問に対して、大会の開催される直前に放送されたというテレビ番組の影響もあるのか、男子プロレスに関してはスペクテイタースポーツとして面白がる動きもあるが、女子プロレスに関しては、「興奮する！」と即答した女性以外にあまりよい反応はなかった。この女性は宿泊先のホテルで日本人観光客を相手にさまざまな土産物を扱っていた売店の店員であった。土産物のなかには前夜に行われた大会のビデオがすでにならび、店頭のテレビでは客寄せのために商品のビデオが映し出されていた。男子レスラーの試合の合間に行われた女子レスラーの試合を、その女性は店番をしながら観ることができたので、「興奮する！」とはその感想である。他の人へのインタビューは、興行のはじまる前に行っている。

日本を発つ前、この興行のことを取り上げた日本のニュース番組で、女子プロレスの試合を朝鮮民主主義人民共和国の国民に見せることに関し、情報通のコメンテーターは「反面教師として、しとやかな女らしさを称賛するためだろう」とコメントをしていた。(11) 越境的な女子プロレスに対する男性主体の嫌悪の評価といえよう。

会場内で直接聞かれる言説からは、プロレスは女性向きではないとする否定的な評価が強いように感じられた。同じ格闘系のものでも、テコンドーの女子選手は好意的に評価していたとも感じられた。この発言からうかがえるのは、テコンドーは競技スポーツという枠組の内部にあって、たとえ女性の選手がいても女子テコンドーに越境性を感じることはない。しかし、プロレス興行というカーニヴァル的な場、〈ウチ〉と〈ソト〉をつなぐ境界的な場にあらわれる「女子」プロレスは、場違いな印象を与えて、これから観ようとする人々を戸惑わせている。そのような印象であった。

しかし、会場内で実際の観客反応を観察すると、下手な男子の試合よりも女子の一試合の方が会場のどよめき、拍手が多いことに気づく。(12) そこで、リング上のレスラーの動きと観客のどのような反応が連動するかを次にみてみる。

大会初日、女子プロレスの試合は二対二のタッグマッチであった。参加女性選手の中では一番大柄で、金髪に染められた髪はトサカのように逆立てているブル中野と、小柄ではあるがやはり金髪の北斗晶の組はともに派手なコスチュームで登場する。ブル・北斗とも顔面にペインティングがほどこされている。対戦する豊田真奈美と吉田万里子は水着の上にコスチュームをはおらず、髪も染めていない。それに素面である。前節の分類によれば前者はヒール、後者はベビーフェイスと、試合を観る前からその役どころが彷彿とされる両者のいでたちである。

試合の序盤はブル・北斗組に優位な試合展開であった。相手の技を「受ける」または「すかす」のは観客のまなざしをリングに引き寄せるために効果的な動きだが、ブル・北斗組の技がすかされるとスタンドに集まった観客からは大きな歓声が上がり、逆に豊田・吉田組の技がすかされたり相手を投げ飛ばそうとして反対に投げられてしまうと落胆とも思える溜息まじりの声が上がる。

押され気味の豊田・吉田組に対し、会場内が同情的な反応をみせるなか、大柄のブル中野が豊田真奈美にラリアットを仕掛けた際、軽量の豊田はラリアットの勢いにおされ、通常ならば後ろ受け身をとるところを空中で回転してしまったことがあった。ただ倒されたのではない、首をねらって仕掛けられるブルのラリアットの威力がいかに凄いものであるかが、豊田の「空中で回転する」という受け身によって相手の技の「凄味」として観客に呈示されたのだ。豊田の捨て身の受け身をみせられたとき、会場には悲鳴が響いた。

吉田は数か所にテーピングをしていたが、怪我をしていると思われるテーピング箇所への北斗の執拗な攻撃は吉田の激痛を想像させる動き、表情とともに会場に伝わったものと思え、その後吉田が形勢を逆転し、北斗に対して飛び技を仕掛けると歓声が上がった。大柄のブルに対し、豊田と吉田が「二人がかりで」ドロップキックを見舞い、耐え切れずにブルが倒れると会場は大いに沸いた。

試合そのものに凶器攻撃などの反則行為は一切なかったが、会場の観客反応からは豊田・吉田組がこの試合におけるベビーフェイスとしてとらえられていたことが分かる。

二日目の試合は、前日の試合でヒールの役割を担ったブル中野と北斗晶がシングルマッチで対戦した。どちらも前日同様の派手なリングコスチュームであったが、体の大きさの大小でもってこの試合はヒールとベビーの判断がされていたようである。つまりブルの技を北斗がすかすと歓声が上がり、逆だと溜息がもれる。

試合中盤、体をくの字に曲げて中段ロープに体をまかせ、ぐったりとなった北斗の後頭部をめがけ、ブルがギロチンドロップ(13)を見舞ったときである。もとよりグロッキー気味の北斗は受け身もできず、ブルの技を受けるだけ、受けたあとも力なくぐったりとロープに身をまかせたままのありさまであった。そのとき三階席に陣取った中学生ら(14)がブルに対し、一斉にブーイングをはじめたのだ。

ブル中野は二日間にわたりヒール役に徹したことになる。ブルは初見の観客に分かりやすいヒールの身振りを所々で意識して演じていた。たとえば両日のリングサイド席は日本人観光客がほとんどを占めていたこともあってか、日本のプロレスファンが観てよろこびそうなオリジナル技（関節技）を試合の序盤で出した。(15)しかし、その後は見巧者のファンに受ける関節技よりも、見た目にインパクトを与えるパワー重視の大技に切り替えている。パワーに物を言わせ、小さいレスラーをなぎ倒していくという試合の流れをブルは作っていた。この微調整は、はじめから意識していたものではなく、会場の観客の空気に合わせてのものでもあったろう。

筆者がインタビューをした観客は話者に女性が多かったためもあろうが、女子プロレスというよりも、相手を殴ったり蹴ったりするプロレスそのものに抵抗があるような印象であった。プロレスは面白いと評した男性の話者も、男性のプロレスはテレビで見て楽しめたが女性のプロレスだとどのようなものになるか分からないと懐疑的であった。ところが一日目の大会が終わり、同じ男性の話者にプロレス観戦の感想を聞くと一番よかったのは女子の試合だったという。「会場の人気もある」ともいう。善玉対悪玉の図式をしっかりと出していた女子の試合が一番であったと筆者も会場の反応を感じていた。

この大会に女子プロレスも招聘し、国民に見せることを許して「反面教師として、しとやかな女らしさを称賛するためだろう」と、女子プロレスが当地の儒教的な風土に相容れないと指摘した日本国内での識者のコメントのような状況は、現場の観客反応からはうかがえなかった。儒教的な教えが女子プロレスを「しとやかでない」として遠ざけるとしたら、それはかつて女相撲興行が新聞等に「醜体」と酷評された（第二章参照）ときのように、境界侵犯的な女の行為（女子プロレス）によってブルジョア的主体のアイデンティティが脅かされることに対する嫌悪観によるものである。女子プロレスを「現場」で観て、その場で起きる観客反応では、ヒールによるベビーフェイスへの攻撃に批難の声が上がり、ヒールとベビーフェイスが攻守の逆転を演じるたびに溜息と歓声が上がる。ブルジョア社会の受容の基準とは異なる、「善と悪の逆転劇」を楽しむ民衆社会の受容の基準がここで示されたと考える。

ともあれ、リングに上がった女子レスラーに対し、何の予備知識も持たない観客は体格や外見といった身体表象からリング内のレスラーを善と悪の役に分け、ベビーフェイスを中心に応援をしていく。女子プロレスをはじめて観たという観客の反応を観察することで、興行の論理やメディアの論理を極力排除したとき、女子プロレスが観客に発信するメッセージとして善玉と悪玉の識別におけるシンプルな反応が得られたことは大きい。(16)

三　演者側からの仕掛けと受け手の読み替え

香山リカはプロレスを「言葉はどこにもないのに、言葉が輝きあふれる世界」(香山 二〇〇二　一五八–一七四頁)と評した。相手を傷つけるために使われるのではない凶器による過剰な威嚇、虚構あるいは模倣としての威嚇をはじめ、リング上では数々の模倣や虚構が演じられる。それらは言葉を介さずに観客に伝えられ、観客はプロレスラーの言葉なき「言葉」に反応する。香山のいう輝きあふれる「言葉」とはコード化されて観客側に伝えられるメッセージのことであろう。

だが、プロレスラーが観客に呈示するメッセージは、前節で取り上げた善と悪の図式のように観客側がそのまま受け取れるものばかりではない。そこで、複雑なプロレスのメッセージを理解するために観客側は自らの文脈にそうように物語を作り出そうとする。香山は「言葉」があふれるリング上に「黙読可能な文字の形」を見出そうとするファンの振る舞いを指摘したが、これは筆者がプロレスを「読む」と言っていることと同義であろう。前節のように女子プロレスそのもののメッセージを素朴かつ共感をもって脱コード化していくだけでなく、たいていの場合、プロレスファンは読み得る情報のなかから選択的にプロレスラーからのメッセージを読もうとする。このような行為は女子プロレスにおいてもみられた（亀井 二〇〇〇）。

ところで、リングにあふれる「言葉」を観客が「読み」易いように演者（団体）側が構成し、意図的に呈示することはよくある。ひとつの試合で生じたレスラー間の遺恨を軸にして、その後の興行の流れを作るという形でそれは呈示される。本節で取り上げようとするのはレスラーが自らの身体の所作によって呈示する「どこにもない」言葉ではなく、マイクパフォーマンスによって直接語りかけられる「今、リングの上にある言葉」によって、意図的に観客側に伝えるメッセージとそれに対する観客反応である。言い換えれば、興行側が仕掛ける興行主体の直接的なメッセージに、観客側はどのように対峙しているかである。次に例を上げる。

平成四年（一九九二）十一月から翌平成五年（一九九三）十二月までの間に、二つの女子プロレス団体、全日本女子プロレス（以下全女）とＬＬＰＷが団体の枠を超えて対抗戦を行った。その際、会場で両者の選手がマイクパフォーマンス合戦を繰り広げたのだが、その時の状況とメッセージ内容を表4にまとめた。[17] 表中の表記「全女」は全日本女子プロレスのことである。日時の表記は、たとえば平成四年（一九九二）十一月二十六日の場合は「921126」とし、そのあとに（全女）とあるのは、それが全女の興行であったことを示す。また、備考に記したのはそのマイクパフォーマンスが行われる前提となった試合で、マイクによって会場に知らされたメッセージの内容と勝敗結果が関係すると思われるものには勝者の名前の前に○、敗者に×を付した。それから所々に雑誌の見出しを挿入したが、これは記事になった試合結果がその後の物語の「読み」に何らかの方向性を与えていると筆者が判断したものである。

一年にわたる両団体のマイクパフォーマンス合戦は、興行の「ストーリー（物語の流れ）」を演者側が主体になって作りあげ、それを選手自らのマイクパフォーマンスによって会場その他の観客に知らせる働きがあった。プロレスの試合が終わったあとで、まるで「次回予告」のように加わるマイクパフォーマンスは観客を次の興行会場へいざなう。

ここで取り上げた興行のストーリーには二つの流れがあった。ひとつは平成五年（一九九三）四月二日に横浜アリーナで行われた初の女子プロレス四団体による団体対抗戦で全女の北斗晶とLLPWの神取忍がシングルマッチを行う必然性の演出、もうひとつは十二月六日両国国技館での両者の再戦をドラマティックにする演出としての流れである。

具体的にみていく（選手発言内の（　）は筆者補足）。

921126（全女）で「お前ら全女には興味ないってほざいてんだろ。なんで（試合を）見にきてるんだよ。お前らホントは（全女と）やりてえんじゃねえか?」（下線a）と全女の北斗がLLPW側の選手を挑発する。すると、930104（LLPW）ではハーレーが「（北斗は）神取さんと（試合を）やりたがってるようだが、自分（ハーレー自身）で十分なんだ。いつでも（全女のリングに）出てやる」（下線b）と応え、その言葉を受けて北斗と神取がシングルマッチを行う前哨戦としてハーレーと他のLLPW所属選手二人が全女のリングにあがり、六人タッグマッチを行う（930124）。

しかし、試合結果はハーレーが北斗と組んでいた下田にフォール負けを喫してしまう。北斗との直接決着を望んでいたハーレーにとって、この試合は納得のいくものではない。自分を無視し、会場に来ていた神取を挑発する北斗に対しハーレーが突っかかると（北斗）「この状況がわかってねぇのか。この全日本で下田に負けるってことは〝下の下〟なんだよ」（下線c）、（神取）「ゴチャゴチャ言ってんじゃねぇ！お前、それだけ言うんだったら、コッチ（の興行）に出て来い！」（下線d）、（北斗）「お前とやるのはなぁ、四月二日の横浜アリーナのリングだ！」（下線e）。そして、北斗のかわりにみなみ鈴香がLLPWのリングに上がる。930213（LLPW）の試合では、先日下田に負けたハーレーがみなみを下し、雪辱をはらす。

表4　マイクを通して伝えられた内容

日時・会場	マイクアピール内容	備考
◎ 930402 横浜アリーナ（全女の興行：女子プロレス初の団体対抗戦「オールスター戦」）で北斗VS神取（LLPW）の団体を越えたマッチ（試合）を実現させるまでの流れ。93年、全女のビッグマッチ3大会のうちのひとつ。		
921126（全女） 川崎体育館	北斗　おい、神取、aお前ら全女には興味ないってほざいてんだろ。なんで見にきてるんだよ。お前らホントはやりてえんじゃねえか？だったら素直にやらしてくださいって言ってこい。そんなところでデカい面して見てんじゃねえよ。 ハーレー　北斗、お前こそ1月4日、ウチに来い！ ☆控室：北斗「（向こうに来い、という話があったが）あっちが頭を下げるのが普通だろ。どれだけ強いか、試してみようじゃないか」	北斗VS井上（京）シングル戦の後。ハーレー・神取が観戦（LLPW）
930104 （LLPW） 後楽園ホール	ハーレー　今年一年、LLPWは女子プロの頂点を目指して頑張ります。北斗！聞いているか！ ☆リング下で両団体選手揉み合い 北斗　おい、ハーレー！お前のシャレ、つまんねえけど、いい度胸してんじゃねえか。大体なぁ、正月の忙しい時に来てやってんだ。それがお客さん（自分たち）に対する態度か？ ハーレー　（北斗は）b神取さんとやりたがってるようだが、自分で十分なんだ。いつでも（全女のリングに）出てやる。 北斗　よし！ウチの興行だ！1月24日、来い！	ハーレー、新年のあいさつ 北斗・三田・下田が観戦（全女）
930124（全女） 後楽園ホール	☆全女側が試合に勝利したあと、北斗が観戦している神取を挑発 ハーレー　こんなんじゃ、納得しない！ 北斗　お前はなぁ、しつこいんだよ、バーカ！cこの状況がわかってねぇのか。この全日本で下田に負けるってことは“下の下”なんだよ。バカ！オイ、テメエだよ神取！何が（自分の）出る幕はねぇだ。何とか言ってみろ！ 神取　（エプロンに上がり、靴を北斗に投げ付ける）dゴチャゴチャ言ってんじゃねぇ！お前、それだけ言うんだったら、コッチ（の興行）に出て来い！ 北斗　残念だけどなぁ。来週からメキシコに行くんだよ。お前んとこの興行、助けるつもりはねえよ。 みなみ　こいつら（LLPW）の興行、わたしにやらせろ！ 北斗　よく聞け神取！eお前とやるのはなぁ、4月2日の横浜アリーナのリングだ！ ☆控室：北斗は三田・下田のふがいない試合内容に腹を立て、殴る。返す刀で神取（LLPW）には「心のプロレス」がない旨の発言	イーグル・×ハーレー・半田（LLPW）VS北斗・三田・○下田（全女）

930213 (LLPW) 後楽園ホール	神取　北斗はどうした！お前たちじゃ相手になんないぞ！ 風間　LLPW は逃げも隠れもしねぇんだよ。横浜には神取、ハーレー、イーグル、半田そしてアタシが出る！ ☆雑誌見出し：『これぞ神取！三田が落ちた！！』（週刊プロレス No.538）	×みなみ・三田（全女）VS 神取・○ハーレー
930325 オールスター戦調印式	北斗　f 女子最強とかいう、バケの面、はがしてやるからファンの皆さん、笑ってください。 神取　g 今からでも骨を鍛えておけよ！骨の一本でもブチ折ってやるよ ☆雑誌記事：水に飛び散り、靴がとんだ！北斗と神取は記念写真を拒否（週刊プロレス No.545）	
930402（全女） 横浜アリーナ	◎北斗 VS 神取のマッチには“デンジャラス・クイーン決定戦—横浜極限—”というタイトルがつく。ケンカマッチの流血戦終了後 北斗　h 神取！聞こえるか！お前にはプロレスの心がない！プロレスはプロレスを愛する者しかできない。柔道かぶれのお前になんか負けてたまるか！ ☆雑誌見出し：『神取の神は、神話の神じゃなかったのか……』『「柔道かぶれ」と北斗に酷評された神取。ならば、柔道かぶれの意地をみせろ！』『これが死闘の証！「15 針」に傷を見よ』（週刊プロレス No.547）	○北斗 VS 神取
930411（全女） 大阪府立体育会館①	◎オールスター戦第 2 弾。“浪速番外地—死闘絵巻—” アジャ　何がレフェリーストップだ！バカヤロー！ふざけるな、北斗がいなくたって、アジャがいるだろうが。2 対 1 だ！それが全女のルールだろう！ イーグル　アジャ！LLPW が強いことを分かったか、お前！ 神取　i これが LLPW のルールだ アジャ　そんなもんで満足するのか、LLPW ってのは？！ゲガ人相手に勝ってうれしいのか！神取、それが最強か？！プロレスをなめんな、コラ！	アジャ・×北斗（全女）VS ○神取・イーグル（LLPW）レフェリーストップ

◎全女と LLPW の両団体は、この 2 試合を機に、「遺恨」を孕みつつ対抗戦を継続する。
◎全女、8 月の武道館大会（横浜大会と同様の団体対抗戦を企画）へ向けての動き。

930508（全女） 後楽園ホール	風間　みなみ、お前の今日の試合は何だ！バットは休んでるし、5 月 11 日のウチらの試合を前にして、お前ら LLPW をなめてるのか！ 北斗　お前なぁ、何か勘違いしてんじゃねぇか？みなみが弱くなったんじゃなくて、三田が強くなったんだよ。大体、三田に一回くらい勝ったからって、何、うぬぼれてんだ！ 風間　上等だよ！ 北斗　てめえ、何様のつもりでいるんだ。じゃあ、てめ	三田 VS ×みなみ（ともに全女） ☆選手の格について

		えらの魂とやらを見せてもらおうか、何日だ？11日か。せっかくの休みだけどな（休みを）つぶしてお前らのところ、見に行ってやるよ。	
930511 （LLPW） 後楽園ホール	北斗	風間、お前のな、LLPW魂、見せてもらったよ。お前みてえなのがな、社長やってるからLLはダメなんだよ！ｊおい、それからな、6月15日大田区（体育館）。お前、人の意見も聞かず、何勝手に（対戦カード）決めてんだ。何度も言ってるけど、テメエんとこの興行を助けるつもりはねえんだよ。帰るぞ、みなみ。	○みなみ・バット（全女）VS 風間・大沢（LLPW）
	みなみ	風間、お前はもう、いいんだよ。神取、お前とやらせろ！	
	風間	（泣きながら）ｋお前ら、勝手なことばかり言いやがって……お前らみたいな大きな団体の人間に、わたしらの気持ち、分かるか！確かに、確かに今日は負けた！完敗だよ。だけど……だけど、LLPWは崖っぷちで頑張ってんだよ！6月15日は……（聞き取れず）	
	みなみ	お前たちと勝負してやる	
	北斗	ｌあんまり泣いて可哀想だから、お前（みなみ）一回行ってやれよ一回ぐらいなら、お前（風間）のとこ、助けてやってもいいだろう。いいか、よく聞け。何が崖っぷちだ。デカい団体でな、生き残っていく方が。よっぽど大変なんだよ！お前にも、神取にも、もっとプロレスの厳しさ、教えてやるよ。それからな、お前（神取）とはな、シングルでなきゃやらねえぞ。	
	神取	調子いいこと言ってんじゃねぇ！逃げてんじゃねえのか？！来い！オラ！	
	☆北斗の顔面にマイクをたたきつける。これを機に大乱闘		
	風間	（泣きながら）わたしたち、これからボロボロになっても頑張りますから……よろしくお願いします！	
	☆雑誌見出し：『魂見せずに涙を落とす“女社長”のやるせなさ』『北斗、アキれた神取、キレた！』（週刊プロレス No.554）		
930611（全女） 後楽園ホール	北斗	おい、バリバリねえちゃん！お前、一人でよく来たな。あいさつが遅れたけれど、わたしが北斗晶だ！せっかく来たんだから、一言だけな、忠告しておくよ。不良だか暴走族だか知らねえけど、何年前のことやってんだよ。オメエの言葉を借りれば、オメエのことをダセェって言うんだよ。あとひとつ忘れたよ。お前んとこの社長（風間）に言っとけ。自分が来いってな。	○北斗 VS 紅（LLPW）
	☆控室：北斗ｍ「風間は人のこと、おちょくってのか？アイツが出てくるのが普通だろ？……ああいう“こわがりやさん”は自分が勝てると思う試合しか来ないんだから……風間が一番の雑魚だよ！……		

930615 (LLPW) 大田区体育館	☆控室：みなみ「今日は力を出し切っていない」 三田「風間は本当に北斗さんに勝てると思っているのか」 下田「風間は泣く前に、自分をみつめ直せ！」	×みなみ・三田・下田 VS 神取・〇風間・半田 ☆試合後、風間は救急車で運ばれ、圧迫骨折
930713 (LLPW) 後楽園ホール	風間　n 今日、この大会に出席することで、多くの方から反対がありましたが、今日を単なる不戦勝として通り過ぎることをできませんでした。ケガを完治して、8月の北斗戦では、あいつの顎を砕きます！	×風間 VS 〇立野 ☆ケガをおしての試合
930806『武道館女王列伝』出場選手記者会見	北斗　プロレスラーには、ピンからキリまでいると思います。o わたしは武道館の大きい試合で、この相手（風間）とセミファイナルを張るということに対して、本当に恥ずかしく思いました…… 風間　相変わらず口数が減らないと思うんですけど、その顎を必ず武道館で砕きます。きれいごとでは済みません。勝ちを狙います！ 北斗　その猫なで声で、まあ、いろんなことを乗り越えてきたんでしょうけど、わたしにはお前の猫なで声は通用しません。 風間　プロとしてはたいした人だと思いますけど、口だけできたと思います。その言葉をしゃべれないように、顎を砕いていきます。弱い者ほど、よく吠えるっていいますから。 北斗　……何だかんだ言ってますけど、顎を砕く蹴りなんてな、お前には出来ないんだよ。お前に出来るのはわたしの口を縫うことだろ。縫ってみろ、オラ！ 風間　わたしはアンタの挑発には乗りません。	
日時未確認 (LLPW)	北斗　オイ！お前（風間）！プロレスラーとして恥ずかしくねぇのか！何だテメエのその体型は。武道館にあがるまでにな、そのブクブクしたな、みっともない体型、直して来いよ！ ☆雑誌コメント：北斗 p「風間さん、今、わたしの膝はすごく悪いです。チョコンと膝を蹴れば、すぐに外れちゃいます。たとえ風間さんの蹴りでもね！……でも、（そのため）左足がだめになっても、わたしは負けない。……プロレスラーの“責任”てやつを、武道館で教えてやる」（週刊プロレス No.569）	
930825（全女） 日本武道館	◎武道館女王列伝（団体対抗オールスター戦）“ワンデイブルース―仁義なき掟―” 北斗　風間、せっかくの晴れ舞台、残念だったな。お前	〇北斗 VS ×風間

		のこと、社長をやめろなんて、言わねぇよ。そのかわり、qお前が社長なら、神取と決着つけさせろ！	
	風間	今日はあたしの負けだ。でも、rわたしはまだ、あんたを諦めない覚えておけ！	
	北斗	神取！どっかで見てんだろ！出て来い！どこだ！見てないはずはないだろ、出て来い！	☆北斗のいう「選手生命」が「引退」と解される結果となる
	神取	いつでもやってやる！	
	北斗	よし、はっきり決めようじゃないか。s12月の国技館でどうだ！わたしは、北斗晶は選手生命を賭けて戦う！	

◎ 12月6日両国国技館（全女）北斗VS神取への流れ……両国大会に向けては、両団体がそれぞれのファンに向けた自団体のアピールを加熱させる。（北斗、全身創痍。風間の意地とそれをバックアップするLLPW選手）途中、LLPWの11.9駒沢大会（全女との全面対抗戦の形をとる）は12.6両国に向けてファンのボルテージを上げるのに重要な大会となる。

930905（全女）後楽園ホール②		北斗、ぬまっちを相手に7秒で秒殺。（背骨の骨折（8.21）に加え、当日2試合のため）試合後、北斗は左膝の手術、退院後はアジャとの対戦（10.9） 風間の再戦アピール（髪きりマッチの要求→11.9駒沢体育館LLPWの興行）	
930909（LLPW）後楽園ホール③	半田	風間さん、本当に北斗とやるんですか？髪きり（マッチ）やるんですか？今の風間さんの体を見ていると、自分は放っておけません！自分も一緒にタッグでやらせてください！	週刊プロレス No.574
	風間	半田、ありがとう。アンタの気持ちは喜ばしいけど、これはわたしの問題だから、アンタまで巻き添えに加えたくないから。……半田の気持ちだけはしっかりと受け止めるから。	
930929（LLPW）愛知県体育館	北斗	（風間の用意した誓約書を破り捨て）こんなもんはなぁ、tはじめからいらねぇんだよ。挑戦？受けてやろーじゃねぇか！お前ら、全員、バカな社長をもったこと、今から後悔しても、遅ぇからな	LLPWと全女の対抗戦 両団体選手の乱闘
931005駒沢大会のための記者会見	風間	わたしは何度も北斗に裏切られてきたので、今日は誓約書をもってきました。ここにいるマスコミの皆さんが証人なので、よろしくお願いします。	
	北斗	今まで、前だけを向いて突っ走ってきたから、たまには後を振り向いてもいいかなという感じです。この金髪が宙に舞うことはないでしょう。	
931009（全女）東京ベイNKホール④		☆当初、WWWAシングル戦であったが、術後、北斗の調子が悪く、そのためタイトル戦への挑戦を北斗が拒否。	○アジャVS×北斗

931029 両国国技館大会の記者会見	北斗　わたしの今の気持ちを、どういう風に言っていいのか分からないけど、“死刑執行”という（マッチの）タイトル通り、殺るか殺られるかまで戦わなくてはいけないと思います。 神取　グチャグチャ言ってんじゃねぇぞ、コノヤロー！負けた時のな、逃げ道つくってんじゃねぇーぞ！ ……　負けたら引退を撤回する気持ちはありませんか？ 北斗　uわたしは今まで、自分の言ったことに責任をもたなかったことはない！	週刊プロレス No.584
931109 (LLPW) 駒沢体育館	北斗　お前ら、揃いも揃ってバカ面しやがって！まぁよ、社長、よかったな。けっこうお客さん、入ってくれてるじゃねぇか。こんだけのお客さんにな、お前の禿げ頭、よく見てもらえよ！ ☆メインエベント敗者髪きりデスマッチ“女魂（おんなだましい）―ケジメつけるか―” 北斗　（負けて観念する風間に）vおい、今の時代が分かってるのか？！髪きりなんてなぁ、初めから必要ねぇんだよ。そうだろ！わたしはお前の髪の毛なんて欲しかねぇよ。 神取　お前こそどうなんだよ？！今になっていいかげんにしろよ！必要なんだよ！ 風間　わたしにとっては必要なんだよ！たしかに完敗だよ、だけどなぁ、こっちは必死なんだよ！北斗、お前も（わたしの髪を）切れ！w神取、この悔しい気持ち、あんたに全部託す！	全女の選手は北斗以外、入場セレモニーを拒否（マッチメイクへの不満から） ○北斗 VS ×風間 ☆「敗者髪きり」を最後の最後で北斗に否定され、LLPW の選手の屈辱感が頂点に達する→ 12.6 神取の「復讐」に期待が高まる。
931206（全女） 両国国技館 『国技館超女伝 StFINAL』	◎両国国技館での北斗 VS 神取の試合には“デンジャラス・クイーン東京裁判―死刑執行―”というタイトルがつく。 神取　x本当にプロレスを愛してんだったら、引退なんて賭けんじゃねえよ！ 北斗　yあたしの……あたしの気持ちは変わらない！ 控室：北斗「今、終わったばかりで言葉は見つからないけど、今日の試合はプロレスじゃないって、非難の声がすごいと思う。でも、わたしの賭けたものは間違っていないと思うし、わたしの考えは変わりません。今日の結果が全てです。わたしは負けました。 神取「リングの上でも言ったけど、軽々しく引退なんて言っちゃいけない。自分は（それを）認めてない。引退どうこうで闘ってるわけじゃないし、物事を小さく見ないでほしい。……今日の北斗には、いつにない気迫があった。うちの会社は、北斗の“くちのプロレス”のお陰でいろいろあって……北斗はやっぱり潰さなきゃいけない相手。だから、今日は勝負に徹したけれど、あんまり気持ちいいもんじゃない。苦い勝利？当たり前だ。	○神取 VS ×北斗 ☆両団体の遺恨を含んだ試合は「潰しあい」の試合となり、神取が勝つ。 →北斗の引退 週刊プロレス № 591

四月二日の北斗―神取戦までの間、両者の団体所属選手はそれぞれの団体のリングに交互に上がり、勝敗を仲よく分けながら、彼らの代表である北斗と神取の勝敗のゆくえに団体の威信をかけるストーリーができあがっていく。下線f～hは対戦者同士の挑発合戦であり、930411（全女）は四月二日の試合で北斗に負けた神取が、レフェリーストップの試合になるほど北斗を痛めつけることで借りを返してもらった、とも読める。

ここで一度、興行のストーリーは区切りがついたものと思われる。だが、二度行われた北斗と神取の対決は他の選手間の遺恨も巻き込み、十二月六日の北斗―神取の再戦へと向かうストーリーを紡ぎだそうとする意図があらわれてくる。そしてこの意図は、北斗―神取の遺恨以上に、二団体間の遺恨を軸とした物語となっている。つまり、LLPWから全女へ選手が一方向的に貸し出されるだけではなく、逆の流れ（全女→LLPW）を要求する団体側の意図がはっきりとしている。表4の二重線を引いた箇所を読んでいけば、会場のマイクアピールを通して、それぞれの団体が自分達の興行の前宣伝をしていることがわかる。

たとえば、930511（LLPW）後楽園ホールで北斗が「おい、それからな、六月十五日大田区（体育館）。お前、人の意見も聞かず、何勝手に（対戦カード）決めてんだ。（中略）テメエんとこの興行を助けるつもりはねえんだよ」（下線j）と不満を声だかに叫べば、（風間）「（泣きながら）お前ら、勝手なことばかり言いやがって……お前らみたいな大きな団体の人間に、わたしらの気持ち、分かるか！」（下線k）と悔し涙を流しながら応える。両者のやりとりはまさに団体の内実を匂わせるマイクアピールとなっている。発言者の風間ルミは当時LLPWの選手兼社長であった。新興団体のLLPWは全女に比べれば日ごろから興行の規模も小さい。それだけに観客動員力のある全女の選手（北斗）がLLPWのリングに上がれば興行の助けになる。北斗の発言内容はそのことをついたもの、と多くの観客には受け取れたことであろう。

北斗―神取の再戦にもっていくまでの両団体の駆け引きは、LLPWの興行である931109（駒沢体育館）で全女との対抗戦を実現するため、よりはっきりさせれば興行の目玉として北斗との対戦を実現したいと切望する風間が、背水の陣として「敗者髪切りマッチ」を提案した言動によくあらわされている。北斗との対戦を要求する風間に対し、北斗は再三拒否をする。拒否の理由としては北斗自身の怪我が第一の理由であるが、「深読み」すれば、水面下で取り交わされた団体同士の選手貸出の約束に納得しきれないものがあったのではないか、とも思われる。

この一連の対抗戦の物語は北斗が風間と対戦し、風間に再戦を要求されたあたりから、長いレスラー生活の無理がたたって満身創痍状態となった北斗が主人公となって新たなサイドストーリーを作り出す。そのサイドストーリーとは、北斗が自分のレスラー人生を賭けて神取との再戦を熱望する、レスラーとしての死（引退）をクライマックスとする「物語」ともなっていることが分かる。表中②④の経緯から、北斗の体調がよくないことがみてとれる。満身創痍ともいえるなか、神取との対戦前に風間との「敗者髪切りマッチ」を快諾とはいえない状況下で受け入れ（下線t）、風間を下した後では「わたしはお前の髪の毛なんて欲しかねぇよ」（下線v）と切って捨てる。「敗者髪切りマッチ」はLLPW側が仕掛けた興行上の売りであるが、〝女魂〟と名付けられたこの試合は風間のレスラーとしての「魂」を賭けたものであった。勝ったあげく、その「魂」を否定する北斗の言は、LLPWやそのファンにとっては許せない冒瀆であって、「遺恨」もまた、最高潮に達したことであろう。下線wのごとく、所属団体・選手やファンに鬱積した遺恨を託された神取は、続く931206（全女）で北斗をくだす。神取の勝利は北斗の引退を意味する。かつて負けて丸坊主になろうとする風間に対し、北斗が「お前の髪の毛なんて欲しかねぇよ」と他方の思いを否定し（あるいは情けをかけ）たように、神取も引退を撤回するよう（下線x）マイクを通して伝えるが、北斗の引退の気持ちはかわらないようだ（下線y）。

約一年続いた全女とLLPWの興行側が仕掛けた流れは以上のようなものであった。会場に集まる観客、または試合内容や選手のコメント、マイクパフォーマンスで伝えられた内容を載せた雑誌記事の読者はその時々の興行側の意図するアングルを愉しみ、団体対抗戦の組まれた興行は大いに盛り上がった。団体側が発信するメッセージに対し、観客側は素直にそれを受信していたかのようであった。試合内容やレスラーのコメント、マイクパフォーマンスの内容を記した雑誌記事をもとに、今日は全女、来週はＬＬＰＷの会場へと新たなストーリーの展開を期待しつつ集まる観客の姿があった。試合のチケットを購入する時点で全女席・ＬＬＰＷ席をファンに選択させ、両団体のファンの対抗意識を盛り上げる演出があれば、せめて応援合戦では負けたくないファンは応援に力を入れた。試合会場以外でも女子レスラーの発言や行動を取り上げ、新たに仲間内で流通させていくファン行動もあらわれた。

たとえば女子プロレスファンが集まる当時のオフ会では、北斗が下田のことを「下の下」と評し、その下田に負けたハーレーのレスラーの格を落とした発言を使って、プロレスとは関係のない日常の場面の評価に「下田」の語を符丁のように用いることがあった。また、興行のプログラムに対抗戦が組まれるような大きな大会だと、その大会のビデオが発売される。この一年間の両団体のマイクパフォーマンスと試合の様子を市販されたビデオやテレビ放送から編集し、興行のストーリーを再構成した自前のビデオを作成するファンもあった[18]。

表4にまとめたマイクパフォーマンスの内容を整理すれば次の三点に集約できる。ひとつは、団体の枠を超えた試合を行うに際して、闘う必然性（遺恨）を作り出そうとする動きである。二つ目は団体側の思惑と思われる、興行の時と場所を意図的に伝えようとする（二重傍線箇所）動き。三つ目は、それらが作り出した興行のストーリーが北斗晶をキーパーソンとして、北斗のレスラーとしての死（引退）までのドラマティックなサイドストーリーを作りだした点である。二点目までは演者側、正しくは団体側から呈示された興行のストーリーであったが、二度目の神取戦に北斗の引退が賭けられていくというサイドストーリーはレスラーや所属団体の意向以上に雑誌メディアの意向がメッセージの構成に関与している。北斗は「週プロ（週刊プロレス）が『北斗は有言実行』と書き立てたから意地をはった[19]」と言い、以上の興行のストーリーがドラマティックな展開をみせたのは雑誌記者の思惑が働いたためである

ことを「対抗戦が北斗を生み、殺した」という言葉で明らかにしている。

この三点のドラマを、ファンは直接試合をみて楽しむだけでなく、試合会場以外の場所でも繰り返し享受していたことになる。

ま　と　め

女子プロレス会場という場の演者と観客との間に立ちあがる意識を指す「観客側の論理」には演者であるレスラーおよびプロレスそのものから呈示されるメッセージ以外の、興行側の論理やメディア側の論理が混在してメッセージを構成していた。観客に呈示されるメッセージの構成の時点であいまいさを残す「観客側の論理」をより細かく見ていくことで、本章では女子プロレスの観客反応の特色を明らかにしようと試みた。

女子プロレスを初めて観る観客の反応からわかったことは、女性同士が殴る、蹴る姿を見せる女子プロレスに対し、実際に見る前にはとまどいを隠せない様子であったが、善玉と悪玉の対立の図式を巧妙に表現する試合内容、カーニヴァルとしての面白さに、素朴な好反応を示していたことである。本章では指摘のみで具体的に取り上げなかったが、観客反応の薄かった男子プロレスの試合が、日本で見せる試合内容とさほど違いのない競技性の強い格闘技の様相を呈したものであったことに比べると、エンターテインメントとしてのプロレスの本義は女子プロレスや、アントニオ猪木とリック・フレアーが二日目のメインイベントでみせた、善玉対悪玉の対立図式なのだろう。興行前、識者とされるコメンテーターは女子プロレスの越境性は反面教師となるであろうと言及していた。それに反して、観客は善玉対悪玉の逆転劇に一喜一憂していた。識者の女子プロレス評はブルジョア的主体による発言と言える内容であったが、実際の観客反応を観察すると、女子プロレスの越境性がエンターテインメントとして受容されていたことが分かる。

また、筆者は「今、リングの上にある言葉」（マイクパフォーマンス）を中心にして、約一年におよぶ団体間の抗争を再構成した。観客は、呈示された興行のストーリーを理解し、眼前の試合を読もうとする。そこでは「勝敗を決した技は何であったか」、つまり「自分の得意とする技であったか」「得意技を出さずに相手を下したか」「相手の得意とする技であったか（掟破り）」なども、興行のストーリーの次の展開を興味深く見守る観客にとっては重要なポイントとなりうる。そして、試合そのものから離れて楽しむ享受の仕方も認められた。

だが、女子プロレスの観客に関して言えば、「読む」というファン行動はあまり定着していない。というのも、一か所一興行を基本とする女子プロレスの巡業は、初見の観客を前にして行われるのを想定して興行が行われる。一か所一興行という興行形態であれば、男子プロレスのようにテレビ放送向けに不特定多数に向けた興行主体のメッセージを発信する必要性が（男子プロレスに比べれば）低いので、興行主体のメッセージを「読む」ファン行動は成り立たないのだ。プロレスファンを対象とするプロレス雑誌に女子プロレスの取り上げられることが少ないことも、この傾向に拍車をかける。

そこで、女子プロレスを「読む」としたら、それはひいきの女子レスラーを中心に編まれる「物語」に関するものとなる（亀井 二〇〇〇）。しかも興行側、メディア側が発信するメッセージを了解しつつも、ひいきのレスラーの応援ではあえて「読む」ことをしない熱狂的なファンも存在する（小田・亀井編 二〇〇五 一一六–一二〇頁）。彼女らのファン行動は、男性主体による「受容の基準」とは異なる審美観を想定しないと解釈しえない。そこで次章では、女性主体による「受容の基準」について考えたい。

註

（1） 守屋の考察に従い、女子プロレスの芸能性については亀井（二〇〇〇 六–一〇頁）で整理しておいた。

(2) プロレスの本場アメリカと違い、日本ではプロレスはエンターテインメントとしてではなく格闘技として普及していった。プロレスが戦後力道山によって紹介され、大衆娯楽として定着していく過程において、プロレスというジャンルそのものをどのように提示しようとしたか、その背景については岡村（二〇〇八）を参照。

(3) この関係は日常生活における対人相互関係でも同様のやりとりで説明される（ゴッフマン 一九七四）。

(4) 亀井（二〇〇〇）および柴田（二〇〇八）を参照。

(5) 『毎日グラフ』一九五六年四月八日号

(6) 平成二年十二月、アントニオ猪木はイラクのバグダートで「スポーツと平和の祭典」を開催する。ロックコンサートと日本の伝統芸能の披露などとともにプロレスの試合を行った。湾岸戦争が危惧されるなか、イラクの在留外国人国外出国禁止措置に対し、外務省の遅い対応に業をにやした、当時スポーツ平和党の党首であり参議院議員であったアントニオ猪木が独自のルートでバグダート入りし、サダム・フセインに在留外国人の解放を呼び掛け、成功させた。イラクの「スポーツと平和の祭典」にはこのような政治的な思惑があった。

(7) 平成七年当時の日本のプロレス放送はリアルタイムで放送していたのではなく、過去の試合を放送していたらしい。

(8) 興行に先立つ四月二十三日、TBSの夕方からのニュースより。

(9) 『東京スポーツ』一九九五年五月二日付関連記事。

(10) 彼女は会場に直接出向いた観客ではない。彼女はホテルの売店で、日本人客用に前日の興行のビデオや他の土産物を販売していた女性である。試合のビデオは興行の翌日にはビデオ化され、売店で販売されていた。店内ではそのビデオが上映されていて、ビデオ視聴の感想を聞いた。

(11) 番組内で流された出場レスラーのVTRで参加女子レスラーの一人、北斗晶は「女でもここまでできる、戦えるということを金正日にも教えてやる」とプロレスラーらしい抱負を語っていた。

(12) 当日のメモのほか、ここでは当地で市販していたビデオ（『平和のためのピョンヤン国際スポーツ・文化祭典』1および2）を参考にした。

(13) 相手ののど元めがけて自分の太ももを振り下ろす技。捨て身技なので攻撃者の体重が相手にもろにかかる。しかし、すかされると尾てい骨に自分の体重分の衝撃を受けることになるので、攻撃者にダメージをおよぼす可能性もある技。このとき北斗はリングのエプロン部分（外）からリング内に向けてうつ伏せ状態でくの字に倒れていたので、ブルのギロチンは北斗の後頭部をめがけて振り落とされることになった。

(14) 試合前の出し物として三階席でマスゲームが披露され、彼らのことは場内にアナウンスされていた。

(15) このときの技は「ブルズ・アンヘリート」というオリジナル技であった。「リバース・ロメロ・スペシャル」のことを指す「アンヘリート」をブル中野がオリジナル技に改良したもので、平成四年九月から使いだした(『女子プロレスパーフェクト技GUIDE』一九九八 日本スポーツ出版社を参照のこと)。日本のプロレスファンなら女子プロレスファンのみならず普段女子の試合を見ないプロレスファンもうならせる関節技ではあるが、あえて細かい技をブル中野は両試合とも出していない。テクニックよりもパワーの誇示の方が観客反応がよいのは男子の試合でも同様であった。が、若手男子の試合ではリングサイドの日本人客の反応にとらわれ、日本での試合と変わらぬ、テクニック技にはしる試合に終始したため会場全体の盛り上がりが得られなかった。観客の反応をリングで試合をしながら感じ取り、観客の反応に合わせて試合内容を変えていくのは経験を積んだレスラーでないとなかなかできないものである。ブル中野は会場内の初見の観客に向けて自らのプロレスをその場で変えた。よい例だと思う。

(16) 善玉対悪玉の図式は、興行二日目のアントニオ猪木対リック・フレアーの試合が典型的なものを呈示した。アメリカ人のリック・フレアーがいわずもがなの悪役である。事前に特集番組が組まれた猪木の興行人気もあるが、昨今の日本の興行ではまず見られない、典型的な善玉対悪玉の対立の図式がいかに観客の心情をシンプルにゆさぶり、溜飲を下げてくれるかをあらわす、手本のような試合であった。

(17) 表作成にあたってはプロレス専門誌の記事、および各社で販売されたビデオを参考にした。雑誌記事の参考には号数を記した。

(18) 表4を作成する際にはこの編集ビデオを参考にした。

(19) 平成六年七月十二日、神田パンセホールで、いまだ去就を決することのできない北斗晶と当時の『週刊プロレス』編集長ターザン山本の対談が催された。この発言はその対談中のものである。さらに北斗は、自分のもとに送られてくるファンからの手紙には「わたし(北斗)の引退を撤回できるのは、ターザン山本だ」という内容のものが一つや二つではないことを直接本人(山本)に伝えた。このサイドストーリーが誰によって作られたのか、ファン(読者)は察しているということだ。

第九章　観客から演者への投企

はじめに

越境性をもつ女相撲や女子プロレスの受容には、第二章や第七章で述べたように、女相撲・女子プロレスが男性主体のアイデンティティを脅かす（境界侵犯する）グロテスクな「他者」であるとして、嫌悪と魅惑の対象とされる心性が認められた。このような正反対の心性は、ストリブラスとホワイトが『境界侵犯――その詩学と政治学』で言及しているように、ブルジョア社会が自己を上品でしかも伝統に則った身体としてそのアイデンティティを確保するために、女性を「他者」として排除するという政治学的な行為によってもたらされたものであった（ストリブラス／ホワイト 一九九五 二六一―二六二頁）。本書では境界侵犯する女相撲や女子プロレスを嫌悪と魅惑の対象とする主体を、ブルジョア的主体または男性主体として、その受容の基準を考察してきた。

ブルジョア的主体は歴史的には近代以降に出現した主体である。そのため近代以前、あるいは近代以降もブルジョア的主体の「受容の基準」と並行してある、ブルジョア的主体とは異なった「受容の基準」も当然存在する。第三章、第四章、第六章で筆者が明らかにしようとしたのは、近代以前の受容の基準であり、近代以降に確立していくブルジョア的主体と並行してある受容の基準であった。本書では前者を「近世都市的主体」、後者を「民衆社会的主体」とし、それぞれを明らかにしようと試みた。

これらの主体は男性を中心として考察してきたため、「男性のまなざし」という言い方もできよう。ただ、誤解のないよう付け加えるなら、「男性のまなざし」と言っても、後述するように女性主体にとっての女相撲の受容を中心に考えた時との対比を促すために用いているだけであって、生物学上の男性を指しているのではない。生物学上の女性であっても、「ブルジョア的主体」を身体化し、女相撲や女子プロレスを「他者」として排除の対象とみる可能性は十分にあるのだ。

本章では、これまで取り上げてこなかった「女性主体」（女性のまなざし）の「受容の基準」に焦点をあてたい。各地に残る女相撲の事例には、興行女相撲の観客であった女性が演者へ移行していく例が数例認められた。観客の立場から女相撲の演者へと転身した彼女たちは、外部からやってきた興行女相撲に触発され、観る側から演じる／観られる側へと自らを移行させていく。そこには二通りの投企があると考えられる。ひとつは外部のものを内部に取り入れていく際の地域社会側から考えた動き（民衆社会的主体の受容）として、もうひとつは観る側から演じる側への動きとして。本章は後者にあたる女性主体の、越境性をもつ女相撲に自ら投企する際の女性主体の「受容の基準」を考え、男性のまなざしに対する女性のまなざしを外在化したい。

一　女相撲の観客反応——聞き取り調査から

興行女相撲や、興行女相撲の影響ではじめられた女の草相撲を観た人たち（演者も含む）に、当時の観客の様子と女相撲の面白さを聞いてみた。

①　相撲を取る女は二〇人くらいいた。青年会くらいの年恰好の男たちが四、五人いて、力士たちの世話や相撲甚句を歌うときには太鼓を叩いたりした。そう、女相撲は相撲を取るだけでなく、手踊りとか相撲甚句に合

わせて踊ったりもした。相撲甚句の文句は「相撲といわれて名はよいけれど……」ってはじまりだったと思う。太鼓を叩く人のなかに、刈谷さんていって、神楽をやっている人がいた。あるとき、わたしが男の飛び入りと相撲を取ったことがあった。負けるかもって思っていたけど、思いきり投げたら、勝ったの！　相手は大男だ。それでこっちはまだ十四、五歳！　見物人も大騒ぎ。それで、その場を盛り上げようとしてその刈谷さんが太鼓を叩いてくんだけど、興奮していたのか、強く叩きすぎて、太鼓の革を破いてしまったことがあった（笑）（Kさん　大正十二年生まれ　女性）（岩手県宮古市津軽石荷竹）。

②女相撲に参加した人たちは皆、元気のよい人だ。何せ、戦中（日中戦直前か）のことだし。女の子はおしとやかになんてことはさておいて、威勢のよい女の子は、軍部でも後押ししていたくらいだ。とにかく、評判はすごいものだった。女相撲のことはだれも批判などしない、むしろ「たいしたものだ」って誉めていたくらいだ。そして、その威勢で三人抜きとか五人抜きをやるんだから……。

観てる方も、よい勝負だったとなると、大相撲で座布団が投げ入れられるのと同じように、土俵にハンテンが投げ入れられることもあった（Nさん　昭和二年生まれ　男性）（岩手県宮古市津軽石荷竹）。

〈引用文中（　）内は筆者　以下同〉

③地元の興行の世界にいたので、女相撲にせよサーカスにせよ、木戸銭を払って観たことがないのでなんともいえないけれど、お客さんは家族連れが多かったから、家族四、五人で入って、ちょっとぜいたくな気分って言うくらいの料金設定だったんじゃないかな。

小屋は大きかったよ。（話を聞いたのは市立陸前高田図書館だったが）この一階の面積くらいあるんじゃないか。土俵は普通の大きさだし、小屋掛けに手間も費用も掛かるから、客席を多く取らないと、元は取れないし。相撲は本格的だった。それに腹の上で餅を搗いたり、歯の力だけで俵を持ち上げて観せたりの芸は、迫力があった。それと踊りもやっていた。それが、相撲を取ってるときは勇ましいのに、踊りとなると、同じ力士たちなのに、女性的な魅力が出てくるんだ。

梅沢富美男の芸もそうだけど、男の姿のときと女形をやるときのギャップが大きくて、それがあの人の魅力だろ。女力士も、勇ましさと、女性らしさがないまぜになった魅力があったんだ。踊りは、本当によかったよ。双葉川って力士は高田の者と一緒になったので、その縁で高田に年中（興行が）来ていたのかもしれない。そのほかには富士の山っていう力士がいた。いかにも力士っていう体格で、実際本格的な相撲を取る。日照山は、ふざけたような名前だけど相撲はちゃんとしていたし、踊りがよかったね。阿知の里は、太っていても面白い所作をする力士だったな（Wさん　男性）（岩手県陸前高田市）。

④ すごいんだよー。男と同じだったよ。瓦屋根を作る工場の広場でやったときは（女力士同士の）取組もしたけど、学校とかを借りるようになったらだんだん取組とかなくなった。（腹櫓の芸は）これも忘れね。どうして腹わたが出ねんだと、子どものころ、思ったもの。だけど、踊りの方もすごいの。今でも記憶に残ってる。千田川って力士は、色白で、ふっくらしていた大きな人だった。立派な美人さんだった。それに反して鬼の臍って力士は体が大きくて、男みたいな女の人。千田川とは天地の差だった。鬼の臍を最初に見た時は、小学校の二、三年生（昭和十四年ごろ）だった。（鬼の臍が）まだ下っ端で、仲間にもけなされているのが、傍で見てても分かるようだった。相撲取っても、すっとばされたりなんかして。ところが何年かして、学校（の講堂か）で興行をやるようになったとき、鬼の臍が一番役者になっていた。踊りも一番役者になった（Oさん大正十三年生まれ　女性）（岩手県陸前高田市只出）。

⑤ 面白かったよねー。（女力士は）体格もよかったし、背も大きかった。本当の相撲取りのようだった。オナゴ相撲って真剣になって取るの。お金取ってるんだもの、その分だけ真剣。只出は、そういう真剣になって取

写真 25　女相撲のにぎわい（撮影場所は宮古市津軽石の地域内に特定される。しかし行司の衣装が同地に残る他の写真と異なる。他日に撮影されたものか。昭和 11 年ごろ）（宮古市教育委員会提供）

写真 26　荷竹の女相撲（昭和 11 年ごろ）（宮古市教育委員会提供）

るオナゴ相撲みて、それで自分たちもやるべとなってはじまった。（Tさん　昭和六年生まれ　女性）（岩手県陸前高田市只出[1]）。

以上のうち、①と②は岩手県宮古市津軽石の女子青年会が主催する敬老会の余興としてはじめられた、同地区荷竹の女相撲を観た人たちの感想である。荷竹の女力士は年齢が十代前半で、津軽石は石山女相撲の巡業ルートにあたり（石山女相撲の廃業後は平井女相撲に引き継がれる）、歯力や相撲甚句の手踊り、威勢づけの太鼓の演出などから興行女相撲の影響を強く受けていたことが分かる。荷竹の女相撲を見物にやってきた人々の熱狂は、興行女相撲の観客の熱狂にも通じていたことであろう（写真25、26）。

③から⑤は、平井女相撲の感想である。平井女相撲は最後まで興行女相撲の巡業を行っていた興行団であった（第一章参照）。陸前高田には昭和三十五年ごろまでは毎年のように巡業に来ていたという。戦前までは仮設小屋での興行であったが、戦後は小屋を掛ける空地がなくなったため、箱もの興行になった。仮設小屋の興行時代は相撲の取組や力芸が主体であったそうだが、箱もの興行になるとそれまで従の位置にあった踊りが主体になった。③のWさんによれば、女相撲甚句（イッチャナ節）に合わせて踊る女相撲甚句踊りこそ、女相撲最大の魅力であったという。力士然とした曲げ姿、相撲取組でみせる男勝りの雄々しさが、女相撲甚句踊りでは一変して、これが同じ人物かとみまがうほどの女性的な魅力が引き出されるというのだ。男性のみならず女性の客をも魅了する女相撲は、男性的／女性的とされる魅力を、振り幅大きく呈示する芸能であったと思われる。

④⑤はWさんのいる市街地から離れた半農半漁の地、只出の女性たちのものである。只出では、TさんやOさんの母親世代の女性たちが巡業中の平井女相撲の力士から女相撲甚句を習い、自分たちの地区の余興芸として二世代にわたり女相撲を行っていた。只出では女相撲甚句踊りや餅搗き甚句踊り、餅撒きのほか、相撲取組もするが、興行女相撲のように迫力ある相撲が取れるわけではない。そこで事前に勝敗を打ち合わせて形ばかりの相撲を取るようにしたが、相手が同じ年の者だと打ち合わせに反して、勝敗がつかないくらい真剣になってしまったものだという。ただし、只出の女相撲の中心は相撲取組にはない。女相撲甚句や餅搗き甚句に合わせて踊る手踊りに只出の女相撲の中心がある。

Tさんは相撲を取るのは好きではなかったというが、甚句の踊りは好きで、皆で合わせて踊るのは「すごくいいの、見事なの。今でも踊りてえなぁと思ってる」と、かつて女相撲に夢中になった仲間が少なくなった今日も、懐かしんでいる。Tさんはもともと踊り好きなのだが、女相撲甚句踊りの面白いところは「男みたいになりきって踊るところ」にあるという。

女力士による相撲の取組には男性ジェンダーへの越境が認められる。同様に、女相撲甚句踊りにも男伊達を装って踊る、越境性があり、当事者はその越境性を意識的に演じていたのだということがこの発言からはうかがわれる。「男みたいになりきって踊るところ」が面白いと語るTさんの言説からは、男性的な身振りへの越境が女相撲の魅力であったことがうかがわれる。また、男性であっても、Wさんのように、「相撲を取ってるときは勇ましいのに、踊りとなると同じ力士たちなのに、女性的な魅力が出てくる」という意見は、女性の、男性的な身振りへの越境と女性的身振りが往還する、または両者が交じり合った状態に女相撲の魅力があるとする意見もある。これらの言説には、ブルジョア的主体が、境界侵犯する女相撲を「嫌悪」と「魅惑」の対象としてとらえたのとは異なる「受容の基準」があらわされている。

二　アンドロジェニーへの憧憬——宝塚歌劇団を例に

ここで想起されるのは、男装する女性、宝塚の男役に対する観客の視線である。ジェニファー・ロバートソンは、宝塚の男役には女性が男性ジェンダーを演じることによって生じるアンドロジェニー的な魅力があり、昔も今も宝塚歌劇団が観客をひきつける理由は男性／女性のふたつの世界にひとりの人間が住める楽しさにあるという(2)（ロバートソン 二〇〇〇　一一七頁）。宝塚では早くからスタニスラフスキー・システムによる俳優の訓練を導入し、「女」に「男」を染み込ませる形でアンドロジェニーを演技に取り入れてきた。スタニスラフスキー・システムによる演技術は、女性の体が男性ジェンダーを表現する、表現できるという事実を浮き彫りにするものだった。

だが、普通の生活をおくる女性にとってアンドロジェニーを身にまとうことは容易ではない。そこで、宝塚の女性ファンは、日常のセックスおよびジェンダーによる役割分業に束縛されない女性を男役に見出し、その「夢の世界」に夢想するというのだ。

異性装の芸能といえば、歌舞伎の女形が想起される。だが、歌舞伎の女形と宝塚の男役とは、女形の「形」、男役の「役」に対する、演者の姿勢に相違がある。

ロバートソンによれば、江戸時代初期の女形、吉沢あやめが編み出した女形の理論と方法というのは、仏教の「変身」という概念に通じるものであったという。あやめの理論は、女形が男から女の型に変貌するのに、ジェンダーの転換を重視している。つまり、女性ジェンダーを「装う」のではなくて、女形は女に「変身」する。あやめの主張は、日常的にも「女であること」であった。役者は女に変身したうえで、女の役を演じる、というのが歌舞伎における女形のあり方であるようだ。このことは、セックスとジェンダー、女性と男性、さらには女性性と男性性の境界をあいまいにしてしまうアンドロジェニー的要素を排することでもあった。

あやめは理想の女の型を作りあげようとし、「貞女」の役作りでは、「女性」の修身の心得をつづった『女大学』を基本としたという。これらのことからロバートソンは、「女形の理論や方法を系統立てることで、生まれつきのセックスとジェンダーが一致する肉体などないと認識しながらも、（セックスとジェンダー、女性と男性などの〈引用者〉）境界やそれに仕切られた概念を明確にしたいと願っていたらしい。したがって、あやめの説く女形はアンドロジェニーではなく、家父長制にのっとって国家が規定した『女性』観を具現化しているもの」（ロバートソン　二〇〇〇　七九–八〇頁）で、宝塚の男役が男性ジェンダーを身にまとう、装うのとは異なるとしている。

ロバートソンは明確にふれていないが本書の考察に関係することとして、あやめの女形理論からは歌舞伎の女形が境界を侵犯する存在になることはないだろう、ということを指摘しておこう。女に「変身」する女形が、家父長制の

〈ウチ〉の秩序をはみだすことは（『女大学』を手本とする理想の女性像である「貞女」であるなら、なおさら）なく、まして、「変身」する主体は、男性である。歌舞伎の女形が男性主体のアイデンティティを脅かす境界侵犯性は、二重の意味で緩和されているからだ。

それに引き換え、女性が男性ジェンダーを演じる宝塚の男役は、境界侵犯性を持つとして社会の非難を受けた。(3)創始者の小林一三は、

小林は男役を理想化された男性性の化身となぞらえ、ひいては家父長制の象徴だととらえた。ただし、この言説が説得力を持つのは、男役の舞台技術が私生活に入り込まない範囲においてだった。（中略）男役となった女性は男性やその心理を理解し、真価を認めるようになるというのが、彼の持論だった。そうすれば、小林が勧めた結婚退団後も、夫が自分にどうしてほしいかが手に取るように分かるので、良妻賢母がうまく演じられるだろうというわけである。（中略）要するに、役者に性役割を演じさせるのは、退団後にできるだけ因習になじんだ生活に戻れるように訓練しているにすぎなかった。小林が役者を「生徒」と呼んだ裏には、そういう意図もあったに違いない（ロバートソン　九五―九六頁）。

と、宝塚の家父長制家族主義のあり方を主張し、他方、当時流行のモガのような男性化した女性に対しては厳しく批判するという態度をとっていた。男役は男性ジェンダーを装う訓練をするが、それは舞台の上だけのことで、日常の場面では男役も娘役も宝塚少女歌劇団の「生徒」であり、「お父さん」である小林の「娘」たちであるとする立場、小林の家父長制家族主義の姿勢は、異性装の男役に対する世間の、境界侵犯性に対する嫌悪の心情をいくぶんかは回避させる意味もあったのであろう。

ただ、男役に対する世間の批判は小林による歌劇団内部の家父長制家族主義的統制をもってしてもかわしきれるものではなく、男役や女性ファンを病的とみなす考え方は「国民の文化的アイデンティティの言説の根底に脈々と流れていた」（ロバートソン　二〇八頁）という。つまり男役の表層に通じる「男装の麗人」や「新しい女」、それに彼女らに陶酔する女性ファンは、文化的アイデンティティを侵犯する存在だとして家父長主義の評論家らには嫌悪の対象として映っていたのだ。(4)

一方、女性の側からの見方（女性のまなざし）は、ロバートソンが女性ファンの行動を通して言及している。ロバートソンによると、「男役は『役』として男性ジェンダーを演じているにすぎない」とする宝塚歌劇団の立場が、アンドロジェニー的魅力をそなえた男役の出現を招き、女性ファンには「セックスおよびジェンダーによる役割分業に束縛されない女性」を呈示する憧憬の存在として支持されるようになっていったという。ロバートソンは、男役のアンドロジェニー的魅力は、新しいジェンダー・アイデンティティを作り上げ、ひいてはジェンダー・イデオロギーを変革することになるという（一一九頁）。これは女性の側からの変革である。

宝塚歌劇団および女性ファンのファン行動としてロバートソンが取り上げたなかで、筆者が特に興味をひかれたのは、観客である女性ファンが歌劇団に入学、あるいは宝塚風（全員女性）の劇団を作って演者へと転じる例である。因習にとらわれないジェンダーを「役」として演じること、アンドロジェニー的魅力を自ら身にまとおうとすることは巡業する興行女相撲の女力士を観て、みずから女力士へと投企する女性たちに通じるものがある。

かつての興行女相撲団「平井女相撲」の看板力士遠江灘は、山形県西置賜郡畔藤村（現　白鷹町）に生まれ、長じて製糸工場に働いていたところ、山形県大江町（第五章参照）に巡業中の石山女相撲の興行を観て女相撲に魅せられ、自らも力士になったという。(5) その遠江灘の人となりをあらわすエピソードに、次のようなものがある。石山女相撲から独立し、平井女相撲をはじめてからの遠江灘は看板力士であり、女親方でもあった。巡業先では地元の興行関係者から因縁をつけられることもあったという。ある時、出刃庖丁を畳に突き刺し遠江灘を脅そうとする者があったが、遠江灘は動じず、かえってその度胸をかわれて話が収まったことがあった。男性顔負けの肝の太さである。遠江灘は昭和十七年に亡くなったが、その葬儀には興行の関係者のみならず一般人のファンが大勢集まった。ファンは女性が圧倒的に多かったという[6]。

遠江灘の女性ファンは、宝塚の男役を見つめる女性ファンと同様のもの、つまりアンドロジェニー的魅力を遠江灘に感じ取っていたのかもしれない。また、自ら演者へと投企する女性たちは、女力士のアンドロジェニー的魅力、異なるジェンダーを身にまとい、定められたジェンダーに生きない選択を、女相撲の興行を観て触発され選択した、といってもよいだろう[7]。

越境性を有する女性の芸能を受容する、女性主体にとっての「受容の基準」には、対象のもつアンドロジェニー的魅力は重要な点であると思われる。これが民衆社会的主体をもつ男性にも共通する心性であることはWさんの指摘（「相撲を取ってるときは勇ましいのに、踊りとなると、同じ力士たちなのに、女性的な魅力が出てくる」）からもうかがわれる[8]。しかし、女性主体と民衆社会的主体の違いは、女性自身が女力士を装うことにジェンダー・アイデンティティの変容が伴う点にある。

まとめ——女たちの戦略

遠江灘らは興行団に身を投じることで生まれ在所の因習から離れ、ジェンダー・アイデンティティを作ろうとしたものであったが、各地に残る女相撲は、地域の女性たちが興行女相撲に触発され、その地ではじめたものである。想定される地域の因習と、彼女たちはどのように折り合いをとっていたのか。

ひとつ考えられるのは、雨乞女相撲であれ、奉納女相撲であれ、「地域の行事」として地域社会から認識されているという点だ。第三章で取り上げた雨乞女相撲では、「女が相撲を取れば雨が降る」という信仰、象徴論的思考を蓑にして、男性の視線をシャットアウトし、女たちが娯楽に興じる姿を指摘した。他地域の女相撲でも、越境性をもつ女相撲は、日常生活を彩る「地域の行事」に組み込まれることによって受け入れられたと考えることはできる。

もちろん、外部からもたらされた女相撲が、「地域の行事」としての安定した立ち位置を得るまでの経緯についてはまだ研究の余地が残されている。ただ、ひとつの可能性として、女力士のアンドロジェニー的魅力が、女性主体のみならず民衆的主体にとっても、越境性のもつ魅力としてとらえられていたことは指摘してよい。嫌悪と魅惑のグロテスク論を支えたブルジョア的主体とは異なる受容の基準が、越境性を持つ女相撲の地域社会への受容を容認する契機となったであろうことは指摘しておきたい。

ただ、アンドロジェニー的魅力につかれ、演者へと自らを投企する女性主体にはジェンダー・アイデンティティの変容が、当人にとっては無意識であるかもしれないが、付随することにも留意したい。そこでは、民衆社会的主体に容認される「アンドロジェニー的魅力」の蓑に隠れて、女性のジェンダー・アイデンティティの変容が行われようとしているのだ。

外部からやってきた女相撲を取り入れ、「自分たちでも」これを演じてみようと提唱し、他の女性たちを巻き込んで実行する女性社会のリーダーの存在の検証が、再度ここで大きな位置を占めてくるように思われる。これは聞き取り調査の際によく聞かれることなのだが、地域の女性のリーダーになるような人物は同性から（あるいは地域の男性からも）「あの人は働き者だ」とまず評価される。家の中の女性に求められることは「何でもでき」、さらに外へ出て「自分を出す」ことのできる女性という意味も含む「働き者」が地域の女性を束ねる資質の第一に挙げられているということだ。彼女たちのジェンダー・アイデンティティが地域の因習とどのような関係を結んでいるのか、この点の考察を深めていく用意は筆者にはまだない。越境的な女相撲が「地域の行事」として安定した位置に受容されていく過程とともに、今後の課題としていきたい。

註

（1）以上の聞き取りは拙稿「女相撲への憧憬」（二〇〇四）（本書補遺）より。

（2）「アンドロジェニー」の用語をロバートソンは生理学的な半陰陽の状態ではなく、ジェンダーを示す、衣服や化粧、しぐさ、言葉づかいなどの特徴が男性／女性の二項対立を前提としたセックス＝ジェンダー体系の土台を揺るがしながら、同時にその二項対立の両要素をも維持している状態として用いており（ロバートソン　七〇頁）、本章でもその定義に従った。

（3）その経緯はロバートソンに詳しい。

（4）ロバートソン「第四章　ファン病理学」を参照。

（5）佐藤宏一氏の御教示による。

（6）石山興行の堀岡清行氏の御教示による。また、同様のエピソードはカルロス山崎（二〇〇〇）にも。

（7）血縁の者が女力士であった縁で自身も女力士になったという話は聞き取りで聞かれることだが、自ら進んで女相撲の世界に入った例としては遠江灘のほか、管見の女力士で高玉女相撲の若緑（工藤　一九八八）、石山女相撲の若緑（遠藤　二〇〇四）がいる。女力士として短期間巡業に同行した者も入れれば、相当数に上るのではないかと思われる。

（8）〈男装の少女〉というヒロイン像は、今日、日本の少女マンガで散見する。〈闘う少女〉のヒロインも一九八〇年代以降、増えていったと指摘されている（プロレス文化研究会「闘う少女のエロチシズム」での井上章一からの報告より　二〇〇七）。〈闘う少女〉のヒロインは二次元世界における女闘美といえる。彼女らは境界侵犯的なヒロインであるが、嫌悪の対象となることはない。性的魅惑の対象として存在している。男性主体のアイデンティティにとって、境界侵犯する「少女」は子供と大人の中間領域の存在で、「女」とは異なる。男性アイデンティティを安全地帯に担保しつつ、愛でることのできるのは、〈闘う少女〉は大人の「女」ではないところにあるのではないかと考えている。この点について、筆者に深く言及する用意はないので後日の課題としたい。
　少女マンガにおける〈男装の少女〉像の容姿造形を構成する絵画表現から、ジェンダー表象がどのように構築され、変容していったかは押山美知子『少女マンガ　ジェンダー表象論――〈男装の少女〉の造形とアイデンティティ』（彩流社　二〇〇七）を参照のこと。マンガ、アニメ、映画等にみられる〈闘う少女（女）〉を分析した書物が近年出てきている。筆者の目にふれたものとして、斎藤美奈子『紅一点論』（ビレッジセンター　一九九八）、斎藤環『戦闘美少女の精神分析』（ちくま文庫　二〇〇六）、四方田犬彦『戦う女たち――日本映画の女性アクション』（作品社　二〇〇九）を上げておく。

終章　本書のまとめと今後の課題

はじめに

本書で筆者が明らかにしたいと考えていたのは、本質的に越境性をもつ女相撲、女子プロレスが人々にどのように受容されていたのか、また受容の際の基準ともいえるモノの見方、考え方とはいかなるものかを明らかにすることであった。序章でふれたように、女相撲、女子プロレスの基礎となる素手組み討ち競技は、世界的にはもっぱら男性の行うものであると認識されている。人と人とが自らの身体で直接的に「闘う」という行為は男性性を象徴する行為であるとされているのだ。そのような認識が普遍的な世界観のなかで、女性同士が「闘う」姿を見せる女相撲や女子プロレスは、女性が男性ジェンダーへと越境する姿を見せるということになる。

女性が男性ジェンダーに属する越境的なふるまいをみせることに対し、人々はどのように受け止めてきたかを、筆者はブルジョア的主体、民衆社会的主体、近世都市的主体、女性主体の四つの主体に分け、それぞれの主体による受容のあり方を考察してきた。興行女相撲はその発生の段階から都市性をおびたものであり、巡業することで各地に残る女相撲（女の草相撲）に影響を与えた。女相撲の持つ都市性は人々の受容の基準を考察する上で重要であり、本書の根幹でもある。本文中では特に断らなかったが、巡業する女子プロレスにも都市性は認められる。

本章では女相撲の都市性と、四つの主体にとっての受容の基準について女相撲・女子プロレスを考察してきた各章の概略を述べ、本書では考察しきれなかった課題についてまとめたい。

一　越境する女の芸能の都市性

第一章では、明治以降の興行女相撲の盛衰を歴史的におさえることで、興行女相撲の持つ都市性、カーニヴァル性を明らかにしようとした。

山形県天童市高擶の清池八幡神社に奉納されている、日本でたぶん唯一であろう、女相撲の力士たちが描かれた絵馬の奉納者は、高擶と隣の山形市に本拠地をもつ高玉女相撲と石山女相撲の関係者、本間半三郎、石山兵四郎、斎藤祐義であった。明治二十二年奉納のこの絵馬は、彼らの女相撲興行の成功と発展を祈念して奉納されたものであろう。彼らの起こした興行女相撲は昭和三十年代までの約八〇年間続いた。興行女相撲として全国を巡業してまわったのは、彼らとその関係者（元関係者も含む）が荷主となる女相撲以外にはない。

なぜ高擶の地で興行女相撲がはじまったのかを考察する過程で浮かび上がってきたのは、農村部でありながら近在のマチ場として栄えた高擶の都市性であった。高擶には近在の信仰を集める清池の骨堂（願正坊の廟）があり、骨堂の祭りは多くの参拝客で賑わい、多数の露店や仮設興行も出ていたという。

絵馬の奉納者の一人、本間半三郎は清池の骨堂の祭りを仕切る当地の歩方として女相撲興行以前から活躍していた。半三郎の後を継いだ本間勘十郎は奥州興行界の重鎮として勢力を広げ、その関係からか高擶には早い時期から映画館も営業していたと言われている。内陸の農村でありながら、高擶は都市文化の流入に恵まれた場所であったのだ。

女相撲興行を発案した石山兵四郎は半三郎の義弟であり、女相撲は興行の世界に精通していた二人が力を合わせて広めていったものである。土地の歩方として、他所からやってくる興行の出し物をよく知る彼らが選んだ女相撲は、都市的なるものを体現する見世物であったと言えるだろう。そして、彼らの女相撲は地元に留まることなく、都市的なるものを体現するものとして各地を巡業した。

一方、巡業する興行女相撲とは別に、土地の風習として女相撲を伝承する例も多い。第五章では、各地に伝承される女相撲を聞き取り調査や民俗報告書等によって収集し、その分布と内容を明らかにした。結果、その分布は東北地方と九州地方とに偏りのあることが分かった。ある時期における興行女相撲の東北地方の巡業ルートが明らかとなったが、女相撲が伝承される地域と巡業ルートはほぼ重なり、なかには興行女相撲からの影響ではじめたと明確に伝えられている例もあった。九州地方については明治中葉に長期間興行女相撲が巡業していたことが関係者の間に伝えられており、九州地方の密な分布も興行女相撲の巡業と無関係とは言えない。都市的なるものを体現する興行女相撲が、巡業のうちに各地に影響を及ぼし、女相撲を伝播させていった様子をこれらの例は示している。

各地で伝承される女相撲は、一口に女相撲と言ってもその芸態はいくつかに分類できる。相撲取組、土俵入り、相撲甚句に合わせて踊る相撲甚句踊り、力芸の四点に、伝承される女相撲の芸態は集約される。これらの芸態は興行女相撲で提供された内容と一致する。(1) 第五章では各地に伝承された女相撲の目的にも着目した。各地の女相撲の目的は雨乞、余興、奉納に分類される。地域の行事に越境的な女相撲が行われるのは興行女相撲のカーニヴァル性に通じるものがある。興行女相撲の直接の影響を示す伝承例が少ないので、すべての事例がそうとは言えないが、各地に伝承された女相撲に、興行女相撲は影響を与えたのではないかと筆者は考えている。

二　ブルジョア的主体による嫌悪と魅惑

第二章では、興行女相撲を取り上げた明治以降の新聞・雑誌記事等をもとにして、ブルジョア的主体の形成期に越境的な女相撲がどのように受容されたかに視点をあてた。

明治期の風俗改良政策では、日本人の習俗が、野蛮人の、嫌悪すべき、グロテスクな習俗として西洋人の目に映ることを危惧した政府によって、裸体習俗や入れ墨等の習俗は科料を伴う取り締まりの対象とされた。女相撲も例にもれず、「醜体」をさらしたとして、興行がたびたび差し押さえられている。女相撲の場合は、女力士の裸体のみが問題なのではなくて、「女」が相撲を取るという境界侵犯性が、ブルジョア的主体のアイデンティティを揺るがす存在として嫌悪されたのであろう。明治期の新聞に評される女相撲が、時代が下がるにつれ嫌悪の対象として厳しい論調で批判されることになるのは、ブルジョア的主体の確立とパラレルな現象だと考えられる。

一方、大正期に入ると、女相撲興行を「煽情的な見世物」と評する思潮もあらわれた。この思潮の背景には明治期に西洋より導入された性科学の知識、および通俗的性科学の流布が影響を与えていると思われる。「変態性欲」の対象として、女相撲が目される動きがあらわれたということだ。嫌悪していたものが性的欲望の対象として戻ってきてしまう。ストリブラスとホワイトが『境界侵犯』のなかで展開したグロテスク論をなぞるように、明治から昭和初期の女相撲評は移っていったことが分かった。

同時代、興行女相撲は国内のみならず国外にも巡業を展開し評判を得た興行であった。この事実と照らせば、この時期の女相撲の「醜体」観や「煽情的な見世物」観は、民衆（民衆社会的主体）の自発的な見方、考え方とは異なる、ブルジョア社会からのイデオロギーによって流布していった観念である。つまり、越境的な興行女相撲にまつわる二つの受容のあり方は併存しているということだ。

今日、女子選手による競技相撲を浸透させようとする動きのなかで、競技の名称を「女相撲」「女子相撲」とせず、「新相撲」とした背景を考えたい。ブルジョア的主体のイデオロギーによる、境界侵犯する女相撲の「嫌悪と魅惑」という観点は、「女相撲」のイメージの流布に影響を与えており、それを払拭させるには、女子の競技相撲の名称に「女相撲」は適さないと判断したのだろう。「女相撲」の名称で行われる女の草相撲は今日でもあり、また増えつつあるのだが、公式な競技の名称としては以上のような理由から抵抗があるということなのだろう。民衆社会的主体による越境性の受容とブルジョア的主体のイデオロギーとの二重構造は、その動きがあらわれた明治期はもちろん、現在も存在する。

ところで、「変態性欲」の対象となった女相撲は、その後倒錯的な女相撲賛美に結びついていく。戦後、アブノーマル性愛を主題とした『奇譚クラブ』誌に寄せられた女闘美関係の投稿には、女相撲を女闘美と称し、闘う女の美を称賛する記事があらわれた。熱心なファンを指す、「女闘美マニア」という呼称も出現した。女闘美マニアの女闘美観については第二章で述べたので繰り返さないが、「女が相撲を取る」ことの境界侵犯性が、専業の女力士によるものでなく素人女性の行為にまで及んで、性的魅惑の対象となっていったことはたしかである。

このような見方は女子プロレスに対しても有効である。第七章では力道山によって抑圧された女子プロレス報道を例とし、力道山のもつ男性アイデンティティを侵犯する女子プロレスの越境性について論じた。力道山の男子プロレスでは日本人レスラー（善）と他民族レスラー（悪）の抗争等のギミックを用い、意識的にカーニヴァル性、グロテスク性を演出する。ギミックの利用は女子プロレスでも同様のことである。本文中では女性性を強調するアイテムである〝ハイヒール〟を例にあげた。女子レスラーと〝ハイヒール〟の組み合わせは、女子プロレスのグロテスク性、境界侵犯性を強く表出する。男性主体はそこに嫌悪と魅惑を感ぜずにはいられないだろう。

男性社会にとって女性の存在が常に排除すべき「他者」であったこと、グロテスク性、境界侵犯性という点で、「男子」プロレスでは「女子」プロレスに到底およばない。女子プロレスの境界侵犯性は、力道山が日本の大衆社会に広めようとしていた男子プロレスのアイデンティティ（立ち位置）を揺るがす力を持っていた。それだけに力道山や男子プロレスにかかわる者たちの嫌悪観を引き寄せたというのが筆者の結論である。

三　民衆社会的主体による越境性の受容

女相撲の伝播、定着を成立させるには、地域社会すなわち民衆社会的主体による受容と容認がなくてはならない。第三章と第四章では、民衆社会的主体による女相撲の受容の基準を明らかにしようとした。

第三章では、秋田県比内町扇田（現　大館市比内町扇田）の雨乞女相撲を取り上げ、女相撲が雨乞祈願に用いられる意義について、地域社会の言説に注目して考察を行った。

女性が中心になって行われる雨乞はわが国の雨乞習俗全体を俯瞰すれば少数例であり、雨乞に女相撲を利用するのはさらに特殊な例である。従来の民俗学研究では、雨乞女相撲は女人不浄が聖なる領域を侵犯するため降雨をうながすと解釈されてきた。他方、民俗学研究において流通する「女の霊力」という思考バイアスも、この解釈に関与してきた。しかし、扇田の雨乞女相撲の考察からは、あえて通常と異なる「逆さ事」をし、晴天の続く気象のバランスを崩すという、象徴論的解釈が認められた。この「逆さ事」とは、すなわち通常ならば男性が力比べに用いる相撲を女性が行うということ、男性ジェンダーに女性が越境する行為のことを指す。

「女の霊力」論的解釈は、民俗文化を下支えするものとして、女性が関与する儀礼等の解釈に従来用いられてきた。しかし、霊力を持っているはずの女性が、不浄な存在として儀礼等から排除されることも、同時並行して認められる。「女の霊力」論的解釈の、この不安定さは、現存する「女」という存在から民俗文化を解釈しようとしたためで、「女」の起こす出来事の越境性をおざなりにした結果である。このことはたとえば、「いやな客に早く帰ってもらいたいときは、箒を逆さにして玄関に立てるとよい」といった、呪的に用いられることのある箒を例に考えるとよい。箒が呪力を発するには、柄の部分を手に（すなわち上に）持ち、穂先の部分を下にしてチリを掃くという、通常の箒の用い方と上下を「逆さに」する行為（出来事）が必要になる。つまり、象徴的逆転の作用がこの場合の箒には期待されているわけで、「逆さ事」して長っ尻の客に退去を促すという象徴論的思考がもたらした「箒の霊力」なのである。箒そのもの（存在）に呪力を認めているわけでは、けっしてないのである。「女の霊力」も同じである。「女」は文化の中心にはいない。周縁の存在である。女のある行為が象徴的逆転を起こして中心を活性化する際には吉とされ、周縁にいる限りでは不浄なものとして遠ざけられる。「女の霊力」論的解釈の限界は、「女」の存在と出来事とを区別せず、民俗文化にあてはめ論じてきたことにある。

女性が相撲を取るという越境的な行為が、雨乞女相撲では祈願の形として地域社会に認識、受容されていたということは重要である。扇田の民衆社会的主体は、越境的な女相撲を、その越境性ゆえに天候をも操作できる営為として象徴的に利用することで受容していたのである。

第四章で取り上げた長崎県長崎市式見町では、明治期に芸能熱の高まりをみた。式見の芸能熱の高まりには、隣接する都市部の芸能に対する意識の高まり、および移動する芸能の民からの影響が作用していると思われる。式見町下郷で伝承される女相撲は、移動する芸能の民すなわち興行女相撲の影響によってはじめられたものであることが関係者からの聞き取り調査によって明らかとなった。都市性を体現する興行女相撲の、地域社会への定着がみられた例と言える。

式見町では女相撲以外にも女性演者を主体とする芸能が伝承されている。式見町の各地区が伝承する芸能は八年に一度、その地区が踊町になる年に氏神である乙宮神社へ奉納されている。女性演者による奉納芸は「女の霊力」と関係づけて解釈されることが多いが、式見町の女相撲の考察を通して、「女の霊力」とは別の、漁村として戦後に栄えた地域社会の女性の役割との関係が深いことが導き出された。これも、「女の霊力」論的解釈の限界を示す例であろう。

式見の女相撲の「はじまり」に女相撲の越境性はどのように受け取られていただろうか。女相撲の都市性が外部からの刺激として作用したのか、それとも「地域の行事」といった特別な日の非日常性へと回収されていってしまうものなのか。この点は課題として残された。

第八章では、女子プロレスを受容する民衆社会的主体の受容の基準を、二つのレベルで論じようとした。まず、演者と観客の関係をとらえようとして筆者がかつて提出した「観客側の論理」を再考し、女子プロレスのメッセージが観客に伝えられていく過程を、言葉によらないメッセージと演者の言葉を介して観客に伝えられるメッセージと、二つの発信の例をあげて、観客反応を考察した。はじめて女子プロレスを観た人々の観客反応を観察することで、興行の思惑やメディアの思惑を極力排除した反応が得られた。その結果、演者の所作によって善玉対悪玉の判別が自然と観客側に形成され、また観客の反応を受けて、より悪玉であろうと微調整をしながら試合を進める演者の身振りが観察されたことは大きい。女子プロレスが観客との双方向的な情報のやりとりを前提とし、作り上げていく芸能であること、女子プロレスのカーニヴァル性が、同時に行われた男子プロレスの観客反応と比較することで、より鮮明となったからである。

一方、リング上から言葉を介して伝えられるメッセージには興行団体側や試合を伝えるメディアの思惑がメッセージに混在することになる。リング上でレスラーが発したメッセージに着目し、約一年におよぶ団体間の抗争を再構成したとき、そこにあらわれてきたのは一編のストーリー、興行のストーリーである。観客は、呈示された興行のストーリーを理解し、ストーリーに照らして眼前の試合の意味を「読もう」とする。試合を決めた技に込められた意味を深く考えるのも、レスラーが発した言葉の意味をずらして興に入るのも、「読み」のひとつといえ、より広範な「読む楽しみ」の可能性が観客に呈示されることになる。

四　女の大力信仰と近世都市的主体

第六章では、宮田登が江戸期の見世物文化のなかで零落したと考察した、女の大力信仰と女相撲の関係を再考し、近世都市的主体による受容の基準を考察した。宮田は中世の女の大力説話をもとに、女の物理的な大力に対する信仰の存在を指摘する。女の大力は日常生活では隠されているが、非日常の場面で発現し、人はそれに価値を置く思考を持っていたというのである。しかし、女の大力の系譜につらなるはずの江戸時代の見世物女相撲は、女と盲人の相撲のような卑猥な見世物に堕してしまって「隠れた女の大力に一つの価値を置く思考が欠けている」「聖なる女の大力のあり方が否定されている」と言い、見世物女相撲にあらわれたのは、女の大力信仰が零落した姿であるという。

中世の女の大力説話には、「小」女が「大」女を打ち負かす、しとやかな外見と隠された大力（外見と中身の逆転）、夜間という限定された非日常の場面で発現される大力、というように、日常とは異なる「越境性」が示されている。通常とは異なる状況で発現するから「女」の大力なのであって、その越境性に通常の価値や規範がひっくりかえされるから人々は驚嘆するのである。宮田のいう「隠れた文化価値」とは、裏返しの文化的価値である。

宮田の拠り所とした史料は、明治以降の女相撲に対する思潮のなかでも大正から昭和初期にかけて流布した「煽情的見世物」観に影響された、江戸期見世物女相撲の史料であった。近代社会のブルジョア的主体は、境界侵犯する女相撲のグロテスク性を嫌悪しつつ、性的魅惑の対象とした。その思潮に影響された史料をもとに、宮田の江戸期見世物女相撲の解釈はなされたのだ。

そこで江戸時代の興行女相撲に関する別の史料に目を向けることにより、「女の大力信仰の零落」といった視点で解釈しようとした宮田とは異なる解釈を探った。それは、ブルジョア的主体とは異なる、近世都市的主体による越境性の受容を考察することでもあった。

江戸期の見世物女相撲の評判記を検証すると、女の越境的な大力に驚嘆する人々の姿が浮かび上がってくる。このことは江戸の町人社会にもてはやされた「きゃん」な女、「おちゃっぴい」娘の存在と、主体の受容の点では重なると思われた。女相撲にあらわされた女の大力、「きゃん」な女、「おちゃっぴい」娘に共通するのは彼女らの越境性である。近世都市的主体にとって、女性ジェンダーの規範からはみだす越境性は、大きな魅力と映じていたのだ。

中世説話では女の大力は「隠されて」いた。江戸期の見世物女相撲は女の越境的な大力を興行という「境界的な場」で、日常生活の価値や規範を逆転し活性化させるために、見物の対象として「観せた」ものである。露わにされたからといって女の越境的な大力が否定されたのではない。

五　女性主体によるジェンダー・アイデンティティの変容

ブルジョア的主体、民衆社会的主体、近世都市的主体といった、これまで述べてきた受容の主体は、社会の中心を占める男性のまなざしであったといってよい。しかし、第三章で取り上げた扇田では、雨乞祈願という信仰の陰に隠れ、女性たちが日常では縁のない娯楽に興じる側面も認められた。また各地に残る女相撲の事例には、興行女相撲の観客であった女性が演者へ移行していく例が数例ある。彼女たちは外部からやってきた興行女相撲に触発され、観る側から演じる／観られる側へと自らを投企する者たちである。

男性のまなざしに隠れ、女性主体は越境する女相撲をどのように受け止めたかを考察しようとしたのが第九章である。

聞き取り調査から得た女相撲の魅力には、アンドロジェニーへの魅力があった。宝塚歌劇団のジェンダー・ポリテイクスを考察したジェニファー・ロバートソンによれば、男役のアンドロジェニー的魅力は、歌舞伎の女形が男から女に「変身」し、社会の中心的アイデンティティが理想とする女の型に成ることを志向するのとは異なり、女の身に男性ジェンダーを「まとう」ことから醸し出される魅力である。また、男役の出現は、ジェンダーとは生来のものではなく、身にまとうことが自在なものであることを証明することになった。そして男役のアンドロジェニー的魅力に開眼した女性たちは、新しいジェンダー・アイデンティティを作り上げ、ひいてはジェンダー・イデオロギーを変革することになるだろうと言う。

女相撲を演じようとする女性主体に、ロバートソンが指摘したようなジェンダー・アイデンティティの変容は可能だろうか。

女相撲のアンドロジェニー的魅力は、民衆社会的主体にとっても受容の基準となる。興行女相撲が隆盛を誇ったころ、女相撲の越境性はこのアンドロジェニー的魅力に支えられていた部分もあっただろう。越境的な女相撲へと自らを投企する女性主体は、女力士のアンドロジェニー的魅力を自ら引きよせ模倣する。そこには当人には無意識にジェンダー・アイデンティティの変容が行われている。民衆社会的主体に容認される「アンドロジェニー的魅力」の陰に隠れて、女性のジェンダー・アイデンティティの変容が行われようとしているのだ。

越境的な女相撲を受容する女性主体についての考察は、課題が今後に残されている。

六　今後の課題

各地で伝承されていた女相撲のうち、今日まで残っているものは少ない。報告された女の草相撲が興行女相撲とかかわりのあるものかどうかも今では分からなくなっている。各地の女相撲が一過性の出来事に留まり、今日まで伝承されてこなかった理由として想定されるのは、ありていに言えば地域社会において伝承する意味が見いだせなかったから、後継者が育たなかったからといったところだろうか。言葉を代えれば、伝承する女性主体にとって、女相撲の「アンドロジェニー的魅力」が魅力として映らなかったからだ。今日、数か所に残る女相撲でも後継者の問題は頭を悩ませる点であるという。一方で、「地域の伝統だから」「伝統を守るため」といって参加する女性も少なくない。

第九章で取り上げた女性主体による女相撲の受容の基準は、受容する対象と近い距離で接した際（第一世代）の基準であって、次世代の伝承の基準には十分に踏み込めていない。今後、この点を考察していく場合、カギとなっていくのは「伝統を守るため」と言われる際の、「地域の伝統」に対する人々の意識だろう。これは女相撲に限られた問いではなく、伝統と結びつけられることの多い民俗全般にかかわる問いであると考えている。

民衆社会的主体が越境的な女相撲を受け入れていく際の受容の基準として、雨乞女相撲をあつかった章では女相撲の越境性と象徴的逆転の関係がうまく導き出せたと思うが、長崎市式見の例では外部からやってくる越境的な刺激と受け入れる側の民衆社会との関係が思うように描きだせなかった。これは女相撲を自分たちの持ち芸として選択した過程を女性社会の横のつながり、当地での女性の社会的位置をおさえることを優先して、民衆社会的主体の意志についての考察に至らなかったからだ。この点は今後の課題としたい。

近世都市的主体にとって、女と座頭の相撲のグロテスク性はどのように受け取られていたのかという点は、女相撲の越境性を考察する本書のテーマと離れていたこともあり、十分に説明することができなかった。ブルジョア的主体にとってのグロテスク性とは異なるとしても、民衆社会的主体にとってのグロテスク性との違いをどう説明するか。本書では近世都市的主体と民衆社会的主体を、依拠する史資料の時代の違いによって区別したのだが、両者を明確に分断することができるのかどうかという疑問とともに今後の課題としたい。

例えば両者をつなげる一例として、第一章で取り上げた女相撲絵馬を再度見ていただきたい（写真1）。興行女相撲の発案者、石山兵四郎と思しき人物が手にしている旗には「女大力」と書かれている。歯力や腹櫓のような力芸も、興行女相撲の売りであった。民衆社会的主体（明治期の観客）を魅了した女相撲の魅力、受容の基準の一つに、越境的な「女の大力」への魅惑はあったに違いないのだ。

今後展開したいのは、地域の女性社会のリーダーに関する考察である。女相撲の調査のため歩いていると、各地でリーダー格の女性からさまざまなことを教えてもらった。彼女たちの資質には共通する面もあるようだ。だが、そのことを十分に深め、書きくわえる余裕が筆者にはなかった。女性社会のリーダーのアイデンティティの考察は、越境性を有する女相撲を受け入れる民衆社会的主体の受容の基準や、地域の因習のなかで女性がジェンダー・アイデンティティを表現していく戦略の考察にもつながるものだと考えている。

註

（1）四点をすべて網羅する女相撲の伝承は現在のところ確認されていない。多くの例では、女相撲甚句踊りと土俵入りが伝承されている。

補遺　女相撲への憧憬

はじめに

女相撲という言葉には、ある種のイメージがつきまとっているようだ。

相撲は日本の国技と言うけれど、大相撲興行の土俵に、女性は上がれない決まりになっている。それが大相撲の伝統なのだという。その理由として、大相撲はかつての神事の流れを伝える興行であって、そこで、神事から排除された女性のケガレ観に基づくような説明が云々されることもある。そのケガレ観については疑問を大いに持つけれど、土俵に上がれないことが昨今まで問題視されなかったのは、そこに上がろうとする女性が少なかったからとも言えないだろうか。女性が相撲を取ることは、多くの人々にとって珍しいことだったと言う意味で。

国民の半分は女性だろうに、女性が排除される相撲が「国技」とは。するとこの場合の国技とは、だれもが楽しめる国民的競技という意味で認められた「国技」とは違うのだな、とも思う。相撲は国技という言説には、疑問を持ってよいと思う。

「国技」の範疇からは外されるが、かつては女相撲の興行があり、それは神社の祭りに境内をにぎわせ地域の人々の目を楽しませてくれる、大衆娯楽のひとつであった。女性が相撲を取ることの珍しさ、迫力に人々は魅了された。女相撲興行というと、女が相撲を取ることの場外れ観、知らないからこそ膨らむ興行の世界への妄想等々が絡まり合って、どうしてもマイナスのイメージで受け取られがちだ。

けれどもここで紹介する女相撲を大衆娯楽として受け止めた人々の話にふれれば、また違った印象が加わるかもしれない。それを期待したい。

一　プロの仕事

今年（二〇〇四年当時）九十歳になる対馬鶴蔵さんは、昭和初期に青森県鰺ヶ沢町にやってきた女相撲を観た時の印象を次のように語っている。女相撲を観たころの対馬さんは、尋常小学校は卒業していて、けれども村の青年団に入るにはまだ早い年ごろだった。十五歳前後といったところだろう。当時の鰺ヶ沢では若者が十七、八歳になると出稼ぎ漁に行くことが多く、対馬さんもその年になれば出稼ぎ漁に行くようになったため、女相撲を観たのはその一回きりだったという。

女相撲は三年に一度くらいの割合で、鰺ヶ沢にやってきた。来れば四、五日は興行していたように思う。鰺ヶ沢はかつては藩の御用港であり、近世は北前船の発着港として栄えた港町で、興行の小屋が掛けられた弁天崎（浜）近くには昔の新地跡がある。小屋掛けしたのは弁天崎とその近くにあった演芸場奥の広場の二カ所で、交代で小屋掛けしていた。近くには漁の神として鰺ヶ沢の漁民に信仰されている白八幡神社があり、八月十五日の祭礼に合わせてやってきたものではないか。

女力士は、相撲を取るだけあって丈夫な人たちばかりだった。年齢は、三十歳前後の女盛り。体のでかい女の人がぶつかりあっているさまは迫力があった。ももひきをはき、長袖シャツに廻しを締めて、頭は髷を結っている。その出で立ちも勇ましかったが、初っ切り相撲まであって、これがあるためになおさら大相撲（プロ）のように思えた。

女相撲では余興として男の客をひっぱりだして相撲を取ったりしていたという。ただ対馬さんはその決着を覚えていないとも言う。このあたりでは、神楽相撲といって、男たちの奉納相撲がよく行われている。当然、若い者のなかには力自慢、相撲自慢の者もいる。当時の対馬さんはまだ神楽相撲を取る年齢には達していなかったというが、いずれは自分も神楽相撲を取りたいと夢見る少年だった。

女相撲の力士たちは、そのような若者たちのみつめる前で、男の飛び入りを受けてたっていたのである。

男の飛び入りを受ける女力士について、思い出したことがある。場所は九州に飛ぶが、熊本県八代市鼠蔵町にも、後述するような地元のカカさま連中による女相撲があって、地元の神社の祭りに奉納していた。珍しいからとＴＶの取材もよく受けた。あるとき鼠蔵町の女相撲の横綱が、ある男性有名人の挑戦を受けることになった。横綱は「男に勝つことは人情的にでけん」とし、そのお客様には負けることになるのだが、ただ負けるのでは横綱のプライドが許さない。

そこで何と、横綱は勝負の面白さを意識した一番を取ったというのだ。投げられそうになっては体勢を持ち直し、投げが決まるかと思うところでノコッタ、ノコッタ……。「見ているお客さんを喜ばせるように負けにゃならん」とその一番を振り返るのは鼠蔵町の女横綱、四股名は大鵬。

鼠蔵町は干拓で大きくなっていった土地で、女も男並みに働く。仕事がきつい分、力の強いオナゴが多く、気性も男勝り。鼠蔵の女相撲は、取組み勝負を中心とする女の草相撲の側面が強い。だがその一方で、宴会の余興などで、機転をきかせた即興のにわか芸の数々をちょこっと出せるのをよしとする気風も持っていて、そういう人は仲間内でも人気がある。右の一番にも、そのにわか芸的発想があらわれていよう。

鯵ヶ沢での女相撲興行に戻ろう。男の客の飛び入りを許した一番の結末を、対馬さんは覚えていない。そこで筆者が勝手に想像するに、飛び入り客と対戦した女力士はたぶん負けただろう。土俵のまわりで観ているお客さんが喜ぶような、白熱した勝負のやりとりの末に……。けれど、両者の技芸の差は、お客さんの脳裏にしっかりと刻まれたことだろう。

女相撲興行は人気が高く、鯵ヶ沢での興行の入りもよかったと言う。客層についての記憶は薄いが、男性客ばかりということはなく、女性客も多かったと対馬さんは言う。ちなみに対馬さんの奥さんも同じころの女相撲興行を観ていたお客さんの一人だ。当時、奥さんは十歳前のころと思われる。対馬さんの奥さんは隣村の出身だが、たまたま鯵ヶ沢のおばの家に子守の手伝いで来ていて、おばの家族と一緒に観に行ったそうだ。わたしは直接奥さんに話を聞いたわけではないが、対馬さんによると女相撲は「面白かった」と即答していたそうだ。

女相撲はストリップまがいの見世物だとイメージ先行でとらえられることが多かったのではないか、と思う。このようなイメージがいかにして作られていったかは稿を別にして問わなければならない。ただここでは対馬さんの奥さんを例に、小さな女の子を連れた家族でも安心して入れる興行だった、子供の目にも面白いと思わせる興行だったらしい点を、この節の最後に指摘しておこう。

二　女の子たちが勇ましくも

昭和十一年ごろ、岩手県宮古市津軽石の女子青年会では、地域の敬老会の催しにむけて各部落で何か余興を出そうと決まった。津軽石の一部落である荷竹では敬老会に女相撲を出すことにした。

荷竹は男の相撲が盛んな所であった。ここには以前「神明山」という、下閉伊辺りではちょっと名の知れた素人力士がいた。新明山はふだんは農業を営む男だが、祭りや何かで相撲を取るようなことがあると必ずお声がかかる。そしてこれがまた、めっぽう強かったのだ。正確な生年は不詳だが、昭和三年生まれの方が子どものころにだいぶ歳をとった新明山を見たことがあるというから、たぶん明治よりも前の生まれだろう。新明山の息子も孫も、強い力士だったという。

近在に名の知れた力士がいるほどであったから、荷竹の青年会では草相撲をよく取っていた。四〇年くらい前（二〇〇四年当時）までは、祭りとなると、たとえば山田町豊間根の青年会を招聘して対戦したり、反対に豊間根の祭りに荷竹の青年会が遠征したり、釜石の製鉄所の相撲部と遠征試合をしたりと、とにかく相撲熱心な土地柄だったようだ。新明山には同じ部落のなかにタニマチがいたほどであるというから、青年のみならず地元の相撲熱の高さがしれよう。

そのような土地柄もあって、敬老会の余興に女相撲を出そうと決まったときも草相撲の行司をしていた人から口上の仕方や行司の作法を習い覚えることができた。相撲の取組の指導も、相撲熱心な地域なだけに、おそらく熱心な指導者にも恵まれたことだろう。

荷竹の女相撲は十代前半の女の子たちで構成された。高等小学校を出て、十四歳のときに女相撲に参加することになった長澤コトさんは当時の評判を次のように思いだしてくれた。

相撲を取る女は二〇人くらいいた。青年会くらいの年格好の男たちが四、五人いて、力士たちの世話や相撲甚句を歌うときには太鼓を叩いたりした。そう、女相撲は相撲を取るだけでなく、手踊りとか相撲甚句に合わせて踊ったりもした。相撲甚句の文句は「相撲といわれて名はよいけれど……」ってはじまりだったと思う。

写真に写ってるミッチャンは横綱だったのだけれど、相撲を取るばかりでなく俵を歯の力で吊り上げるってのもやった。俵のなかは米を入れてないので重くはないけれど、それでも俵を歯の力で持ち上げたっていって、盛り上がった。

太鼓を叩く人のなかに、刈谷さんていって、神楽をやっている人がいた。あるとき、わたしが男の飛び入りと相撲を取ったことがあった。負けるかもって思っていたけど、思いきり投げたら、勝ったの！　相手は大男だ。それでこっちはまだ十四、五歳！　見物人も大騒ぎさ。それで、その場を盛り上げようとしてその刈谷さんが太鼓を叩くんだけど、興奮していたのか、強く叩きすぎて、太鼓の革を破いてしまったことがあった（笑）（長澤コトさん）。

敬老会での余興のとき、荷竹の女力士が土俵入りの真似をしたら大評判になったという。その評判を聞いて近在の神社の祭りに「出てくれないか」と頼まれ、荷竹の女相撲一行が出かけていくこともたびたびあった。荷竹の米山神社、藤畠村の駒形神社、川井村や箱石村、茂市の祭りのときも請われて出かけていったそうだから、近在では評判の女相撲だったのだろう。

コトさんよりも少し若く、荷竹の女相撲を小学生の頃に見たという長澤保さんは、女の子たちの相撲が大評判だったのは、威勢のよい女の子を受け入れる当時の風潮も追い風だったという。

女相撲に参加した人たちは皆、元気のよい人だ。何せ、戦中（日中戦争のころか）のことだし、女の子はおしとやかになんてことはさておいて、威勢のよい女の子は、軍部でも後押ししていたくらいだ。(1) とにかく、評判はすごいものだった。女相撲のことはだれも批判などしない。むしろ「たいしたものだ」って誉めてたくらいだ。そして、その威勢で三人抜きとか五人抜きをやるんだから……。

観てる方も、よい勝負だったとなると、大相撲で座布団が投げられるのと同じように土俵にハンテンが投げ入れられることもあった（長澤保さん）。〈（　）内は筆者。以下同〉

荷竹の女相撲は前述したように地元の敬老会の余興としてはじめられたものだったが、その出し物の内容を聞くと歯力、相撲甚句と手踊りと興行女相撲の出し物と共通するものが認められる。これには理由が思い当たる。津軽石には、荷竹で女相撲がはじめられる前から二年に一度くらいの割合で興行女相撲の一団が興行にやって来て[2]いて、これも評判のよい興行だったという。当然、近在の人々は女相撲に親しんでいる。もともと荷竹は相撲熱心な地域であることは先述したとおりだけれど、三人抜きや五人抜きの力勝負中心の相撲や、歯力や相撲甚句に手踊り、景気づけの太鼓などの演出は、むしろ興行女相撲の影響と考えたほうがよさそうだ。

荷竹の女の子たちの相撲を称賛したまなざしは、興行女

写真 27　川原女相撲（ほがらか会）（大船渡市大船渡町野々田）（平山ヨシへさん提供）

写真 28　現ほがらか会の姑世代の女力士（昭和 23 年 12 月、大船渡町芸能祭参加記念とある）（佐藤ヤオ子さん提供）

相撲に向けられるまなざしと通底しているととらえてよいのではないだろうか。荷竹の女相撲が周辺の村々に招聘されてその技芸を披露する姿は、興行女相撲が巡業する姿と重なる。(3)

近在でも評判を得た荷竹の女相撲だが、その後自然消滅している。というのも、女の子たちは娘の年ごろになると相撲を取るのを恥ずかしがって辞めてしまうというのだ。一人抜け、二人抜け……いつの間にか荷竹の女相撲は消滅してしまった。当時の女の子力士たちは、現在八十歳前後になっている。今でも時々子どものころに取った相撲のことを思い出しては語り、そのころに使った化粧廻しを今も大切にしている人もあるそうだ。

三　景気づけに、呼んでおくれ

大船渡市大船渡町野々田川原には、女性たちの、いわば仲よし会がある。〝ほがらか会〟と名づけられたその会の結成は昭和五十五年（一九八〇）十月。以来二〇余年にわたりメンバーは毎月いくばくかの積み立てをしては忘年会、旅行会などの行事を通して仲間同士の親交を温めている。会員は現在（二〇〇四年当時）一五人くらいで、七十～七十五歳の会員で構成されている。

「いわば仲よし会」と書いた。年齢が近く、仲のよい女性たちのあつまりで、同じような活動をしている仲よし会はほかの地域にもあるし、それだけではさほど珍しいものではない。でも〝ほがらか会〟がよその仲よし会と違うのは、彼女たちが、お呼びがかかれば〝女力士〟に変身する女相撲集団だというところだ。

〝ほがらか会〟の女相撲は、頼まれればどこへでも出かけていく。たとえば近いところで川原部落の賀茂神社の祭りでも、ちょっと足を延ばして知人の婚礼の披露宴でもいい。景気づけにひとつ、と川原女相撲に声が掛かればよろこび勇んで出かけていく。

〝ほがらか会〟の平山ヨシへさんは、二十一歳で嫁に来て、二十二、三歳のころ、姑に誘われて「相撲甚句」に参加することになった。「相撲甚句」とは川原女相撲の仲間うちでの呼び方だ。ヨシへさんが誘われたのは近くの船渡中学校が移転した年で、その落成式に川原の女相撲が呼ばれた際に姑から声がかかった。ヨシへさんはそのまま女相撲にはまって、それで今日に至っている。

〝ほがらか会〟の女相撲の力士たちはきれいな化粧廻しをしているが、これはヨシへさんの夫である平山勇作さんが一枚一枚手描きで作った力作だ。行司・呼出しの衣装も手作りである。

川原女相撲は荷竹のように取組や歯力の出し物はない。平成六年（一九九四）に、釜石で行われた婚礼に呼ばれた際に披露した川原女相撲では次のような流れにそっていた。まず最初に呼出しが全力士を呼出し、客の前で顔見世をする。一度引っ込んだあと、三役揃い踏み、続いて横綱土俵入り、相撲甚句に合わせて手踊りを披露する。客から花をもらうと三役が礼踏みをし、締めは弓取りで、その後餅撒きをして終了となる。

ヨシへさんが女相撲に参加した経緯からも明らかなように、川原の女相撲は昭和五十五年（一九八〇）の〝ほがらか会〟結成以前の、現メンバーの姑世代から続いている。〝ほがらか会〟代表の佐藤ヤオ子さんに川原の先代の女衆が相撲を取るに至った経緯を聞いた。ヤオ子さんも、ヨシへさんと同時期、つまり中学校移転の落成式の際に姑に誘われ、相撲甚句に参加することになった一人だ。話をきくと、ヤオ子さんとヨシへさんの姑二人が、川原女相撲の中心人物であったようだ。その二人が率先して地域の女衆に声を掛け、女相撲をはじめたのは次のような経緯があったという。

ヤオ子さんの婚家、佐藤家の先々代は明治四年（一八七一）に大相撲の横綱五代目秀の山雷五郎の門弟で、相撲免許をもらった。免許をもらうさいに先々代は盛川六之助の名を賜った。力士の門弟になるくらいだから六之助個人の相撲好きは知れるが、モッタリ（佐藤家の屋号）は代々相撲好きな家で、相撲を買う（興行を買い取る）こともたびたびあったという。昭和二十五年（一九五〇）にヤオ子さんが嫁にきてからの記憶でも、三回は相撲興行を買っている。また、ヤオ子さん自身は観たことはないのだが、女相撲の興行もこの辺りには巡業に来ていたらしい。そこで当時の女衆（ヤオ子さんやヨシへさんの姑たち）が地方巡業に来た大相撲や女相撲に相撲甚句や手踊り、土俵入りや弓取りを習い、川原女相撲がはじまったという。

興行を買うほど相撲好きな家、またこの地方も草相撲の盛んなところだったため、当時の女衆が相撲甚句を歌い、踊ることに自身やまわりの抵抗はなかったのだろう。

ヤオ子さんやヨシへさんの女相撲初参加が「中学校の落成式での披露」だったように、姑世代の川原女相撲も今日の〝ほがらか会〟と同じように、イベントに花を添える、景気をつけるための余興芸として継承されてきたものらしい。

ヤオ子さんたちの世代になって、彼女たちが同世代の女性たちと〝ほがらか会〟を結成し、女相撲甚句そのほかの仲よし会の活動を行っていることは先に述べた。〝ほがらか会〟になってからは、化粧廻しを新しく揃えたり、呼ばれた場所に合わせて甚句の文句を変えてみたりと、景気づけの余興芸としてはいっそう練れたものになったようだ。甚句の文句を考えるのはヤオ子さんの役目だ。たとえば結婚式に呼ばれたときは新郎・新婦の名前や当地方の名所を甚句に読み込むなど、相手先のことを調べて文句のなかに読み込むようにしているという(4)。

川原女相撲では当初から相撲取組はほとんどやらず、土俵入りや相撲甚句踊りが中心なので、年齢に関係なく楽しめるものになっている。だから今日でも、依頼があれば〝ほがらか会〟はどこへでも出かけて行くことができる。

ヨシへさんは、相撲甚句は一度やるとはまる、と言う。男の相撲取りになりきって、堂々としたそぶりをするのが気持ちいいのだという。確かに、ヤオ子さんの甚句に合わせて踊るヨシへさんの姿は、堂々としていて、清々しい。

四　両極にふれる魅力

陸前高田市の映画館で昭和四十年（一九六五）ごろまで働き、子どものころから地元の興行に親しんでいる鈴木勝和さん（昭和五年生まれ）は、陸前高田にやってきた女相撲興行のことをよく覚えている。

陸前高田にやってきたのは平井女相撲という女相撲の一団で、昭和三十五年（一九六〇）に陸前高田に被害をおよぼしたチリ地震により発生した津波の少し前までは、毎年のように陸前高田にやってきて興行をしていたという。戦前までは現市役所そばの広場に仮設小屋を建てて興行していた。そのころは、大相撲のときにするような興行開始を市中にふれる「触れ太鼓」が出て、やわな男より強いだろうと思わせる女力士が迫力のある相撲を小屋のなかで披露していた。興行には初っ切り相撲もあり、腹受け、歯力といった力技に、毎度三、四日間の興行は連日大入りだったとのことだ。なかでも腹受けで搗いた餅を客席に撒くのが好評で、客席はおおいに沸いたという。

地元の興行の世界にいたので、女相撲にせよサーカスにせよ、木戸銭を払って観たことがないので何とも言えないけれど、お客さんは家族連れが多かったから、家族四、五人で入って、ちょっとぜいたくな気分っていうくらいの料金設定だったんじゃないかな。

小屋は大きかったよ、（話を聞いたのは陸前高田の市立図書館だったが）この一階の面積くらいはあるんじゃないか。土俵は普通の大きさだし、小屋掛けに手間も費用もかかるから、客席を多く取らないと元は取れないし。

相撲は本格的。それに腹の上で餅を搗いたり、歯の力だけで俵を持ち上げてみせたりの芸は、迫力があった。それと女力士の踊りも観せていた。それがとてもいい。相撲を取っている時は勇ましいのに、踊りになると、同じ力士たちなのに、女性的な魅力が出てくるんだ。梅沢富美男の芸もそうだけど、男の姿のときと女形をやるときのギャップが大きくて、それがあの人の魅力だろ？　女力士も、勇ましさと、女性らしさがないまぜになった魅力があったんだ。力士たちの踊りは、本当によかったよ。

双葉川って力士は高田の者と一緒になったので、その縁で高田に年中興行が来ていたのかもしれない。そのほかには富士の山っていう力士がいたのを覚えている。いかにも力士っていう体格で、実際、本格的な相撲を取る。日照山（ひでりやま）は、ふざけたような名前だけど、相撲はちゃんとしていたし、踊りがよかったね。それと、阿知の里は、肥っていて面白い所作をする力士だったな（鈴木勝和さん）。

小屋掛け興行のころは力相撲や力技が中心で、踊りは添え物のような立場だったというが、戦後、小屋掛けは防災上危険だとか小屋掛けをする広場がなくなると、相撲興行は市役所のそばにあった公友館（芝居小屋、のちに映画館）を利用した箱もの興行になった。公友館を使う際はスクリーン前の舞台に土俵のようなものを黒字で書いたフェルト地の敷物を敷いて、その上で芸を披露するようになる。土俵でないだけに相撲はうまく取れなくて、女相撲興行は相撲甚句に合わせて踊る手踊り中心の内容に変化せざるをえなかった。

けれども、その相撲甚句踊りこそが、先の鈴木さんに言わせれば見る者をひきつける女相撲の大きな魅力だった。力士然とした髷姿、男勝りの勇ましさと、その姿で踊る時にかえって強調される女性的な魅力。男性のみならず女性をも魅了する女相撲は、平生なら男性的／女性的と区分して評されるジェンダーの魅力を、あちらからこちらへ、こちらからあちらへと振り幅大きく呈示する。ジェンダーを越境することでその魅力を放つ芸能だったのだ。

五　女相撲は漁師町のハリ

男性的／女性的な魅力を合わせ持ち、ジェンダーを越境することで魅力を放つ女相撲に魅了された女性たちが、自分たちも同じように相撲甚句を踊りたいと思うようになるのは、女相撲興行が頻繁に行われた地方なら何も突飛な発想ではなかったのかもしれない。実際、女相撲に惚れて興行を追いかけ、自ら女力士になった女性も、陸前高田の広田だか大船渡の末崎だかにはかつていたそうだ。興行の世界に飛び込むまではなくとも、日常の楽しみに踊りたいという女たちがあらわれても驚くことではないだろう。

陸前高田市小友町の只出では、地域の女性たちによる女相撲が行われていた。只出は、陸前高田の中心部から東に向かって約一〇キロほどのところにある、半農半漁の地域である。ここにもよく女相撲の小屋掛け興行がやってきていて、大正十三年生まれの戸羽サヨ子さんの家では、興行の女力士に宿を提供していたこともあったという。その縁でだろう、サヨ子さんの母親世代の女たちが、女相撲の力士から相撲甚句を習い、自らも相撲を取り、踊るようになった。

直接のきっかけは、たぶん敬老会の出し物としてだったとサヨ子さんは記憶している。サヨ子さんの家が属する只出部落の四班では、当時サヨ子さんの養母の戸羽スズマさん、戸羽トラヨさん、金沢トメヨさん、及川ヒサオさん、佐々木スズノさんが婦人会の中心になって活躍していた。五人のなかではヒサオさんが若干年若だというが、ほぼ同世代の五人衆で、中には只出のみならず小友町の婦人会設立にかかわった人物もおり、このカカさまたちは漁師町の女たちのなかでも社会活動に活発な女たちだった。そのカカさまたちが地元四班の女たちをまとめて女相撲をはじめるのだが、参加したのはだいたい三十から四十歳の人たちだったらしい。

スズマさんは太くて通る、よい声の持ち主で、先生について追分節を習うような人だったから、相撲甚句も上手だった。スズマさんの相撲甚句がよかったこともあって、敬老会の出し物に女相撲が選出されたのではないかとサヨ子さんは述懐する。

母親世代の女たちがはじめた四班の女相撲は敬老会での一度きりの披露に留まらず、初代が歳をとって引退するとその娘・嫁世代のサヨ子さんたちがこれを引き継いだ。女相撲は、只出四班の持ち芸になったのだ。

昭和六年生まれの及川初枝さんが女相撲にはまったのは、母親に誘われてのことで、四十五歳くらいのころだった。

写真 29　餅搗き甚句を踊る戸羽サヨ子さん
（陸前高田市小友町只出）

只出四班の女相撲は、初枝さんが参加してまもなく自然消滅した。昭和五十年代前半のころだった。

サヨ子さん、初枝さんとも、只出にやってきた女相撲興行のことはよく覚えている。

すごいんだよー。男の相撲と同じだったよ。只出の瓦屋根をつくる工場の広場で（興行を）やったときは相撲の取組もしたけど、学校とかを借りるようになったらだんだん取組とかはやらなくなってしまった。（腹受の芸は）これも忘れね。どうしてはらわたが出ねんだと、子どものころ、思ったもの。だけど、踊りの方もすごいの。今でも記憶に残ってる。

千田川って力士は、色白で、ふっくらしていて大きな人だった。立派な美人さんだった。それに反して鬼の臍って力士は体が大きくて、男みたいな女の人。千田川とは天地の差だった。鬼の臍を最初に見たときは、小学校の二、三年生だった（昭和十四年頃）。鬼の臍はまだ下っ端で、仲間うちで

写真30　陸前高田市只出女相撲の取組（戸羽サヨ子さん提供）

写真31　餅搗き甚句に合わせて踊る（戸羽サヨ子さん提供）

もけなされているのが、傍で見てても分かるようだった。相撲を取っても、すっとばされたりなんかして。ところが何年かして、学校で興行をやるようになったとき、鬼の臍が一番役者になっていた。踊りも一番の役者になった（及川初枝さん）。[5]

面白かったよねー。体格もよかったし、背も大きかった。本当の相撲取りのようだった。オナゴ相撲って、真剣になって取るの。おカネ取ってるんだもの、その分だけ真剣。只出は、そういう真剣になって取るオナゴ相撲観て、それで自分たちもやるべとなってはじまった。

すがり山っていうオナゴ相撲取りのことを覚えている。「すがり」はあしながが蜂のこと。体が細いから、そう名づけられたのだと思う（戸羽サヨ子さん）。

只出の女相撲は相撲甚句や、餅を搗く真似をしながら餅搗き甚句を歌って踊って、そのあとに相撲の取組をする。それが終わると用意しておいた餅を客席に撒く。同い歳同士の取組だと、どちらも真剣になってしまって勝負がつかなくなるくらい、熱中したものだという。取組のときは事前に勝敗の打ち合わせをすることもあったようだが（「この前勝ちを譲ったから今度は譲って」等）、女相撲に参加する女たちはたいてい活発な人たちだから、相撲がはじまればそんな約束は反古になってしまう。

とはいえ、「本格的」と評された興行の女相撲のように迫力のある相撲や踊りは素人だからできるものではない。そこで只出四班の女相撲はお客さんを「笑わすべ」ということになった。この辺りではみなで合わせて踊るとき、わざと外れた踊りを踊ることを「滑稽する」という。顔をひょこっと曲げたり、即興で人と違う動きを踊りの合間に入れて、見ている人を笑わす。造作なく「滑稽する」には、踊りをしっかり覚えていないと難しいものだ。相撲甚句や餅搗き甚句に合わせて踊る時に「滑稽」を入れて踊る人もいて、「滑稽する」人は活発な人だと評価される。[6]

相撲の取組をするのは好かなかったというサヨ子さんだが、甚句の踊りは好きだった。みなで合わせて甚句を踊るさまは「すごくいいの、見事なの。今でも踊りてえなあと思ってる」ほどだ。サヨ子さんは今も老人クラブで踊っているほどの踊り好きだが、相撲甚句の踊りが面白いのは、前述の平山ヨシへさんと同様に、「男みたいになり切って踊るところ」にあるという。

女相撲は漁師町の女のハリ（楽しみ）だった。女たちは、家の仕事、浜や田畑の仕事と忙しい毎日を送っているが、それらをきっちりと片づけた上で、毎晩のように練習に出かけて行ったものだとサヨ子さんは胸をはる。(7)

六　憧憬の対象として

女性が相撲を取ることに、今でも違和感を持つ人は多い。ましてやかつて、仮設小屋のなかで行われていた興行女相撲は、朝倉無声の『見世物研究』で述べられているところの、江戸の一時期に流行ったという「盲と女相撲」のような、性的な見世物であったと誤解している人も多いのではないだろうか。

だが、実際はどうだったのだろう。ここで取り上げた、女相撲を実見した人たちの話からは、度肝を抜く力技、男相撲に負けず劣らずの迫力ある取組、一転して女性的な魅力の相撲甚句踊りと、女相撲には老若男女を問わず魅了する魅力があったのだということが浮かび上がってくる。さらにはその魅力の大きさゆえか、自分たちでも相撲を取りたい、踊りたいという素人の女性たちをも誕生させた。

ここで紹介した宮古市荷竹、大船渡市川原、陸前高田市只出の女相撲が誕生した時期は、（川原女相撲は明確にはつかめなかったが）戦前と推察される。これは興行女相撲にとっても隆盛を極めた時代だった。興行としてあぶらの乗った時期の女相撲は同性の憧憬の対象になりえる魅力を持っていたと言ってよいだろう。ジェンダーを越境する女相撲を通して体感されたのは、女性たちが日ごろ意識するしないにかかわらず背負わされるジェンダー・アイデンティティを刺激する魅力だったに違いない。

踊るという行為には、相撲甚句に限らず日常から解き放たれる快感が伴っている。相撲甚句踊りの場合は意識的にジェンダーを越境する所作に身をゆだねることになる。「相撲甚句踊りの堂々とした所作が気持ちよい」と懐かしむ方たちにはジェンダーを越境する開放感がこの踊りの眼目なのだろう。

そうは言っても、女相撲が巡業していた地域にはどこでもそれに影響されて相撲を取る女たちがあらわれるかというとそれは疑問だ。東北地方は明治以降の女相撲興行団である石山女相撲や平井女相撲の本拠地がそれぞれ山形市、水沢市にあって、昭和三十年代末までは巡業していたが、その興行地となった地域すべてに素人女相撲が発生したわけではない。ここでは詳しく述べることはしなかったが、荷竹、川原、只出で女相撲がはじめられた背景には、地域の女たちの社会活動が垣間見られる。女相撲発生の背後にある女社会への言及は、稿を別にして考えてみたい。

ともあれ、興行女相撲が地域に残したインパクトは、けっしてマイナスのものではなく、小屋掛けされる時空間の非日常性とともに人々に心地よい衝撃を与えるものであったといえそうだ。

註

（1）あるとき陸軍の服部少将が津軽石にやって来ることになった。少将を迎えるのに何か喜ばせるものをとなって、役場から荷竹の女相撲にお声がかかったという。女力士の意気込みに少将は大層感激され、力士たちをずいぶん褒めていかれたという。「軍部でも後押し……」というのは、この逸話が当時の女相撲の記憶とともに今も残っていることからくる。

（2）拙稿「興行女相撲と女の草相撲に関する一試論」『民俗』一七九号　相模民俗学会　二〇〇二

（3）荷竹の女相撲は近在の祭りにも呼ばれて出かけていったが、興行女相撲を呼ぶことの代替であった可能性もある。この点について調査を進めることは難しいので可能性を指摘するにとどめる。

（4）〝ほがらか会〟を紹介する相撲甚句の文句を紹介しておこう。〝ほがらか会〟の年間活動紹介のような内容だ。

ハーアー　ドスコイ、ドスコイ
吾々仲間をちょいと披露いたしましょう
アー　ドスコイ、ドスコイ
ハー　その名も愉快なほがらか会
発足以来二〇余年
三〇余名のお仲間は　各々心ほがらかに
正月寿く新年会　それに続くは総会と
足をきたえる歩こう会
一泊旅行を楽しみに　日帰り遠足　さらによし
お盆踊りも　にぎやかに　いものこ会や　忘年会
年中行事のそのほかに　結婚式や祝賀会
講習会のアトラクション
敬老会や歳末の　芸能会にも頼まれて
相撲演技に忙しや
横綱　三役　名力士　力の強い四股踏みは
プロにも勝る土俵入り
化粧廻しや力餅　行司の装束　それぞれに
会員、家族の協力で
手作りするのも　おたのしみ
凛々しく　居並ぶ　勢揃い
益々栄えよ　ノホホへ
ハー　お達者でね

（5）学校の施設を借りて興行を行うようになったのは、前述の鈴木さんの話と合わせて考えるに、戦後のことだろう。初枝さんの結婚は昭和二十五年で、結婚以降は只出に興行が来てもそれを見に行く暇はもてなかったという。鬼の臍が、初枝さんの実見したなかで最終的には「一番役者になった」という言説も時代的には符合する。

(6) 鼠蔵町の女たちが仲間うちの俄か芸に与える評価と、この「滑稽」への評価は通じるものがある。

(7) スズマさんは、大阪にいる実妹が送ってくれたラシャの首巻きを化粧廻しにしていたという。ラシャは質のよいものだったというから、もったいないような気もするが、化粧廻しにはよい生地を使いたいと思うほど女相撲に夢中ではまっていたことがうかがわれるエピソードだ。

参考文献

合場敬子　二〇〇七　「変容した身体への自己認識――女子プロレスラーの身体とジェンダー」『スポーツとジェンダー研究』№5
　二〇〇八「闘う技能と自己防衛――女子プロレスラーの身体とジェンダー」『ジェンダー＆セクシュアリティ』№3
阿久根巌　一九七七　『サーカスの歴史――見世物から近代サーカスへ』　西田書店
朝倉無声　一九七七　『見世物研究』　思文閣出版
浅野美和子　一九九五　「芸能における女性」『女と男の時空』Ⅳ　藤原書店
阿南透　一九九七　「伝統的祭りの変貌と新たな祭りの創造」『祭りとイベント』　小学館
井口洋他編　一九八二　「つれづれ飛日記」抄『上方巷談集』　八木書店
石山國彦　二〇〇四　「石山女相撲の戦後」『別冊東北学』　7　作品社
井田真木子　一九九〇　『プロレス少女伝説』　かのう書房
市場直次郎　一九七二　『日本の民俗　佐賀』　第一法規出版
伊藤一郎　一九三四　『祭礼と民俗』第一輯
井上章一　一九九六　「見られる性、見せる性ができるまで」『セクシュアリティの社会学』　岩波書店
今井晋・明石貞吉　一九三二　「米代川中流扇田町付近の土俗」『民俗学』四巻二号
今西一　一九九八　『近代日本の差別と性文化』　雄山閣
伊万里市史編纂委員会編　一九六三　『伊万里市史』
『岩手日報』二〇〇三　十月二十一日付
鵜飼正樹他編　一九九九　『見世物小屋の文化誌』　新宿書房
宇佐美隆憲　二〇〇二　『草相撲のスポーツ人類学――東アジアを事例とする動態的民俗誌』　岩田書院

浦静男　年代不詳　『「宮津女相撲踊り」の由来』
NHK　二〇〇五　「人間ドキュメント　女相撲——北海道・福島町」六月十七日O.A.
遠藤泰夫　二〇〇四　『女大関若緑』　朝日新聞社
大阪圭吉　二〇〇一　「燈台鬼」『銀座幽霊』　創元推理文庫
大田南畝　一九八八　「半日閑話」巻一二　『大田南畝全集』第一一巻　岩波書店
大林太良編　一九九八　『民族遊戯大事典』　大修館書店
小笠原恭子　二〇〇六　『阿国かぶき前後』　岩田書院
岡田甫　一九三〇　「好色のぞきからくり」『風俗資料』第三冊
岡村正史　一九九〇　「日本のプロレス・ジャーナリズム」『プロレスにささげるバラード』「別冊宝島」一一〇号　JICC出版局
　　　　　二〇〇八　『力道山』ミネルヴァ書房
小木新造編　一九九〇　『風俗　性』日本近代思想大系二三巻　岩波書店
小倉幸義　一九八六　『式見郷土史』
小田亮　一九九六　『性』　三省堂
小田亮・亀井好恵編　二〇〇五　『プロレスファンという装置』　青弓社
小友町婦人会創立五十周年記念誌　二〇〇一　『婦人のあゆみ』
雄松比良彦　一九九三　『女相撲史研究』　京都謫仙居
風見明　二〇〇二　『相撲、国技となる』　大修館書店
金井英子　一九九三　「女相撲——もう一つの大相撲」『相撲の宇宙論』　平凡社
神谷力　一九七七　「地方違式詿違条例の施行と運用の実態」『明治法制史政治史の諸問題』　慶應通信
亀井好恵　二〇〇〇　『女子プロレスの民俗誌——物語のはじまり』　雄山閣出版
二〇〇四　「女相撲への憧憬——興行女相撲の地域への影響を中心に」『別冊東北学』7

香山リカ　二〇〇二　「尋常のおどけならむやチェーン持ち」『死の臨床格闘学』　青土社
カルロス山崎　二〇〇〇　「女相撲――横綱『遠江灘』の心意気――」『アサヒグラフ』四〇八五号
川添裕　二〇〇〇ａ　「見世物をどう理解するか」『芸能史研究』一四八号
　二〇〇〇ｂ　『江戸の見世物』　岩波新書
川村邦光　一九九六　「女の地獄と救い」『女と男の時空』中世　藤原書店
川村卓　一九九四　『必殺技の方程式』　三一書房
菅野聡美　二〇〇五　『〈変態〉の時代』　講談社現代新書
北九州大学民俗研究会　一九七〇　『脊振山麓の民俗』
北九州大学民俗研究会　一九七一　『続・脊振山麓の民俗――佐賀県神埼郡東脊振村』
『奇譚クラブ』一九五二年八月号～一九七四年十月号
工藤美代子　一九八八　「土俵に上がれば天下の男伊達」『アエラ』一二三号
倉石忠彦　一九九〇　『都市民俗論序説』　雄山閣出版
倉田善弘編　一九八三　『明治の演芸』(4)　国立劇場芸能調査室
　一九八四　『明治の演芸』(5)　国立劇場芸能調査室
　一九八六　『明治の演芸』(7)　国立劇場芸能調査室
倉野憲司校注　一九六三　『古事記』　岩波文庫
黒板勝美編　一九三一　『日本書紀』中巻　岩波文庫
郡家真一　一九八〇　「嵯峨島『オーモンデ』及び池坂観音について」『まつり通信』二三二号
『古今著聞集』一九六六　『日本古典文学大系』八四　岩波書店
ゴッフマン、Ｅ　一九七四　『行為と演技――日常生活における自己呈示』　誠信書房
権田保之助　一九七四　「民衆娯楽論」『権田保之助著作集』第二巻　文和書房
寒川恒夫編　一九九三　『相撲の宇宙論――呪力をはなつ力士たち』　平凡社

一九九五　『相撲の人類学』　大修館書店
山東京伝　一九九三　「玉磨青砥銭」『山東京伝全集』第二巻　ぺりかん社
式見村・長崎市編入三五周年事業実行委員会　一九九七　『式見――長崎市編入三五年のあゆみ』
司馬江漢　一九八六　『江漢西遊日記』　平凡社
柴田恵陽　二〇〇八　『女子プロレス終わらない夢　全日本女子プロレス元会長　松永高司』　扶桑社
『週刊サンケイ』一九五四年十一月二十八日号
『女子プロレス　パーフェクト技ＧＵＩＤＥ』一九九八　日本スポーツ出版社
『新郷土』一九五三　七月号
新谷尚紀　一九九七　『ケガレからカミへ』　岩田書院
鈴木正崇　二〇〇二　『女人禁制』　吉川弘文館
ストリブラス、ピーター／ホワイト、アロン　一九九五　『境界侵犯――その詩学と政治学』　ありな書房
瀬川清子　一九四三　「雨乞其他」『民間伝承』九巻八号
高谷重夫　一九八二　『雨乞習俗の研究』　法政大学出版局
竹内宏介　一九九七　『金曜日夜八時伝説』　日本スポーツ出版社
竹沢龍千代　一九八八　『旅の終りに』　文園社
ターナー、ヴィクター・Ｗ　一九七六　『儀礼の過程』　思索社
　一九八一　『象徴と社会』　紀伊国屋書店
田中聡　一九九四　『衛生展覧会の欲望』　青弓社
棚橋正博　一九八六　『黄表紙総覧』（前編）
耽好洞人　一九三〇　「見世物女角力誌」『風俗資料』第三冊
　一九三〇　「続見世物女角力誌」『風俗資料』第四冊
千葉由香　二〇〇四　「やまがた女相撲異聞（後編）」『別冊東北学』７

『鎮西日報』一八九五年十月八日「凱旋の祝ひ踊」
『デラックスプロレス』一九八二年二月号
『東京スポーツ』一九九五年五月二日付
東京スポーツ新聞社　一九九五　『プロレス全書』　東京スポーツ新聞社
東北更新会　一九三九　『秋田県の迷信俗信』
長崎県　一九六四　『長崎県史』資料編　第二巻
長崎市教育委員会　一九九九　『長崎市の民俗芸能』
なかにし礼　一九九九　『長崎ぶらぶら節』　文藝春秋
南圭梅嶺　一八九五　「世間母親容氣」『校訂氣質全集』（帝国文庫第三〇集）博文館
西山松之助　一九八五　「江戸風俗とその背景」『近世風俗と社会』　吉川弘文館
『日本霊異記』一九五七　角川文庫
濡木痴夢男　二〇〇六　『「奇譚クラブ」とその周辺』　河出・i文庫
Bausinger,Hermann　一九九〇　『Folk Culture in a World of Technology』Indiana University Press（河野眞訳『科学技術世界のなかの民俗文化』二〇〇一　愛知大学国際コミュニケーション学会）
バブコック、バーバラ・A編　二〇〇〇　『さかさまの世界――芸術と社会における象徴的逆転』　岩波書店
林屋辰三郎　一九八六　『「座」の環境』　淡交社
バランディエ、G　一九八二　『舞台の上の権力――政治のドラマツルギー』　平凡社
バルト、R　一九六七　『神話作用』　現代思潮社
比内町史編さん委員会　一九八七　『比内町史』
平井蒼太「見世物女角力のかんがへ」『歴史公論』五巻五号
兵藤裕己　二〇〇五　『演じられた近代――〈国民〉の身体とパフォーマンス』　岩波書店
『風俗画報』一二三　一八九〇

福間裕爾　二〇〇四　「「ウツス」ということ――北海道芦別健夏山笠の博多祇園山笠受容の過程」『国立歴史民俗博物館研究報告』第一一四集
『府県史料』一九七九　『庶民生活史料集成』第二一巻　三一書房
古河三樹　一九六八　『江戸時代大相撲』　雄山閣出版
『プロレス』一九五五年十一月号
『プロレス&ボクシング』一九五七年三月号
『平和のためのピョンヤン国際スポーツ・文化祭典』一、二　一九九五
ベースボール・マガジン社編　一九九五　『日本プロレス全史』ベースボール・マガジン社
『毎日グラフ』一九五六年四月八日号
牧田茂　一九八一　『神と女の民俗学』　講談社
増谷大梁・半井金陵合著　一八九五　「世間化物気質」『校訂氣質全集』（帝国文庫第三〇集）博文館
ミック、コンスタン　一九八七　『コメディア・デラルテ――あるいは十六・十七・十八世紀におけるイタリア人俳優の演劇』未来社
ミスター高橋　二〇〇一　『流血の魔術最強の演技――すべてのプロレスはショーである』　講談社
三田村鳶魚編　一九七七　『未刊随筆百種』第五巻　中央公論社
三田村鳶魚　一九九六　『相撲の話』　中公文庫
皆川三郎　一九五七　『平戸英国商館日記』　篠崎書林
宮崎学　一九九八　『不逞者』　角川春樹事務所
宮田登　一九七九　『神の民俗誌』　岩波書店
一九八一　『江戸歳時記』　吉川弘文館
一九八三　『女の霊力と家の神』　人文書院
一九八七　『ヒメの民俗学』　青土社

宮武骸骨 一九二二 「奇態流行史」(『宮武骸骨著作集』四)
宮本徳蔵 一九八五 『力士漂泊』 小沢書店
村山正市 二〇〇七a 「女相撲(女大力)絵馬について——近代女相撲発祥の地——」『羽陽文化』一五一号 山形県文化財保護協会
二〇〇七b 「近代興行女相撲の動向」『天童東村山地域史研究』二号 天童東村山地域史研究協議会
村松友視 一九八二 『当然、プロレスの味方です』 角川文庫
森銑三編 一九八〇 「浪花見聞雑話」『随筆百花苑』第七巻 中央公論社
森達也 二〇〇五 『悪役レスラーは笑う——「卑劣なジャップ」グレート東郷——』 岩波新書
森下みさ子 一九九六 『娘たちの江戸』 筑摩書房
守屋毅 一九九二 『近世藝能文化史の研究』 弘文堂
柳田國男 一九九八a 「遊行女婦のこと」『柳田國男全集』第九巻 筑摩書房
一九九八b 「日本の祭」『柳田國男全集』第一三巻 筑摩書房
一九九八c 「都市と農村」『柳田國男全集』第四巻 筑摩書房
一九九八d 「明治大正史 世相篇」『柳田國男全集』第五巻 筑摩書房
一九九八e 「老女化石譚」『妹の力』所収『柳田國男全集』第一一巻 筑摩書房
一九九八f 「雷神信仰の変遷」『妹の力』所収『柳田國男全集』第一一巻 筑摩書房
一九九九 「巫女考」『柳田國男全集』第二四巻 筑摩書房
『山形新聞』 一九六二 五月十六日付
山口昌男 二〇〇二 『文化の詩学』Ⅱ 岩波書店(岩波現代文庫)
山田知子 一九九三 「土俵まつりと修験道」『相撲の宇宙論——呪力をはなつ力士たち』 平凡社
一九九六 『相撲の民俗史』 東書選書
山本明 一九七四 『思想としての風俗』 朝日新聞社

一九九八　『カストリ雑誌研究――シンボルにみる風俗史』　中公文庫
陸前高田市史編集委員会編　一九九二　『陸前高田市史』　第六巻
レイダー、ベンジャミン・G　一九八七　『スペクテイタースポーツ』　大修館書店
ロバートソン、ジェニファー　二〇〇〇　『踊る帝国主義――宝塚をめぐるセクシュアルポリティクスと大衆文化』　現代書館
和崎春日　一九九六　『大文字の都市人類学的研究――左大文字を中心として』　刀水書房
二〇〇五　「都市民俗の思想――「現象」と「根源」の相互生成からなる非中心性の哲学――」『現代都市伝承論――民俗の再発見――』　岩田書院
渡辺大濤　一九七〇　『安藤昌益と自然真営道』　勁草書房

あとがき

本書は平成二十二年（二〇一〇）三月に成城大学に提出した博士論文『越境する芸能―「闘う」女の芸能にまつわる民俗学的研究―』に加筆、訂正をほどこし、補遺を加えたものである。

前著『女子プロレス民俗誌―物語のはじまり』（二〇〇〇）が刊行されてしばらくした頃、講師をしていた当時の高校の先生から「それにしても、どうして女の子たちは女子プロレスに夢中になっていたのかな」と問われ、答えに窮してしまったことがあった。当時のわたしには現象としてそのことを指摘することはできても、なぜかを簡潔に説明する言葉の用意がなかったのだ。女子プロレスを、そして女相撲を観客論の視点から研究対象として見てゆこうとするわたしにとって先の問いは本質的なものだ。だが、それに対する言葉の用意も、準備すらも先延ばしにしてきたわたしは、自分の研究態度の「甘さ」を思い知った。

さらに遡ること十数年前、故鎌田久子先生に民俗学の研究対象として女子プロレスに興味を感じていると報告したところ、「現代版の女相撲ですね」と指摘されたことがあった。女子プロレスの発生史についてはそのころ大まかには調べがついていて、戦前女相撲の興行に出ていた女力士が女子プロレス興行の揺籃期にレスラーとしてリングに上がっていたことなどは知っていたが、女子プロレスと女相撲とは発生史的には別のものであったし、民俗学で女相撲を取り上げる際のキーワードとなる雨乞と女子プロレスには何の関係も見いだせない。鎌田先生の言葉にひそむ研究のヒントに、恥ずかしいことにわたしは当時気づかなかった。

わたしが本書で四つの主体による観客受容を提示し、女相撲と女子プロレスの観客論を結びつけることができたのは、女子プロレスを「現代版女相撲」と受けとめる一般認識の追求と「女の子たちが夢中になる」現象の核を見極めたいとの思いからなる。今日までわたしの研究を引っ張ってくれたお二人の言葉に感謝したい。

女相撲を探して歩く旅はとても楽しいものだった。フィールドでは実にたくさんの人たちに出会い、好意に甘えた。わたしのフィールド調査はたいていの場合、大雑把なあたりをつけて現地に向い、あとは人づてを頼って広げていくものだ。だから一種賭けのようなもので、フィールドで出会った人たちの好意なしには成り立たない。わたしは出会う人たちに大いに恵まれた。なかには、偶然にしては出来過ぎの出会いもあった。ある夏、かつて女相撲が行われていたと人づてに聞いて、そこへ向かうために当面の話者の当てもなくバスに乗っていた。たまたま乗りあわせた老女と世間話をしているうちに女相撲の話題に及ぶと、それはまさに彼女の在所の話で、急きょ途中下車することになった。途中下車したバス停から彼女の家へと向かう道すがら、「昨日夢で誰か知らない人とこの道を歩いた夢をみたが、それはあんたのことか」といわれ、邂逅の不思議さに二人顔を見合わせたこともあった。また、女相撲の調査以前に行政主導の市史編纂のための民俗調査で訪れ、お世話になった当時の話者が興行女相撲と少なからぬ縁のある人とのちに発覚し、女相撲の調査がさらに盛り上がったということもあった。不思議な縁というか幸せな巡りあわせというのか、同じような経験がフィールドで重なると、研究者としてのわたしは取るに足りないちっぽけな存在だけれども、女相撲というテーマはわたし個人と異なり、何かに後押しされているようで勇気が得られた。

調査に際して、山形の佐藤宏一氏と長崎の堀啓次郎氏にはたいへんお世話になった。わたしが女相撲を探して歩いた地域は大きくわけて東北地方と九州地方になるが、お二人には地元ならではの細かな情報をその都度いただき、調査地を広げ、深めていくきっかけを幾度もいただいた。佐藤氏は興行女相撲発祥の地である天童市高擶で女相撲発祥の背景にある社会状況も含めた調査活動をされており、堀氏は式見女相撲の関係者であり九州地方に伝承された女相撲を精力的に調べられている。いつか三人で北と南の女相撲のことをディスカッションしたいと思っている。

また本書刊行に際して、写真掲載を許可してくださった方々にも、お名前は本書中にあげたのでここでは繰り返さないが感謝している。わたしの下手な説明よりも、写真はずっと饒舌だ。
　本書は観客論を主軸においた研究なので演者側への踏み込みは薄い。わたし自身の調査スタンスも「観客」としてのものだった。だが、「見てるだけじゃつまらないでしょ、一緒にやろう」と背中を押してくれた岡山県上齋原の「猪八戒」のメンバーに感謝したい。この一言によって土俵に上がる機会を得たわたしは、他所で聞いた「女相撲にはまる」感覚を実感することができた。この実感は今後の研究のステップになるだろう。
　各地の調査でお世話になった方には本書刊行の前に鬼籍へ入られた方もいる。石山興行三代目の故石山国彦氏は、わたしが訪れるといつも笑顔で迎えてくれた。氏の笑顔に会いたくて、でも手ぶらでは行けないと思う気持ちが、調査したものをその都度まとめ、それが叶わないときは新しい資料を探そうとする原動力になった。本書の基となった論文のいくつかは氏に読んでもらえたが、本書の上梓いや博士論文の完成すら報告が間に合わず残念であった。
　本書の構成について一言そえたい。各章の初出は以下のようになっている。
序　章　書き下ろし
第一章　（原題）「興行女相撲と女の草相撲に関する一考察」『民俗』一七九号　相模民俗学会（二〇〇二）に大幅な加筆・訂正
第二章　書き下ろし
第三章　「雨乞女相撲についての一考察―信仰と娯楽のあわいに在るもの―」『日本民俗学』二五一号　日本民俗学会（二〇〇七）に加筆・訂正
第四章　「都市周辺漁村における女性の民俗芸能」『神・人・自然―民俗学的世界の相貌―』慶友社（二〇一〇）に加筆・訂正
第五章　書き下ろし

第六章　（原題）「民俗文化における女の力について―女の大力・興行女相撲を中心に―」『史潮』新四九号　歴史学会（二〇〇一）に大幅な加筆・訂正
第七章　「女子プロレス抑圧者としての力道山」『力道山と日本人』青弓社（二〇〇二）に加筆・訂正
第八章　（原題）「女子プロレスとその観客についての一考察」『現代風俗学研究』第七号　現代風俗研究会東京の会（二〇〇一）に大幅な加筆・訂正
第九章　書き下ろし
終　章　書き下ろし
補　遺　（原題）「女相撲への憧憬―興行女相撲の地域への影響を中心に―」『別冊東北学』Vol.7　東北芸術工科大学東北文化研究センター（二〇〇四）に加筆・訂正

刊行にあたって補遺として加えた「女相撲への憧憬」は読んでもらえばわかるように東北、三陸地方での聞き取り調査をふまえてまとめられたものだ。二〇一一年三月十一日の東日本大震災による津波被害で、わたしがお世話になった方のなかにも命を奪われ、あるいは命は助かったものの、思い出の品のひとつである女相撲の化粧廻しや記念写真が流され、女相撲の仲間とも離れ離れになってしまった方がいる。初出の掲載誌の性格上、補遺は他の章と形式も文体も異なるものであるが、最小限の加筆に留め、話者のお名前もそのままとして本書におさめた。

流されてしまった女相撲の写真は拙稿のなか（だけ）に残っている、だから――地震から一カ月以上経って奇跡的に大船渡の平山ヨシへさんと連絡がつき、当地の惨状を耳にしたとき、もしもわたしの博士論文を上梓する機会が得られたら、補遺としてこの拙稿を加えようと決めた。女相撲を仲間たちと踊り笑った日々がたしかにあったことを、津波ごときに流され、埋もれさせてはいけないと思ったからだ。右の事情があり、補遺には他の章での引用が繰り返されている箇所もあるがご了承願いたい。

博士論文としてまとめるにあたっては、成城大学の田中宣一先生、小田亮先生、北山研二先生にご指導をいただいた。学部の頃からご指導をいただいている田中宣一先生には今回も、時にあたたかく時に厳しくご指導を賜り、先生について研究者としての矜持を学ぶことが出来たのを幸せに思っている。文化人類学の小田亮先生に文化人類学的な考えをご指導いただけたことは本研究を深める上で強い基盤となった。「裏」小田ゼミ生と称してゼミに参加し、小田先生やゼミの仲間との議論から得られた成果は大きい。北山研二先生からはヨーロッパ文化史という広い視点から貴重なご指摘をいただき、研究の視野を広げるきっかけをいただいた。本書を刊行するにあたって各先生方のご教示をふまえ、訂正を加えられたことに深謝いたします。

今こうして「あとがき」を書く段になり、本書の調査や研究のためにお世話になった方々のお顔を思い浮かべると、さまざまなエピソードが思い起こされ、それはこの少ないスペースで書ききれるものではない。お一人お一人のお名前とエピソードを記せないことが残念だが、わたしの出会った方々のお一人でも欠けていたら本書は完成しなかった。女相撲に関する調査はわたしの研究にとって中心となるものであったが、たくさんの出会いから得たものはわたしが生きるうえでの財産になった。心から感謝している。

最後に、昨今の厳しい出版事情にかかわらず出版の機会を与えてくれた慶友社の伊藤ゆり氏と細やかな編集をしてくれた富士デザインの小坂恵美子氏にお礼を申し上げる。

平成二十四年七月　猛暑の日に

亀井　好恵

索　引

あ　行

か　行

さ　行

た　行

な　行

は　行

ま　行

や　行

ら　行

わ　行

編者略歴

亀井好恵（かめい　よしえ）
一九六二年群馬県生まれ。成城大学民俗学研究所研究員。
成城大学大学院文学研究科博士課程後期満期退学
文学博士（成城大学）
著書に『女子プロレス民俗誌―物語のはじまり』（雄山閣出版）二〇〇〇年、共編著に『プロレスファンという装置』（青弓社）二〇〇五年、共著に『神・人・自然―民俗学的世界の相貌―』（慶友社）二〇一〇年がある。

女相撲民俗誌
―越境する芸能―

二〇一二年十月二十日　第一刷

著　者　亀井好恵
発行所　慶友社
〒一〇一―〇〇五一
東京都千代田区神田神保町二―四八
電　話〇三―三二六一―一三六一
ＦＡＸ〇三―三二六一―一三六九
印刷・製本／亜細亜印刷（株）

ISBN978-4-87449-142-3　C3039